高等职业教育公共素质系列教材：职业规划类

职业生涯规划与就业指导（修订版）

主　审　　王媚莎

主　编　　杨清国　　李　丹

副主编　　李奕萍　　何　玲

公共素质教育

北京师范大学出版集团
BEIJING NORMAL UNIVERSITY PUBLISHING GROUP
北京师范大学出版社

图书在版编目(CIP)数据

职业生涯规划与就业指导(修订版)/杨清国，李丹主编. —北京：北京师范大学出版社，2017.2(2021.8 重印)
（高等职业教育公共素质系列教材：职业规划类）
ISBN 978-7-303-21999-5

Ⅰ. ①职… Ⅱ. ①杨…②李… Ⅲ. ①大学生－职业选择－高等职业教育－教材 Ⅳ. ①G647.38

中国版本图书馆 CIP 数据核字(2017)第 015545 号

营 销 中 心 电 话	010-57654738　57654736
北师大出版社职业教育分社网	http://zjfs.bnup.com
电 子 信 箱	zhijiao@bnupg.com

出版发行：北京师范大学出版社　www.bnup.com
　　　　　北京市西城区新街口外大街 12-3 号
　　　　　邮政编码：100088
印　　刷：北京溢漾印刷有限公司
经　　销：全国新华书店
开　　本：787 mm×1092 mm　1/16
印　　张：13.25
字　　数：278 千字
版　　次：2019 年 11 月第 1 版
印　　次：2021 年 8 月第 8 次印刷
定　　价：29.80 元

策划编辑：林　子		责任编辑：庞海龙　林　子	
美术编辑：高　霞		装帧设计：李　尘	
责任校对：陈　民		责任印制：陈　涛	

前言

在这个人才竞争的时代，我们要不断地提高自己，加强能力，而且要有一个目标和方向，才不会感到迷茫；作为当代大学生，若是一脸茫然地踏入这个竞争日益激烈的社会，怎能使自己占有一席之地呢？然而事实却是如此，大多数人进入社会之后已经完全失去了方向。所以作为大学生的我们，不仅要不断提高自己的能力，丰富自己的知识，目标方向和一个明确的职业生涯规划也是至关重要的。

大学生职业规划与就业指导课现阶段作为公共课，主要是通过课堂教学和相应的实践活动，使学生了解就业形势，熟悉就业政策，提高就业竞争意识和依法维权意识；帮助学生培养职业发展意识，树立科学就业观；提升学生就业技能和综合素质；引领学生主动思考、积极探索，加快学生角色转变，提早做出职业定位，提高社会适应能力。

根据教育部有关"大学生职业发展与就业指导"课程的教学要求，我们在参阅大量同类教材和总结多年课堂教学经验的基础上，结合当前我国大学生就业指导发展需求，编写的这本集理论梳理、案例分析、实践训练于一体"大学生职业规划与就业指导"课教材。该教材来源于实践，结合国内高校和大学生的实际情况，在内容和形式上进行了一定的创新，是一套具有"专业性""实用性"和"可操作性"的"本土化"大学生职业规划与就业指导教材。

本教材由李丹、杨清国担任主编，何玲、陈飞飞担任副主编。书中各章编著人员如下：第一编职业生涯规划为李丹、杨清国、陈飞飞；第二编就业指导为何玲、王柳杨、叶婉玲、甄晓青、黄淑蓉。

由于时间仓促和编者能力有限，本书一定有不完善的地方，恳请业内同人和各位读者给我们突出宝贵的建议与意见。

编　者

目 录

第二编　就业指导

第一编　职业生涯规划

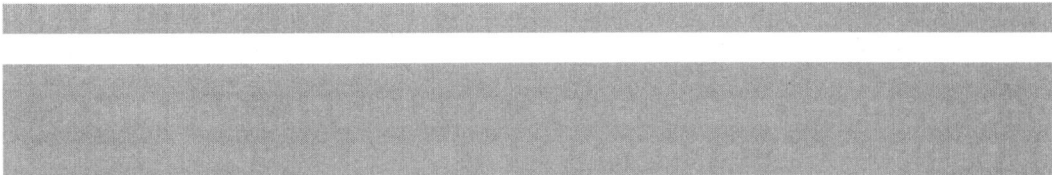

本部分引入职业生涯规划的理念，帮助大学生尽快树立职业生涯规划意识和职业发展理念。主要内容贯穿"知己、知彼、决策、行动、评估"的主线，体现大学生职业生涯规划要"紧密结合专业、提高综合能力、实现人职匹配"的指导思想。面向大一、大二学生，强调职业规划的重要性，唤醒大学生职业生涯规划的意识，敲响就业警钟，反思大学学习与人生的意义，突出"我的职业我规划、我的职业发展我做主"的理念。通过学习，使学生能够全面了解自己、了解环境、了解职业发展与劳动力市场的需求，让大学生深入思考并知晓自己适合干什么、喜欢干什么、能干什么、社会环境需要自己干什么、自己干什么最有成就感等问题，从而掌握职业生涯规划的方法和技巧，自觉规划自己的大学生活和美好人生，为步入职场和社会做好准备。按照大学生职业生涯规划的基本规律和主要步骤，本部分主要内容包括大学生职业生涯规划的自我认知、职业认知、职业生涯决策、职业目标确立与计划实施、反馈与修正等。

绪　论

成为最好的自己

🕊 **能力目标**

能够运用所学知识明确大学学习与成长的主要任务。

☕ **知识目标**

掌握职业生涯规划的基本定义、内涵、特征、任务、意义等。
了解大学生时代的学习与成长任务。

第一节　我的大学如何过

【生涯指引】

大学到底有多长？

人的一生平均 80 岁，换算成日子只有 29200 天。当你看到这本教材的时候，你大概已经用了 6000 多天，还有那么 5475 天（65～80 岁）你体力智力开始衰落，不在巅峰状态。在剩下来的不到 18000 多天里，你需要花三分之一的时间睡觉，三分之一的时间休息吃饭照顾家人，能完全用来做事情的时间，只有 6000 多天。

而大学四年看起来很长，其实只有 1460 天，刨去寒暑假只有 1120 天，减去大四下半学期实习与考试周的时间，大约只有 944 天能用来做想必须做的事、想做的事，以及为未来要准备的事。

1400 元经不起花，而大学这短短的 1400 天，你准备用来做什么呢？

你，狂野又宝贵的一生，准备用来做什么？

当第一次看到这句话的时候，你一定会把自己吓了一大跳——我这一生应该是"狂野又宝贵"的吗？我应该用来过现在这样的生活吗？无数的想法涌上心头，很多的计划蠢蠢欲动。但是也许过不了几天，你的生活又重新被卷入平常琐碎之中。因为我们内心深处有一个潜在的幻觉——时间还长，先舒服地过完今天再说。只有你真的开始认真计算，才能够理解时日的宝贵。

如果你狂野又宝贵的大学生涯只有 1400 天，你会用来做什么？

大学阶段，我们离开了家庭和学校开始独立生活，又暂时没有进入社会的经济和职业的压力，这也许是你这一生最自由，最能为自己做点什么的时光。如果有些事一定要做了才不辜负这段时光，你希望是什么事？

你也许会说，"我正年轻，好日子还多呢。大学四年都不知道该怎么花，明早起来都不知道要去干吗，以后再说吧。"这也正是我们要在一开头仔细计算大学时光的原因——我们中间大部分人一方面觉得这段时间很美好、很重要，所以一定要有很好的结果，一方面却很少意识到真正的时间其实很短。所以，当我们从眼花缭乱的大学生活里面逛一圈回来时，往往发现已经大二下学期了，大学已经过半了，必做的事情却还有很多，没有时间去做当下想做的事，更不要说做未来的事了。

面对这种窘境，一部分人选择了降低要求，不断说服自己"这样就可以了"；另一群人则彻底放弃梦想，随波逐流。

一、自我实现的张力

彼得·圣吉在他的管理学《第五项修炼》中提到了著名的"橡皮筋效应"，生动地描述了自己的愿景（梦想）和现实之间的关系。假设在你的愿景和现实之间有一条橡皮筋，拉伸橡皮筋就会产生张力，这代表现实和愿景之间的张力。"当我们把愿景和现况景象同时在脑海里并存的时候，心中便会产生一种创造性张力（Creative tension），一种想要把两者合而为一的力量。"要减少张力，只有两种方式：让现实向愿景靠近，成为自己期待的人；或者让愿景向现实靠近，逐渐接受自己的现状和现实。简单来说，这就是自我实现的过程。

愿景

现实

这种张力带给人们前进的动力。当你清晰地知道未来的愿景和目标，越是能够清晰地界定和固定它们，越是可以产生强大的张力，让你自己像箭一样射向未来的目标。这就是自我超越——梦想实现的过程。

二、后马拉松效应

随着你和梦想之间越来越近，"橡皮筋"的张力会变小。很多人会觉得梦想"越靠近越没有意思"，从而逐渐止步不前。以上大学为唯一目标的人，此刻会认为"大学也就这样"；高中时候天天幻想进大学后一定要"自由自在地躺床上，爱看什么书看什么书"的人，等到今天真的有自己的时间，却又没有真正翻几本书。这种状况被称为"后马拉松效应"——马拉松选手在挑战完自己的极限后，如果不尽快设立一个新的目标，就会一直陷在高峰之后做什么都没劲的无意义感之中。在 2008 年的奥运会转播中，中央电视台从全国抽调电视人才，提前一年准备，倾尽全力。为了防止奥运会期间产生"后马拉松效应"，中央电视台在转播之前就给他们安排了其他一些项目，让这些电视界精英们能在稍事休息以后有进一步发展的劲头。

大学之初的我们刚跑完一场长程的"高考马拉松"，我们的确需要好好放松和休息一段时间。但如果不尽快设定让自己心动的新愿景，而是想着"先玩几天再说"，很快你的"橡皮筋"就会松弛，自我成长也就停止了。

三、目标损耗

自我实现的张力带来自我成长，同时也会带来情绪上的紧张和焦虑。很多人选择另一种方式消除这种张力，就是逐渐降低自己的目标，一直到完全没有张力。你会对自己说"其实我也不那么想拿个奖学金，考的差不多就挺好"；或者"其实我那个梦想只是年少轻狂的想法，人还是要现实一点"。每一次你都隐秘地调低一点自己的愿景，慢慢地，你活在自己的舒适区，过着自己伸手可及的人生，生活也像松弛的橡皮筋，失去了年轻人应有的活力。

是让现实靠近愿景，还是让愿景靠近现实？是成为我们希望的人，还是接收无奈的现状？这取决于我们对于愿景的坚持和规划能力。自我实现不是把计划写在纸上然后结束，自我实现是一个持续终身的修炼过程。

【生涯知识】

一、理解和适应大学生活

就像去一个陌生又新奇的城市旅行一样，你需要先上网找些攻略，有一个大概的了解，然后坐车到达，真实地适应当地的环境。

大学就是这样一块陌生又神奇的人生一站。相对中学来说，它更加开放、多元、自由；课前课后的时间不再由学校和父母安排，而是完全交给你；财务的权利不再是零花钱，你还可以自由使用生活费；你可以自由决定课余时间读什么书，什么时候开始学习，以及学习什么新的知识；你可以自己决定参加什么社团，与不同系不同年级，甚至社会不同群体的人交往。

而同时，大学也提出了更多的发展路径，更多元化的标准，以及更高的要求。除了把书读好，大学提供了更多的自我实现路径：学术研究，培养综合能力，培养技术优势等；除了学习能力，大学也需要我们提高自我管理的能力以实现目标，社会交往的能力以找到支持，独立理财的能力以保证生存，以及独立思考的能力以便让我们选择适合自己的目标。

大学不仅仅需要我们完成学业，也需要我们在此期间完成进入社会的准备，这里不仅是我们学生生涯的最后一站乐土，也是人生成就的预备役。大学是收获更多，而挑战也更多的地方。我们将在第一章的学业规划地图中，看到大学生活的全貌。

二、开始思考自己想要什么，并且描绘出愿景与目标

在了解和适应大学生活的丰富之后，你会发现，你绝不可能在大学尝试和完成所有的可能；你应该从你最想完成的梦想和最有优势的领域着手。

"我的大学要做什么?"你可以从以下四个方面思考。

1. 做好必做的事

大学有大学的规则，只有遵守一个组织的基本规则才能使用这里的资源。所以大学有很多你不一定想做，但是却必须要做的事——正如你也许并不一定喜欢高考的每一科，但是为了你想过的生活，你愿意做这些必做之事。比如考试通过，遵守基本的规则，完成必要的社会实践。

给自己制订学业计划，不要让这些"必做之事"成为你的障碍。

2. 评估大家都在做的事

流行的，不一定是好的。潮流会流行，感冒也会。

大家都在做的事有两种可能，一种是每个人都看到了好处，另一种是每一个人都"害怕被拉下"不得不做。如考研，如考证。区分的最好方式是，先不着急加入，了解清楚事情背后对于自己的益处，然后评估是否是自己必做或想做的事。

3. 发现和践行想做的事

做真正想做的、让自己怦然心动的事。

你也许在下面的愿景练习中发现了很多能让你"心动"的事情，但如何才能知道这件事情是自己"真心"想要的?

一种方法是更加清晰全面地体验这件事情：多了解，多体验，多参与，多和做成了的人沟通；另外一个方向则是更深地探索自己内心的价值观。

我们将在第二章自我探索部分更详细地谈到了解自己的价值观；在第六章深度了解职业中谈到如何更多地了解自己的职业方向。但要强调的是，你不可能在课堂或者在书本上找到"真心"想要做的事，你只能从实践中找到它们。

4. 尝试有可能的事

如果我们只做必须、想到的、别人也做的事，我们虽然会按照自己设定的轨迹稳定前进，但我们永远无法做那些虽不在我们的视野范围内，但是却有无限可能的事情。所以每年保持做一两件以前没有接触过的事情，是一个很好的策略。

想去做	可能性 积极尝试	潮流 谨慎评估
必须做	愿景 努力践行	规定 认真完成
	自己	他人

三、把愿景细分为目标

理解了"目标损耗"效应，你就知道为什么清晰地描绘愿景，把它变为目标那么重要——当你把未来的愿景具体化成目标的时候，比如说不是"学好英语"而是"以 XX 分通过六级"，不是"成绩考好点"而是"每一科都不低于 80 分"的时候，橡皮筋的另一头就被牢牢钉在了未来。目标越清晰，也就越难损耗。

清晰的目标至少能在 5 个方面推动自我成长

1. 刺激高水平的努力

2. 给高水平的努力固定方向

3. 提高毅力

4. 有助于形成具体策略

5. 可以衡量行为的有效性，有助于及时评估调整

别让目标过于"远大"

小时候别人问你，"你将来想当什么啊？"你应景地回答，"大科学家！"其实，也许你一直到今天也没有认真对待过这个愿望。这就是一个过于"远大"的目标的害处——他让你完全没有动力，却还总以为自己有梦想。

过于远大的目标是让你最终放弃梦想的重要原因——因为未来一下子"钉得太远"，你的"橡皮筋"被拉扯得太长，张力绷得太紧而让你不堪重负，最终你会选择彻底放手。回想你每个暑假的那些"从今天开始，每天……"，但是最后都无疾而终的计划，大多都是目标过于远大，超过了自己能够承受的张力的原因。你应该把大目标分割成若干小目标，让小目标产生的张力变成你可以接受的程度。控制目标的数目，一段时间内的目标数量最好不要超过 3 个。

在这个过程中，你的"梦想橡皮筋"也逐渐变强，直到可以承受更大的目标张力。第三章个人成长部分对此有更加详细的论述。

四、持续的行动

一旦愿景明确、目标清晰，接下来就是持续地行动，以及阶段性地在每一个重要节点停下来重新聚焦一下方向。

你，狂野又宝贵的一生，想用来做什么？

每次我看到这句话，我都把自己吓一跳。

你，激情又宝贵的大学时光，你想用来做什么？

【生涯实践】

梦想清单

如果大学毕业的那一天，你回顾过去四年，觉得青春无悔，那是因为你做到了些什么？

1. 在左侧的愿景清单写下当你看到问题时，任何脑子里面浮现的想法，并且尽可能清晰地描绘它们。

2. 全部完成后，在右边给这些愿景按照："心动程度"和"信心程度"打分，0～5分，5分为最高分。

3. 挑出心动程度和信心程度都相对高的，优先行动。

愿景清单	心动程度	信心程度
我成为了一个_____ _____ _____样的人（填入三个你最希望自己实现的形容词）		
在学业方面，我会……		
在社团方面，我会……		
我交到了……样的朋友		
我去过了……地方		
我获得了一份……样的工作		
我开始了一段……的恋爱		
父母会以……的眼光看待我		
我学会了……拥有了……的技能＼才干＼性格		
我培养出了……的习惯		
我对于……有了全新的思考和认识		
我成为了……高手！		
（任何你想填写的）		

【生涯感悟】

每个人都希望成为更好的自己，每个人都有自我成长的张力。但是由于"后马拉松效应"和"目标损耗"，很多大学生并没有抓住大学时代的自我超越机会。

【生涯点击】

乔布斯在斯坦福大学的演讲——《求贤若饥，虚怀若愚》

http://www.iqiyi.com/w_19rra06ehl.html

古典，如何过好大学生活——《做生活的高手》

http://v.youku.com/v_show/id_XMjkxMDM5MDc2.html

过一个好的大学生活有四步：了解和适应大学生活，思考和描绘愿景，把愿景变成目标，行动再行动。

第二节　职业、生涯与人生

【生涯指引】

第二次世界大战期间，生理学家安塞·季斯（Ancel Keys）做了一个著名的明尼苏达饥饿实验。参与者是一些不愿意上战场的人，他们自愿接受这些实验来表达为战争做点事情——挨饿半年，同时记录下来自己的动机状态。研究开始于1944年，36个健康的成年男性开始每天正常进食3个月，在接下来的6个月，他们的卡路里摄入降低到之前的一半，在最后3个月，再平缓地恢复到原来水平。他们每周被要求行走22千米，参加40小时的各种工作和教学活动，这让他们的体重下降了25%。

正如你想象的一样，这些挨饿的人变得憔悴、瘦弱、无精打采，力量、心率、体温都在下降。但是更大的影响在心理上：他们对于食物产生出病态般的热爱，他们梦到食物，研究菜谱，天天谈关于吃的事，丧失了对于笑话、性、社会活动的兴趣，变得急躁、焦虑又忧郁。当他们开始正常进食后，他们又逐渐好了起来。

这个实验给我们的启示是，基础的物质基础对于心理的影响是巨大的。正如鲁迅的直言："凡承认饭需要钱买，而以说钱为卑鄙者，倘能按一按他的胃，那里面怕总还有鱼肉没有消化完，须得饿他一天之后，再来听他发议论。……自由固不是钱所能买到的，但是能够为钱而卖掉"。职业的第一功能，就是提供基本的物质基础，从而保证我们的基本生活。但是，仅仅是这样吗？

【生涯知识】

一、职业是什么？

每天早上，你都能看到城市流动起来。人们坐着各式各样的交通工具，进入到不同建筑中的办公室，开始自己一天的工作。你知道他们都有自己的"职业"，正在"上班"的路上，因为要"挣钱"。但是你有没有仔细思考一下：

什么是职业?

赚钱养活自己只是职业概念的很少一部分,下面是职业的完整定义:

职业是满足社会需求,参与社会分工,利用专门的知识和技能,为社会创造物质和精神财富,获取合理报酬,作为物质生活来源,并满足精神需求的社会交换形式。

从这个定义出发,小偷算不算职业?不算,因为没有人有被偷窃的社会需求,他们并没有为社会"创造物质和精神财富"。"游戏玩家"和"吃货"也不算职业,因为他们缺乏专门的知识和技能。如果拥有了对于游戏和饮食的专业知识和技能,如"游戏设计师"、"美食鉴赏家"和"美食记者"都可算作职业。如果有人作为一名文学爱好者,天天写诗在网络发表,但是却无法因此获得任何收入,我们可以尊称其为"诗人",但是诗人并不是他的职业。

职业构成必须有三个要素:

1. 满足社会需求:满足了社会和其他人的需求,产生可识别的价值,这样才有可能参与社会交换。

2. 拥有专业技能:有专门的知识与技能。

3. 获得收益:职业需要交换回来经济收益,以及满足自己的精神需求。

同样,"学生"也不是一种职业,但是大学阶段是为了未来职业做准备的一个重要阶段。如果大学仅仅学习到专业的知识与技能(专业性),绝对不足以支持自己获得一个好的职业。

除了好好学习获得专业知识和技能以外,在大学期间,我们还需要了解社会的需求(社会性);同时理解自己在物质和精神方面的需求(收益性)。

二、从职业到职业生涯

人们会用很多词语表达职业,比如一份"工作"(job 更多表示短期工作),一个"专业"(profession 更强调专业技能),"职业"习惯(vocational habit 更强调一个行业职业)等。但是当谈到"职业生涯规划"(简称职业规划)时,我们通常会使用"职业生涯"(Career)这个词。

什么是职业生涯?和职业有什么不同?

生涯(Career)是一个外来词,词源来自(car 车,运输),词语原意是"车辙",寓意是当一个人选择了某一条轨道,他就会沿着这条轨道一直向前发展下去。生涯是一种人生模式。《牛津词典》定义职业生涯为:一生的发展与进步(development and progress of life)。

中文中第一次出现"生涯"来自《庄子》的"吾生也有涯,而知也无涯",原指"生命的尽头"。从南北朝时期开始,江南的风俗中就有让孩子满周岁"抓周"的习俗,也是在看这个孩子今后可能会选择什么样的生涯轨道(Career)。

"职业生涯"的概念是美国著名心理学家舒伯(Super)在 1953 年首次提出,他定义职业生涯为:"个人一生中所经历的一系列职业与角色的总称,即个人终身发展的历程"。这个概念在被提出以后,在心理和组织行为学中有许多各自不同的定义。

本书选择台湾学者金树人教授的定义："生涯的发展是一生当中连续不断的过程，包括了个人在家庭、学校和社会中与工作有关活动的经验，这种经验塑造了独特的生活方式。"

需要说明的是，一直到现在，并没有一个获得大家一致公认的定义。但是，下面几点是大部分专家认同的关于生涯的事实。

1. 生涯是一种以职业为中心的生活方式（比职业包括面更宽）

生涯选择，不仅是选择一个职业，还选择一系列与工作相关的社会角色。简单来说，你不仅选择一个职业，还同时选择了一种生活的方式。

当你选择了土木工程，你也许选择了一种越老越值钱的职业地位，选择了看到万丈高楼平地起的成就感，但是同时你也选择了常年不在家的漂泊。

当你选择了舞者的生涯，你选择了与美共舞，活在音乐与神韵的世界，同时相对不高的收入，不太多的掌声以及常年的苦练。

当你选择了护士生涯，你也就选择了照顾病人，给苦难中的病人带来温暖和舒适，但是你同时也选择了牺牲自己的规律的生活时间。

你不仅要考虑在职业中的人生，更需要喜欢职业所带来的生活方式。

2. 生涯有延续性（比一份职业延续更长）

你从原来的中学离开，注销你的高中学生证，拿到了全新的大学学生证，你顺利地从一个中学生成为大学生，你的身份完全改变了。

但是你身上还有许多东西在延续——你今天选择这个大学和专业，是由你的高考成绩决定的，高考成绩则是由你中学的学习努力程度决定的。你大一参加了学校的街舞社团，源于你在高二就产生的兴趣；你还是班级篮球队的主力，因为你中学花了两年时间打篮球；你喜欢专业里面的《市场营销》课程，因为你出生在商业氛围很重的家庭，从小就对做生意很感兴趣……今天你在大一所做的一切，都会成为以后大学生涯的基础；而大学里所做的一切，也会成为进入社会的基础。

这就是生涯，连绵不绝。过去影响着现在，而现在所做的影响着未来。你每一步都踩在过去和未来之间。

职业生涯也是这样。你可以从一个公司或者行业离开，删除掉手机里面所有的通信方式，甚至换一个城市，完全转换自己的职业。但是从上一份工作中学到的习惯、思维方式、能力等都会延续下来。这就是职业生涯的延续性。

3. 生涯有内在性（标准内在）

正如你的学生生涯绝对不仅仅是毕业时候拿到的毕业证，记录在成绩单上的几个成绩，还包括那些第一次进入大学的兴奋，彻夜不眠的卧谈，自习室里面的奋斗，第一次恋爱的心跳，校门口小酒馆兄弟们的叮咛，以及这一切带给你内心的成长，人生的体验，心智的成熟——当大学毕业离开这个校园的时候，请务必确认你变得比以前更成熟、更坚定、更有能力和信心面对未来的世界。

生涯也不仅仅是指外在的系列职位发展，还分为内职业生涯与外职业生涯：

外职业生涯指从事职业的工作单位、地点、内容、职务；工作环境、待遇等因素的组合以及变化过程。

内职业生涯指从事某一职业时的知识、观念、经验、能力、心理素质、内心感受等因素的组合及变化过程。

我们将在第五章第一节职业的本质中，更多地讨论这两者之间的关系。

三、为什么要在大学谈职业生涯？

大学期间，学业已经够繁重，为什么我们还需要谈职业生涯？

1. 职业让我们生存

2014 年年底，我去了坦桑尼亚的塞伦盖蒂国家公园游猎，向导把车子开到一片巨大的草原之中，阳光通过巨大的云层打下来，在草原上形成亮绿的大陆，好像草海上的舞台。斑马、犀牛、角马在其中穿梭而行。

我问我们的黑人向导劳伦斯，他们平时干什么呢？他耸耸肩膀说："Eating and not be eaten"（吃，不被吃）。我们都乐了。

的确，食草动物需要每天至少 8 小时的不断进食，才能维持自己基本的体重，这大概就是动物最原始的"职业"。原始人类往往需要在森林里逛一两天才能打到果腹的食物。社会早期的农民需要常年的劳作才能"糊口"，他们都是为了生存——这个基本的职业需求。

随着人类社会的进化，更发达的科技、更好的工具与更加完善的社会分工提高了每一个人的效率，我们能在越来越短的工作时间里让自己获得温饱。职业的首要核心目标就是让我们生存，经济独立以及有恰当的生活质量，是一种让自己生存和生活的基本方式。

2. 职业关系是我们社会关系中的主要构成部分

小时候，你有没有和小伙伴聊一个话题——"我爸爸是干什么的"；你介绍同学的时候，是不是也会顺便介绍"他还是我们班××课代表"；在职场的社交场合见面，大家在介绍完自己姓名之后，会顺便介绍自己的工作。职业关系是我们社会关系中很重要的构成部分。行业、职业和职位是社会识别我们很重要的坐标。

另一方面，职业关系也是最重要的人际关系之一。每天上班的时间有 8 小时，在一个自己被尊敬、被认同的团队里工作，与在一个压抑、被边缘化的团队里工作，心理感受完全不同。国外调查数据甚至显示，一个好的职场关系大概值得上你收入的 $30\%\sim40\%$。

很多老人退休后继续返聘回去上班，很多家庭主妇虽然没有经济压力，但是依然选择工作，因为她们需要职业背后的社会关系。

3. 职业是我们自我实现的平台

职业发展之初，大部分人的工作就是为了维持自己的生存。但是到了工业时代，大部分人在星期二下午就完成了这个任务，我们必须为社会再做点什么。职业同时还是让自我和社会价值实现的平台。

如果你能进入这样的职业——在你最感兴趣的领域，运用你最具优势的天赋和最专业的技能，为社会贡献价值，同时还能够收获你最想要的精神和物质收益——这将会是人生最好的顶峰体验之一。

职业能够满足我们的生存需求、社会关系以及提供自我实现的需求，所以职业是人类除了家庭之外最重要的社会关系之一。一个人的职业是否满意，也决定着人生整体幸福度。

在短短几年之后，你会走向社会，开始有一份自己的职业。你会用自己的钱养活自己，拥有全新的社会身份，以及重新定义自己的自我实现方向，这一切都将在一份职业上展开。

不管这是不是一个你喜欢的历程（如果你能够好好学完本书，我想你会喜欢的），但是这是一个必需的过程。每一个人都值得花足够多的时间，学好生涯规划这门课，在大学阶段做好进入职场的准备。

【生涯实践】

你喜欢哪一种生涯形态？

你曾想做哪一行的工作？＿＿＿＿＿＿＿＿＿＿＿

你喜欢这一行人的生活方式吗？　　是　　否

这是一种＿＿＿＿＿＿＿＿＿＿＿的生活方式。

现在，你还想做哪一行的工作？＿＿＿＿＿＿＿＿＿＿＿

你喜欢这一行人的生活方式吗？　　是　　否

这是一种＿＿＿＿＿＿＿＿＿＿＿的生活方式。

整体而言，下面哪些生活形态的项目对于你很重要？

居住在文化水准较高的地方	有密切配合的工作伙伴
住在都市地区	贡献自己所能，参与社会服务
和父母住在一起，享受天伦之乐	有崇高的社会声望
工作之余可以参加很多社团活动	每个月有稳定的收入
拥有宽阔、舒适的生活空间	可自由支配自己的时间
和家人共享假期	可自由支配自己的金钱
生活富有挑战性、创造性	和配偶与子女住在一起
每天有固定的时间与家人相处	有丰富的经济收入
有宽裕的时间，做自己闲暇的事情	居住在小孩上学方便的地方
每天能够运动，活跃身心	担任管理者的职位
经常能够外出旅行看世界	和朋友们保持密切的交往
经常能够学习，吸收新知	居住在固定的地方

工作稳定有保障

选出你最喜欢的三种生涯方式：填写到下面的横线上。

我就是要＿＿＿＿＿＿＿＿＿＿的生活方式！

（修改自黄天中的《生涯规划概论——生涯与生活篇》）

【生涯感悟】

　　职业是通过专业技能，满足社会需求，获得恰当的物质与精神回报的社会交换形式，是人生重要的构成部分，满足我们的物质需求、社交以及自我实现的重要手段。职业人不仅需要有专业技能、也需要理解社会和自我的需求。

　　职业生涯的范畴不仅仅关注一份职业，还包括了这个职业带来的生活方式、未来及过去的延续以及带给我们的内在感受。职业生涯是大学毕业后人生幸福的重要手段，值得从现在开始做好规划与储备。

第三节　生涯规划

【生涯指引】

绿鞋子的故事

　　有个人在很小的时候，无意从神仙那里得到了一本书。

　　这本书仔仔细细告诉他关于完美爱情的一切。里面说，他会遇到一个穿着绿鞋子的女孩，他们会如何牵着手在雨中漫步，会如何在巴黎度蜜月，会生两个多么可爱的孩子，会一起度过多美好的晚年。

　　他出发去环游世界，决心找到自己的完美爱人。他盯着每一个女孩子的脚，希望有一天能遇到一个穿绿鞋子的人。

　　有那么几次，他曾遇到过让自己动心的喜欢的女孩，或者也有人喜欢他。他低下头看看她们的鞋子——没有一个人穿绿鞋子。

　　他拒绝了所有人。

　　他低头找得那么的认真，连背都开始驼啦。一开始这显得很奇怪，直到后来他成为一个老头，一个驼背的老头就显得不那么奇怪了。

　　但是他还是孤身一人，一直到孤独终老地死去，他都没有获得过真爱。

　　他本来就应该想到：

　　1. 你的人生不应该全信一本书，哪怕是神仙写的。

　　2. 你可以送给你喜欢的人一双绿鞋子。

漫画原作：cowbirdsin love

【生涯知识】

当第一次听到"生涯规划"这个词，你是不是也像绿鞋子故事的主人公一样，希望老师能够发一张规划图，清晰记录自己的一生该干什么，而我们只要干就好了？

我们已经在第一节谈到了大学中自我实现的四步，第二节谈到了职业生涯的概念，以及大学为未来生涯做准备的重要性。这一节中，我们将结合前面的知识，讨论如何在职业生涯的领域自我实现。职业生涯设计与规划（以下简称生涯规划）是一门教你如何进入和创造自己喜欢的职业生涯的技术。

生涯规划不是做做测评、听听职业人士讲座，在一张纸上写出自己的职业目标，然后开始按照模板求职；而是每一个即将进入或正在职业中的人的必备技能，也是贯穿职业生涯的自我修炼。学完这一章，希望你能给你喜欢的生活"送一双绿鞋子"。

一、生涯规划的 6 个问题与 4 要素

先做一个小练习：

下面的六个问题，也许你思考过，也许并没有。请按照你看到问题后对于答案的清晰度打分。

分数设定为从 0～5，0 代表"完全没有想过"；3 代表"我想过，但是不确定"；5 代表"我知道而且很确定"。

你只需要对回答的清晰度打分，暂时不用管其正确与否。

在目前这个人生阶段，我想要什么？＿＿＿＿＿

哪些职业、生活方式能够满足我？＿＿＿＿＿

当前的环境与资源支持我做什么？＿＿＿＿＿

在这个方向上，我有什么优势？＿＿＿＿＿

我今年的目标是什么？＿＿＿＿＿

下一步，我该如何开始行动？＿＿＿＿＿

一个清晰的生涯规划，应该能让你回答上述问题。

你当然无需马上回答，因为整本书的目标就是让你能够回答这些问题，以及掌握这套生涯规划的技术，让你在整个职业生涯中都有进入自己想要的生活的能力。

为了回答这些问题，我们需要收集 4 种信息：自我探索、职业探索、环境与资源、选择与执行。

1. 自我探索

我希望从生涯中获得什么？相比我的竞争者来说，我现在有哪些优势？在哪些方面我更加有潜质，如果投入能长远保持优势？我会对哪些领域的事情更感兴趣？我期望什么样的生活形态？……这些问题的答案都是从不同角度回答"我是谁"的问题。

这些问题也许有一些你有过思考，有一些下意识的答案；另一些则有朦胧的感觉，却无法清晰表达——但是我要说的是，你最终需要的是一个恰当的、清晰的、真诚的、稳定的答案（自我概念的建立）。这个答案会在未来的生涯中不断受到各种评价、挑战、

说服和诱惑。那些写在书上的答案，也最终会被另一本书掩盖；随手勾选的也会被随手抛弃。只有经过认真思考、反复体验，最后形成自己独立思考的答案才有价值。

这个过程之所以不叫"了解自我"，而叫做"自我探索"，也是因为"自我"并非写在书上或量表中，真正的自我认识需要冒险、探索、行动、体验以及勇敢的争取或放弃，这是一场真正的"探索"之旅。

2. 职业探索

职业是一种通过满足社会需求来自我实现的社会交换过程。正如所有的交换一样，你知道自己要什么以后，你也需要了解对方的需求。

我想要的东西，有哪些职业能满足我？这些职业对于从业者有什么要求？我将面临哪些竞争者，需要我培养什么优势？这个职业未来十年的发展方向有哪些？我现在能为这个职业做些什么？

学习了解职业世界的目标是为了回答以上问题。之所以叫做"职业探索"而非"职业检索"，是因为随着社会的快速发展，职业本身也在迅速地进化着，不同地域、行业、企业之间的职业要求和发展也差异甚大。我们在第六章会提供完整的行业职业地图让你对于职业世界有通览的了解，同时提供相当多的职业信息资源供你进行检索和研究，但并没有任何一个大典或数据库能够记录你真实面对的所有职业信息。"到底是去 A 城市的这家国企当技术员，还是去 B 城市的那家小私企做工程师更加有发展？"类似的问题无法通过任何现存数据库解决，这时就需要你应用职业探索技术拿到第一手信息。

正如旅游一样，你需要有一张大而详细的地图，同时需要学会在地图未尽之处找到路的能力。另一个重要的学习职业探索技术的原因是，随着职位的上升，职位描述将变得更加宽泛，不同单位对同一职位描述的差异也更大。因此，位置越高的人越需要这项技能。

3. 环境与资源

我们并非孤零零前行的个体，即使你没有显赫的家庭和名校的出身，你也一定拥有独特的环境以及资源。

近几年我关注的领域有哪些潮流和趋势？我从学校可以获得哪些支持？师兄师姐、辅导员能在哪些方面支持到我？社会对于大学生有什么就业优惠政策？我所在的城市有哪些能够支持我的资源？如何使用现有的社交网络帮助自己实现梦想？如何让我的家庭成员能理解、支持我的目标？

理解环境能让你脚踏实地，顺势而行。而运用好资源会让你事半功倍。

4. 选择与执行

如果我们知道自己想要什么，又知道哪些职业能满足自己，且自己在这个方面还有一定的优势，我们就真的能够开始这段职业生涯了吗？大部分人往往还会受到下面问题的困扰：

我喜欢的暂时够不着，我能选择的又不喜欢，该怎么办？我喜欢的职业和我的专业没关系，该怎么办？A 有一部分我想要的，B 有另外一些想要的，到底该选择哪个？我希望选择 A 但是家人不同意，我该如何说服他们？我很希望要这个目标，但是我该如何开始？我总是做了一段时间就放弃，该如何调整？

在人生地图上标注出目的地只是开始，我们还需要面对真正旅途中的无数岔路及分水岭。我们需要学会用科学的决策方式做出选择，提升技能以达成目标。若缺乏选择与执行的能力，再好的目的地都是一纸空文。

现在回到之前的六个问题上来。当你在"自我"这个领域越多探索，你就越能回答"在这个人生阶段，我想要什么？"和"在这个方向上，我有什么优势？"这两个问题；当你对于"职业"这个领域探索越多，你对于"哪些职业和生活方式能够满足我"这个问题越清晰；当你在"环境和资源"方面了解越多，你越能把握"当前环境与资源支持我做什么？"；当你在"选择与行动"方面学习越多，你越能够解决"我的目标是什么"和"我如何开始行动"的问题。

二、关于生涯规划，你也许会这么看

1. 最好有一个标准的规划，我只要照着做就好

在一开始，别人（尤其是已经走通你职业目标的过来人）的经验的确具有很大的借鉴意义。模仿成功者的规划在前期会让你少走很多弯路。不过随着你自己的生涯规划的执行，由于每一个人的需求、优势、环境和资源都有很大的差异，所以借鉴意义会越来越小，你的独立思考会越来越多。而"标准"的规划也会逐渐演变成你自己的独特版本。

2. 规划应该非常远大，宏伟才是好规划

你也许听过周恩来总理从小立下"为中华崛起读书"的故事，你也可能已经注意他并没有给自己设定一个"我要 30 岁领导南昌起义成为政治局委员"的目标。很少有人能够清晰制定跨度为 10 年、20 年的职业生涯规划，因为迅速变化的社会环境，很难清晰预知太长的时间跨度；也因为过于远大的规划会导致"橡皮筋"脱落，失去前进的张力。

大学生处在人生观、价值观、世界观剧烈变化时期，规划的周期应该相对短一些，并且能够持续地回顾和迭代更新。合理的规划周期应该是 1 年内很清晰（生涯计划），3 年内较明确（短期规划），5～10 年有大目标（中期规划），10～30 年有大方向（长期规划）。越是近，越是清晰，越能指导行动；越是远，越是宏伟，越能激发斗志。而坏的规划恰恰相反，30 年后想得非常清楚，明天起来却不知道要做什么，那只能是白日梦罢了。

下面是一个学生的长、中、短期规划和计划：

10 年定方向："我要成为这个行业最优秀的技术工程师，并发明改变行业的技术。"

5 年找大目标："成为某一流团队的技术骨干，有独特的研发经历和思维。"

3 年设明确的目标："加入××公司的××技术团队，进入某开发项目并获得大家认同。"

1年订清晰计划,"获得××证书,在实验室里完成××项目,写报告,并发表论文。"

对于大学生来说,一个比较合理的规划周期是:

大一上学期完成对于前二年的学业规划;

在大三下学期制定毕业1～2年的职业生涯规划;

在入职一年后做回顾和调整,做跨度为3年左右的职业生涯规划;

在第一个3年规划后酌情设计3～5年跨度的生涯规划。

3. 我希望一切都确定好了才开始行动

前面提到过,无论是自我探索、职业世界探索、选择和执行还是对于环境和资源的评估,没有一个是能够在课堂上仅凭思考完成的。希望一切都确定好才行动的人会陷入"没确定——不行动——更加无法确定——继续不行动"的死循环。

人们通常担心的"会不会这样就白费劲了"的事情也不会出现。也许你收集到的信息并不指向最终的职业选择,但能"排除选项"也是非常有价值的步骤;你在行动期间培养出来的对于自我的理解,对于探索、决策、自我管理能力的提升会保留下来,对于日后职业发展有重大促进作用。不管你当下做"有效"还是"无效"的行动,自我耗竭的不行动才是最坏的行动。

【生涯实践】

试着就从现在开始,给自己做一个1年的大学生涯规划!请在每一个问题下面写下来你的答案。

1. 在大学第一年,我想要什么?

(a. 写下你这一年最希望获得的东西,可以是很具体的"认识3个朋友",也可以是比较抽象的"智慧"。b. 按照你认为的重要程度排出顺序。)

哪些学习、学校活动、生活方式能够满足我?

(你希望获得的东西,在学校和社会的什么地方能够获得?哪些社团、哪些活动可以满足我的需求?哪些生活方式是可以了解一下的?)

3. 我的环境和资源支持我做什么?

(学校有哪些机会和平台做这些事?我的同学、老师、朋友有哪些资源支持我做这些事?按照环境资源支持程度排出顺序来。)

在这个方向上,我有什么优势?或者准备培养什么优势?

(假如你准备掌握一门演讲技能,并且准备加入学校的演讲社团:你在演讲方面具有什么优势?如果没有,你希望在哪一方面培养出优势?)

今年我的目标是什么?

(综合上面的思考,你能最后得出自己希望最终能达成的目标吗?)

6. 你会何时、何地开始什么样的行动?

(给自己手机设置一个提醒,一个月以后,回顾一下——你做得怎么样?)

【生涯感悟】

这一小节中，我们详细探讨了生涯规划要解决的 6 大问题与 4 个核心元素，以及各个元素的探索方法，让大家对于职业生涯规划有一个概括的认识。我们还在后面谈论了很多大众对于规划的常见看法，提出了更加系统全面的观点。

生涯规划是一个动态的自我实现过程，他并无标准答案，需要每个人在自己的生活中具体践行。

【好书推荐】

《高效能人士的七个习惯》史蒂夫．柯维，中国青年出版社

《读大学，究竟读什么》覃彪喜，南方日报出版社

第一章

自我认知

能力目标

能够通过方法分析了解自己的职业性格、职业兴趣、职业能力、职业价值观。

能够分析自己的职业测评报告。

能够明确自己的职业方向。

知识目标

了解认识自我的内容。

掌握认识自我的方法。

我们每个人都有巨大的潜能，每个人都有自己独特的个性和长处。能否正确认识自我，在很大程度上影响或决定着一个人的前程和命运。如何才能正确认识自我？在走出迷失的自我的基础上，掌握正确的自我认知方法便能全面正确地得到自我认知。只有当你认识自己之后，你才能客观地评价和正确对待你自己的优点和缺点，从而扬长避短。认识你自己，使你能够从失败中总结教训，使你不断成长，使你的职业生涯更精彩。

一个人在自己的生活经历中，在自己所处的社会境遇中，能否真正认识自我、肯定自我，如何塑造自我形象，如何把握自我发展，如何抉择积极或消极的自我意识，将在很大程度上影响或决定着一个人的前程与命运。

认识自我，你就是一座金矿，就一定能够在自己的人生中展现出应有的风采。自我认知就是使自己明白：我适合干什么——个人性格；我喜欢干什么——兴趣；我能够干什么——能力；我最看重什么——价值观。

【项目导入】

我叫_____（写上你的名字），是_____专业_____（年级）学生。我的性格

_____（用两个词来形容），我的兴趣爱好 _____（重点写两个），我的突出能力
_____（重点写两个），选择职业的时候我最看重 _____
（重点写两个）。

第一节　性　格

【生涯指引】

学校组织毕业班同学参观实习企业，企业给出了不同的工作岗位：

A 岗位：待遇丰厚，工作有着较多的不确定性、极富挑战，工作压力也大；

B 岗位：需要完成固定的工作任务、难度适中，薪资一般。

大部分同学在了解完岗位信息后，纷纷表示 A 岗位更值得一试，一来可以锻炼自己，二来可以获得不菲的实习收入。正当大家热烈讨论的时候，一名女生却说："我更喜欢 B 岗位，它规范、稳定……"这句话，引发了同学们的热议，有同学认为这名女生有些不思进取。看到这种情况，企业的人事经理与学校的带队老师笑了。

喜欢 B 岗位的女生，真的是不思进取吗？她的选择错了吗？

【生涯知识】

一、什么是性格

性格也称为人格特质，是一个人在生活中对人、对事、对自己、对外在环境所表现出来的一致性反应方式。在美国著名职业生涯指导专家约翰·霍兰德（John Holland）认为，性格是兴趣、价值观、需要、技能、信念、态度和学习风格的综合体；职业选择是性格的一种表现、是个人人格的反应和延伸。

二、性格与职业的关系

性格和职业的最佳匹配使得我们成为更有焦点，更有效的工作者，因此我们可以每天都去工作并且喜欢我们所做的事情。在我们的周围人中也可以发现，同一职业类型或团体中往往聚集着人格相似的工作，比如销售行业的人多数是性格外向性、会计行业人比较细心、教师善于关心爱护他人、从政的人手腕比较强硬，执行力强。如果一个人所从事的职业与其人格类型是匹配的，则他工作起来就轻松愉快、得心应手、富有成就，反之则会不适应、困难重重，给个人的发展和组织造成影响。在职业指导中，就是帮助人了解自己属于哪一种类型，然后在对应的职业环境中寻找合适的职业，这样不仅缩小了人们职业选择的搜索范围，使职业选择的方向性更强，而且选中的职业与自己个性最为匹配，有利于个人才能发挥和价值的实现。

【生涯探索】

探索方法，一般分为正式评估和非正式评估。正式评估是指利用测评（测量、测验）

工具、有明确实施办法、计分原则、和需要专业人士解释规则并提供正式测评报告的评估手段，它的特点是结构化较强。非正式评估方式是以一种不如标准测评那么结构化的方式来收集有关个体信息的方法，往往通过故事、活动来鉴别、判定相关问题的方法，它是一种没有测评报告的评估手段。

1. 探索外向/内向（E/I）

例如："飞行故事"。

常河、王付、陈晨、赵海、刘枚五人一起坐飞机出差。在飞行途中飞机出现了故障，五人表现如下：

常河："飞行员，怎么回事？怎么会发生这种情况？"

王付："刘枚，你帮忙去看一下仪表盘的显示情况吧！"

陈晨：（皱着眉嘟囔）怎么撞上这种倒霉事？！

赵海：（拿出一小瓶"二锅头"）幸好我带来"二锅头"，最后还能喝上一回！

刘枚：一直仔细观察着每一个人的表现。

(1)你最喜欢谁？谁和你的行为一样？

(2)分组讨论，为什么你那样去做？

(3)达成共识后，对照外向/内向（E/I）特点，记下自己的代码（E 或 I）。

2. 探索感觉/直觉（S/N）

例如："去泰国旅行吧！"

如果我很兴奋地对你说：我们去"泰国旅行吧"！现在你的反应和脑海里出现了什么呢？（在不考虑时间和经济的情况下）

(1)你和谁的一样？分组讨论，为什么你那样去做？

(2)达成共识后，对照感觉/直觉（E/N）特点，记下自己的代码（S 或 N）。

3. 探索思考/情感（T/F）

例如："该录用谁"。

张明和林清是即将毕业的同一高校的两位优秀学生。张明：来自省会城市，精力充沛、性格开朗、组织能力强，一直担任班长；对他来说，找工作可不是一件难事。林清：来自偏远地区的农村，学习刻苦、做事认真、成绩优秀；对他来说，你们公司这份工作非常重要，因为父母务农的他，家里还有两个弟妹分别在读初三和高二，很需要他尽快挣工资贴补家用、因此放弃了保送读研的机会。

(1)假如由你来决定，你会选择谁？

(2)你和谁选的一样？分组讨论，为什么？

(3)达成共识后，对照思考/情感（T/F）特点，记下自己的代码（T 或 F）

4. 探索判断/知觉（J/P）

例如："决策"。

今天是周六，你周一上午有个重要的考试。这时，你接到一个好朋友的电话，他/她约你今天晚上吃饭聚会。去还是不去，你如何决定？

（1）你会怎样选择？

（2）你和谁选的一样？分组讨论，为什么？

（3）达成共识后，对照判断/知觉(J/P)特点，记下自己的代码(J 或 P)

5. 总结探索结果

通过四步探索这时候每位同学都有四个代码，这个代码就是你的性格代码，也称为人格类型代码。然后对照十六种人格类型代码和十六种人格类型偏爱的工作环境来认识自己的性格。

三、性格类型

在性格类型中，MBTI 人格理论在职业生涯规划实践中比较常用和实用，在现代企业人事筛选和人才配置方面发挥着重要作用。这里，我们对 MBTI 人格类型做简单介绍。

1. MBTI 人格类型

MBTI 有四个子量表，分别是性格从四个维度考察个人的偏好：

能量倾向：Extraversion	vs	Introversion	外向/内向
接受信息：Sensing	vs	Intuition	感觉/直觉
处理信息：Thinking	vs	Feeling	思考/情感
行动方式：Judging	vs	Perceiving	判断/知觉

（1）外向/内向(E/I)

外倾型的人(E)。喜欢与他人在一起时感到振奋；希望成为注意的焦点；先行动，再思考；喜欢边想边说出声；易于被了解；愿与人共享个人信息；说的比听的多；热情的交流；反应迅速、喜欢快节奏；较之精深更喜欢广博。外倾型人的特点是：善于表达；自由的表达情绪和想法；听、说、想同时进行；朋友圈大；主动参与；大家；多数；广度。但是当他们独自工作；必须主要使用邮件进行沟通；没有中断地工作；关注事物的深度或只得到书面的反馈时就感到有压力。

内倾型的人(I)。喜欢独自一个人感到振奋；避免成为注意的焦点；先思考、再行动；在脑中思考；注重隐私、只与少数人共享个人信息；听的比说的多；不把热情表现出来；思考之后再反应；喜欢慢节奏；较之广博喜欢精深。内倾型人的特点是：通常保留情绪和想法不轻易流露；先听，后想，再说；固定的朋友；静静反思；个人；少数；深度。但是当他们与其他人一起工作；需要在电话里讲许多；经常性与他人沟通；没有任何反馈地快速工作；太多需要应付的即时任务与命令或经常得到口头反馈时就感到有压力。

（2）感觉/直觉(S/N)

感觉型的人(S)。相信确定而有形的事物；喜欢具有实际意义的新主意；崇尚现实主义与常识；喜欢运用和琢磨已有的技能；留心特殊的和具体的、喜欢给出细节；循序渐进地给出信息；着眼于现在。感觉型人的特点是：明确、可测量；细节、细致；现实、现在；看到、听到、闻到；连续的、重复；享受现在或基于事实、经验。但是让他们去关注自己和别人的灵感；使用新的方法做旧的事情；给出一个梗概而没有细节；寻求一个事件表现的意义或关注于"可能性"过于复杂的情节时就感到有压力。

直觉型的人（N）。相信灵感和推理；喜欢新主意和新概念只出于自己的意愿；崇尚想象力和新事物；喜欢学习新技能，但掌握之后容易厌倦；留心普遍和有象征性的，使用隐喻和类比；跳跃式的以一种绕圈的方式给出信息；着眼于将来。直觉型人的特点是：可发明、改革；风格、方向；革新、将来；第六感；任意的；变化；预测将来；基于想象、灵感。但是让他们去关注过于现实的问题；使用证明的方式去说明一件事；去关注细节；检查事物的准确性；需要注意过去的经验或被要求按部就班做事时就感到有压力。

（3）思考/情感（T/F）

思考型的人（T）。喜欢后退一步，客观地分析问题；崇尚逻辑、公正和公平；有统一标准；自然地发现缺点、有吹毛求疵的倾向；可能被视为无情、麻木、漠不关心；认为诚实比机敏更重要；认为只有合乎逻辑的情感才是正确的；受获得成就欲望的驱使。思考型人的特点是：客观、公正；批评，不感情用事；清晰；基于分析的；关注事情和联系；理智；冷酷；头脑；原则；规范或情有可原、法不容恕。但是当仅凭个人经验去评估形势；调整以适应个人差异和需要；关注并欣赏积极的事情；关注于过程和人；用同情心和个人价值决策或以多样化方式与人打交道时就感到有压力。

情感型的人（F）。喜欢向前看，关心行动给他人带来的影响；注重感情与和睦；看到规则的例外性；自然地想让别人快乐；易于理解别人；可能被视为过于感情化、无逻辑、脆弱；认为诚实与机敏同样重要；认为所有的感情都是正确的，无论有意义与否；受驱使与被理解的驱使。情感型人的特点是：主观、仁慈；赏识，也喜欢被表扬；协调；基于体验的；关注人和关系；善良、善解人意；心灵；价值、人情或法不容恕、情有可原。但是让他们客观地分析形势；设置标准与规范；批评别人的缺点；仅关注于任务本身或只使用逻辑进行决策推理时就感到有压力。

（4）判断/知觉（J/P）

判断型的人（J）。做完决定后感到快乐；具有"工作原则"；先工作再玩；确立目标并按时完成任务；想知道自己的处境；着重结果；通过完成任务获得满足；把时间看成有限的资源，认真对待时间限制。判断型人的特点是：按部就班；随时控制；明确规则和结构；有计划、有条理；快速判断、决定；确定；最终期限或避免"燃眉之急"的压力。但是让他们等待一个过程能够呈现结构性特征；使用"内部时间"进行规划；过于灵活的；在最后一刻才爆发激情；一直保持一种对任务开放的再评价态度或以一种令人惊异的状态做事时就感到有压力。

知觉型的人（P）。因保留选择的余地而快乐；具有"玩的原则"；先玩再工作；当有新的情况时便改变目标；喜欢适应新环境；着重过程；通过着手新事物而获得满足；把时间看成无限的资源，认为时间期限是活的。知觉型人的特点是：随遇而安；不断体验；确定基本方向；灵活的、即兴的；喜欢开放、获取；好奇；新的发现或从最后关头压力中得到动力。但是让他们去组织自己和他人的计划；在有时限的规定内做事；别人无法相信"最后一分钟的能量"；要"完成"；制订出一个连贯的计划或要求事前计划时就感到有压力。

四、更好的理解性格

性格是先天遗传和后天影响共同作用的结果，性格类型没有对错。而在工作或人际关系上，也没有更好或更坏的组合。每一种性格类型和每一个人都能带来独特的优点。

哪一种性格类型最符合你，是由你自己来作最后判断的。你的性格分析结果是根据你在回答问题的选择来建议你最可能属于哪一种性格类型；但是，只有你自己才知道你真正的性格类型。

性格没有好坏，最好不要强行或是刻意地去改变它，而是应该知道自己的性格并找到适合的工作；设法尽量发挥自己的性格特长。职业生涯中，不同性格的作用不同，选择职业时，扬长避短的重要性；选择入职单位时，性格匹配的重要性。

你可以用性格类型去理解和原谅自己，但不能以它作为你做或不做任何事情的借口。不要让性格类型左右你考虑选择任何事业、活动或人际关系。要留意自己对类型的偏见，以此避免负面的把别人定型。

人的性格类型是由四个维度组合而成的十六种类型，并不能用任何一个维度的一个量来给自己性格定型。例如错误地认为"我是 N 型；我是 T 型"等。

第二节　兴　趣

【生涯指引】

大学社团招聘启事

亲爱的同学们，欢迎你们来到学校！学校有很多丰富多彩的社团，在这里，你可以满足你的兴趣，施展你的才华，并结识很多志同道合的小伙伴儿，共同创造美好的大学时光。这里是你们张扬个性，释放青春活力的舞台，你们将是这里的主角，等你噢——

吉他社

戏剧社

街舞社

动漫社

创业者联盟

计算机网络社

桌游社

象棋社

演讲社

户外社

武术协会

健美操社

文学社

摄影协会

维修社

轮滑社

志愿者同盟

理财协会

读书协会

书法协会

你会选择哪个社团呢？请填写报名表，我们期待着你的加入！

【生涯知识】

一、什么是兴趣

看看你的选择和身边同学的选择，是不是一样呢？你会发现，同样是参加社团，却是不同的人有不同的选择，这些不同的背后就是兴趣的不同。

心理学认为，兴趣是一种带有情感色彩的认识倾向。它以认识和探索某种事物的需要为基础，是推动一个人去认识事物、探求事物的一种重要动机，是一个人学习和生活中最活跃的因素。兴趣就是无论能力高低，无论外界评价如何，你愿意投入时间和精力去做的事，并在做的过程中感到十分快乐。比如，有人喜欢读书，有人喜欢摄影，有人喜欢摆弄机器，有人喜欢聊天。

知道了什么是兴趣，接下来要区分一下什么是真兴趣？什么是伪兴趣？请看表1-1：

表 1-1　真伪兴趣对比

项目	真兴趣	伪兴趣
动力	内心需要	外部压力
追求	过程	结果
情绪	快乐	痛苦

区分真兴趣和伪兴趣，是因为职业的成功与快乐，往往和真兴趣有密切的关系。很多同学在大学之前的学习生活中可能会有很多的特长，但并不意味着这都是你的兴趣。而找到真兴趣往往与成功和快乐有密切关系。

大学生该如何找到和培养自己的真兴趣呢？

多学多试。我们问一个没有吃过榴莲的人是否喜欢吃榴莲，他是没有办法回答的，因为他没有吃过。所以，有时候我们对一件事情不知道有没有兴趣，是因为我们没有尝试过。为此，我们要充分利用大学的宝贵时光和丰富多彩的生活，去多多学习新的知识，多多尝试新鲜事物，去探索，去发现自己的兴趣。当我们扩大了自己的眼界，增加了更多的体验后，我们也就更加容易找到自己的兴趣了。

享受过程，不考虑成败。过多考虑成败往往让我们对于真兴趣不敢投入。其实，真兴趣追求的是过程，而不是结果。所以，要随着自己的兴趣走，自己喜欢做什么，有条件或创造条件去做一做，享受满足兴趣这个过程所带来的快乐，从而不断发现和培养自己的真兴趣。

二、职业兴趣的分类

同样道理，我们对于职业也有天然的兴趣。找到自己的职业兴趣也会让自己的职业更成功和快乐。这里具体谈一谈兴趣对职业的深远影响。

首先，它是一个人工作强大、持久的动力。"兴趣是最好的老师"，有兴趣的事情，总是"乐此不疲"，"废寝忘食"，没兴趣的事情，则"度日如年"，"备感煎熬"。有兴趣的事情，不会轻言放弃。陈景润能躲在小黑屋里咬着馒头喝着凉水证明哥德巴赫猜想，袁隆平能几十年如一日在田间地头风里来雨里去，都是兴趣使然。

其次，它提高工作效率，创造职业成就。心理学研究发现：一个人从事感兴趣的工作，能发挥全部才能的 $80\%\sim90\%$，从事自己不感兴趣的工作，只能发挥全部才能的 $20\%\sim30\%$。传统教育推崇勤奋对于成就的作用，"书山有路勤为径，学海无涯苦作舟"。但纵观历史上有所成就的伟大人物，他们几乎都是从兴趣出发的，曾经有一本书《诺贝尔奖获得者寄语中国青少年》，这些科学家无一例外谈到小时候对于某项学科的兴趣，让他们走上了一条成功之路。

最后，它影响职业幸福感和生活满意度。人生至少有三分之一最黄金的时间用于工作。如果不喜欢，那也就意味着这三分之一的人生是不快乐的；工作不快乐，按照"踢猫效应"，会影响三分之一的生活；不喜欢导致工作效率差，工作成就低，难以胜任，压力倍增，影响睡眠和健康，结果这一整天都不快乐。可以说，工作这三分之一是影响全局的三分之一。

李开复先生当年学的是比较热门的法律专业，一年之后，他决定转到哥伦比亚大学默默无闻的计算机系。想起当年的选择，他感慨道："若不是那天的决定，今天我很可能只是在美国某个小镇上，做一个既不成功又不快乐的小律师"。

【生涯探索】

六岛环游游戏

恭喜你！你获得了一次免费度假游的机会，有机会去下列六个岛屿中的一个。你只有少量的金钱，但需要在这个岛上呆满至少半年的时间，也许一辈子都要住在岛上。请你凭自己的兴趣和能力，按一、二、三的顺序挑出你最想去的3个岛屿。

名称	岛屿特点
R	自然原始的岛屿，岛上保留有热带的原始植物林，自然生态保护得很好，也有相当规模的动物园、植物园、水族馆。岛上居民以手工见长，自己种植花果蔬菜、修理房屋、打造器物，制作各种工具。
I	深思冥想的岛屿，岛上人迹较少，建筑物多偏处一隅，平川绿野，适合夜观星象。岛上有多处天文馆、科博馆，以及科学图书馆等。岛上居民喜好沉思、追求真知，喜欢和来自各地的科学家、哲学家、心理学家等交换心得。

名称	岛屿特点
A	美丽浪漫的岛屿，岛上充满了美术馆、音乐厅，弥漫着浓厚的艺术文化气息。同时，当地的原住民还保留了传统的舞蹈、音乐与绘画，许多艺术和文艺界的朋友都喜欢在这里找寻灵感。
S	温暖友善的岛屿，岛上居民个性温和、十分友善、乐于助人，社区均自成一个密切互动的服务网络，人们互助合作，重视教育，充满人文气息。
E	显赫富足的岛屿，岛上居民热情豪爽，善于经营和贸易。岛上的经济高度发展，处处是高级饭店、俱乐部、高尔夫球场。来往者多是企业家、经理人、政治家、律师等，衣香鬓影，夜夜笙歌。
C	现代井然的岛屿，岛上建筑十分现代化，是进步的都市形态，以完善的户政管理、地政管理、金融管理见长。岛民个性冷静保守，处事有条不紊，善于组织规则。

图 1-1　兴趣岛

第一选择的岛屿是：

第二选择的岛屿是：

第三选择的岛屿是：

你的选择是什么？这个选择意味着什么？请往下看。

俗话说："物以类聚，人以群分"，有些人对这方面感兴趣，有些人对那方面感兴趣，对同一个方面感兴趣的人就会聚集在一起，表现在现代生活中，就是"人以 QQ 群分"。而在职业中，我们又是以什么分呢？

美国职业指导专家霍兰德给出了答案，他提出了著名的职业兴趣六边形理论：

1. 大多数人可以归纳成六种类型：现实型（realistic）、研究型（investigative）、艺术型（artistic）、社会型（social）、企业型（enterprising）和常规型（conventional）。

2. 工作环境也有这六种类型。

3. 人们寻求与自己兴趣和能力相匹配的工作环境。

4. 兴趣与职业的匹配程度决定了个体的职业满意度、稳定性和成就感。

5. 兴趣倾向是一种人格的表现。

这六大类型的第一个字母按照一个固定的顺序排成一个六边形：RIASEC，如图 1-2 所示。

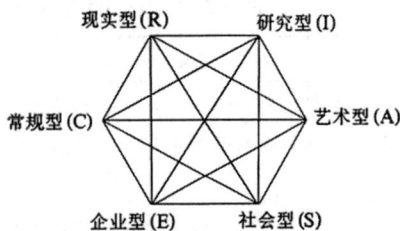

图 1-2　霍兰德职业兴趣六边形

六种兴趣类型及其所对应的职业各有特点。具体内容参见表 1-2。

表 1-2　霍兰德六种兴趣类型的特点

类型	喜欢的活动	重视	职业环境要求	典型职业
现实型 R （realistic）	用手、工具、机器制造或修理东西。愿意从事实物性的工作、体力活动，喜欢户外活动或操作机器，而不喜欢在办公室工作	具体实际的事物，诚实，有常识	使用手工或机械技能对物体、工具、机器、动物等进行操作，与"事物"工作的能力比与"人"打交道的能力更为重要	园艺师、木匠、汽车修理工、工程师、军官、兽医、足球教练员
研究型 I （investigative）	喜欢探索和理解事物，喜欢学习研究那些需要分析、思考的抽象问题，喜欢阅读和讨论有关科学性的论题，喜欢独立工作，对未知问题的挑战充满兴趣	知识，学习，成就，独立	分析研究问题、运用复杂和抽象的思考创造性地解决问题的能力，谨慎缜密，能运用智慧独立地工作，一定的写作能力	实验室工作人员、生物学家、化学家、心理学家、工程设计师、大学教授
艺术型 A （artistic）	喜欢自我表达，喜欢文学、音乐、艺术和表演等具有创造性、变化性的工作，重视作品的原创性和创意	有创意的想法，自我表达，自由，美	创造力，对情感的表现能力，以非传统的方式来表现自己；相当自由、开放	作家、编辑、音乐家、摄影师、厨师、漫画家、导演、室内装潢设计师
社会型 S （social）	喜欢与人合作，热情关心他人的幸福，愿意帮助别人成长或解决困难、为他人提供服务	服务社会与他人，公正，理解，平等，理想	人际交往能力，教导、医治、帮助他人等方面的技能，对他人表现出精神上的关爱，愿意担负社会责任	教师、社会工作者、牧师、心理咨询师、护士
企业型 E （enterprising）	喜欢领导和支配别人，通过领导、劝说他人或推销自己的观念、产品而达到个人或组织的目标，希望成就一番事业	经济和社会地位上的成功，忠诚，冒险精神，责任	说服他人或支配他人的能力，敢于承担风险，目标导向	律师、政治运动领袖、营销商、市场部经理、电视制片人、保险代理
常规型 C （conventional）	喜欢固定的、有秩序的工作或活动，希望确切地知道工作的要求和标准，愿意在一个大的机构中处于从属地位，对文字、数据和事物进行细致有序的系统处理以达到特定的标准	准确、有条理、节俭、盈利	文书技巧，组织能力，听取并遵从指示的能力，能够按时完成工作并达到严格的标准，有组织有计划	文字编辑、会计师、银行家、簿记员、办事员、税务员和计算机操作员

了解了职业兴趣的分类，结合第一章关于专业类别的划分，我们更容易看清现在所在学科和自己兴趣的关系，参见表1-3。

表1-3 学科和兴趣的关系

十三个科学门类	相关的兴趣类型
工学类	R、I
农学类	R、I
医学类	I、R、S
理学类	I、C
哲学类	A、I、S
文学类	A、S
历史学类	I、A、S
艺术学类	A、S
法学类	S、E
教育学类	S、A
管理学类	E、C
经济学类	E、C、I
军事学类	R、E

在了解了自己的兴趣代码，以及与自己所学专业最相关的霍兰德兴趣类型后，有些同学可能会发现自己的兴趣和专业相符，有些同学则可能发现自己的兴趣与专业不符。

霍兰德的理论可以进一步解释这种关系：每种霍兰德类型与其邻的两种类型属于"相近关系"，比如RI，RC；与其相间的两种类型属于"中性关系"，比如RA，RE；与其相对的类型属于"相斥关系"，比如RS。结合这三种关系，你可以看到自己的兴趣与所学的专业有如下关系：

（1）如果你的兴趣和专业相同，那你应该非常喜欢本专业，那么恭喜你！你只需要在专业领域深耕细作，发展出强大的职业能力就OK了；

（2）如果是相近关系，那你应该比较喜欢专业，也是很幸运的，一个专业往往对应很多职业，学舞蹈的不一定非要当舞蹈演员（艺术型），如果是社会型的人，当舞蹈老师也是一个非常不错的选择。当然，同样是需要发展出强大的职业能力才能有好的发展前景；

（3）如果是中性关系，那你可能不喜欢也不讨厌专业，可以学好专业的同时，与喜欢的职业结合。比如，一个学计算机专业（现实型）的同学喜欢文学（艺术型），他可以考虑在毕业后去计算机类的杂志社工作，这样就可以将自己的兴趣，与自己的专业结合起来，既不浪费专业学习的资源，同时也一定程度上满足自己的兴趣。这里提醒各位同学：再喜欢的工作，也有不喜欢的工作内容，比如喜欢当老师与人打交道，但当老师也同时需要做科研，写论文，做实验，这些工作内容并不是与人打交道的，但也是一个老师的分内工作。现代社会对于复合型人才更为青睐，通过寻找专业与职业兴趣的结合点，可以把自己打造成社会需要的复合型人才。

(4)如果是对角线关系，那你很有可能不太喜欢自己所学的专业。遇到这种情况，你可以考虑如下的方法：

A 暂时没有找到兴趣，或者没有能力把业余爱好发展为职业，就要先学好专业，利用专业能力找到一份工作赖以谋生，然后在工作之余投入兴趣，培养能力，最终把兴趣转化为职业。畅销书《拆掉思维里的墙》的作者古典，一毕业先干自己专业对口的工作——土木工程，然后在业余时间学习和研究自己喜欢的生涯规划，最终成立了自己的公司"新精英生涯"，该公司目前已成为国内生涯规划领域的佼佼者。

B 培养出兴趣方向的职业能力，实现职业的转变。郑钧大学学的是工业外贸专业，在大学期间业余爱好是弹吉他。当他的音乐水平达到了专业水平以后，就能正式成为一名能写会唱的歌手。

C 转专业、辅修第二专业或跨专业考研。这样一种转换，需要你投入更多的时间、精力、金钱等成本，需要你比别的同学付出得更多。转专业、辅修第二专业或跨专业考研，都需要你学好现在的专业，才能有机会去追寻你喜欢的专业。做好该做的，再去做自己想做的，这是未来职场中企业特别重视的工作态度的修炼。有过这样的成功经历，亦会为未来的职业生涯发展奠定坚实的基础。

条条大路通罗马。有些会顺利些，有些会曲折些，但只要能够围绕兴趣，培养出职业能力，就能够拥有一片属于自己的职业天空。

霍兰德进一步指出：个人的职业兴趣往往是多方面的，因此通常用得分最高的前 3 个字母的代码来表示一个人的职业兴趣。这个代码就称为"霍兰德代码"（Holland Code）。三个字母之间的顺序表示了不同类型兴趣的强弱程度。如：SEC 代码表示 S 型得分最高，依次是 E 型、C 型。霍兰德本人编制的自我探索量表（Self-Directed Search），可以探索出你的霍兰德代码，并且提供了霍兰德代码对应的职业方向。同学们可以在"生涯点击"中找到霍兰德兴趣测评，测一下自己的霍兰德代码，深入了解一下自己的职业兴趣及对应的职业方向。

【生涯点击】

1. 登录学校就业网站，通过点击首页面的"职业测评"图标，进入吉讯职业测评系统可以进行职业兴趣测评。

2. 霍兰德职业兴趣测评

关注微信公众号"橙子 school"：互动学习—免费职业测评—霍兰德职业测试

三、有兴趣就能当职业吗

兴趣对职业的影响巨大，但并不是所有的兴趣都能够转化为一种职业。只有具备企业所需的相应能力的兴趣，才能转化为一种职业。说白了，就是企业对你的兴趣不感兴趣，对你的能力感兴趣，而我们要在职业中满足自己的兴趣，就要具备满足兴趣的相应的职业能力，与企业去兑换。

举例来讲，你喜欢打羽毛球，但如果不能打到职业选手的水平，就不能成为一种职业，而仅仅是一个业余爱好而已。所以，职业兴趣其实等于"兴趣＋能力"。如表 1-4 所示，我们可以很容易地区分出我们的兴趣是不是职业兴趣。

表 1-4　职业兴趣的构成

	高能力	低能力
高兴趣	职业兴趣、理想工作	业余爱好、休闲娱乐
低兴趣	生存手段、谋生工作	职业盲区、放弃规避

通过这个表，可以清晰地看到四个区域：

理想工作：有兴趣，同时有满足企业需要的能力，才能成为职业兴趣，当然这样的工作也是最理想的；

业余爱好：有兴趣，但不具备足够的满足企业需要的能力，可作为业余爱好，在休闲娱乐中得到满足；

谋生工作：没兴趣，但有满足企业需要的能力，是谋生手段和赚钱工具，是一份养家糊口的现实工作，需要在业余时间发展自己的兴趣，把兴趣转化为企业购买的能力，然后实现华丽转身；

职业盲区：没兴趣，没能力，是我们要放弃规避的事情。

可以看出，进入理想工作的方式就是，提升谋生工作的兴趣，或者提升业余爱好的能力，使其成为工作。

兴趣的发生和发展一般要经历这样一个过程：有趣——乐趣——志趣。

1. 有趣

有趣是兴趣过程的第一个阶段，也是兴趣发展的低级阶段，它往往短暂易逝，非常不稳定。处于这一阶段的兴趣常常与你对某一事物的新奇感相联系，随着这种新奇感的消失，兴趣也会自然地逝去。

2. 乐趣

乐趣是兴趣过程的第二个阶段，它是在有趣向发展的基础上形成的，是兴趣发展的中级阶段。在这一阶段中，学生的兴趣变得专一、深入起来，如喜爱文学的学生很可能会成天沉溺于文学作品中。

3. 志趣

志趣是兴趣发展过程的第三个阶段，当乐趣同你的社会责任感、理想、奋斗目标结合起来时，乐趣便变成了志趣。志趣是你取得成就的根本动力，是成功的重要保证。

【生涯感悟】

虽然我们做了几十年的研究，但预测个人职业选择最有效的方法，却是询问这个人自己究竟想做什么。

——霍兰德

我和你没有什么差别。如果你一定要找一个差别，那可能就是我每天有机会做我最爱的工作。如果你要我给你忠告，这是我能给你的最好忠告了。

——巴菲特

兴趣就是我们喜欢做的事情。它是我们内心动力和快乐的来源，是无论能力高低，外界评价如何，依然让你乐此不疲、废寝忘食的那件事。当然，对于职业来讲，只有兴趣是不够的，还必须发展出企业所需要的能力，才能成为职业兴趣。职业兴趣＝兴趣＋能力。

"物以类聚，人以群分"，职业兴趣按照霍兰德的研究可以分为六大类。你可以通过一系列的探索来找到自己的职业兴趣所在。

【思考与练习】

时间去哪儿了

请你回顾上周 7 天的时光……

你做了哪些事情？

你把时间都花在哪里了？

哪些事情让你很开心，乃至忘记了时间、忘记了自己？

举例：下面是小丽上周 7 天所做的事情，她把它们排在霍兰德的职业兴趣六边形中，并勾出了其中自己最有兴趣的事情。请模仿小丽的方法，把你过去一周做的事情排列在霍兰德的职业兴趣六边形中，并勾出你最有兴趣的事，看看自己的兴趣到底是什么？

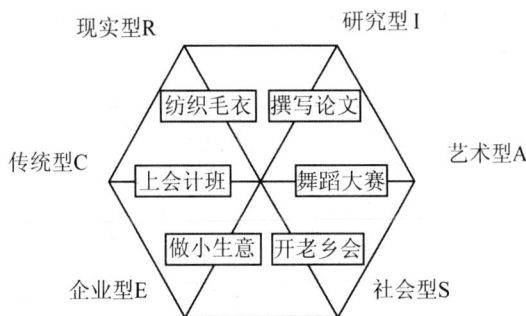

图 1-3　职业兴趣分类

通过这个小练习，可以让我们快速定位兴趣，因为时间的花费是最具有说服力的，我们总是倾向于把时间尽可能多的花费在我们感兴趣的事情上。

【生涯点击】

1. 胡适谈选专业

http://www.neworiental.org/news/news/200709/1132170.html

第三节　　能　　力

【生涯指引】

小王在高中阶段一直是班级的佼佼者，来到大学以后，他发现很多同学都身怀绝技，有的同学唱歌好，有的同学会打球，有的同学擅长演讲，有的同学擅长交际，有的同学在自己感兴趣的社团中大展身手。自己过去特别自豪的学习，在某些学习特别优异的同学面前，也显得有些逊色了。小王感到有些自卑，不知道自己到底有什么能力？有什么优势？适合做什么？

【生涯知识】

一、什么是能力

能力是大学生非常关心的话题，众所周知：能力才是我们找工作的凭借，俗话说"没有金刚钻，揽不了瓷器活儿"；能力才是我们职业发展的保障，正所谓"先有为，后有位"；能力才能给我们以工作的信心，这叫做"艺高人胆大"。总之，能力是我们职场生存和发展的通行证。

那么，什么是能力？在回答这个问题之前，我们先来完成一个六宫格游戏：

在下图表格的空格中填上 1～6 中的任意数字，使每一行每一列都有 1～6 的 6 个数字。

2	1			6	5
5			3		4	2
4	5	1		2		6
		3		4	1	5
3	4	6		5		1
		2	5		6	4

图 1-4　六宫格游戏

你能快速填满空格中的数字吗？计时！开始！

你完成的速度和正确率如何？完成得又快又好，我们就说他有这方面的能力，相反，就说这方面能力不足。能力是个体将所学的知识、技能和态度在特定的活动或情境中进行类化迁移与整合所形成的能完成一定任务的素质。简单讲，能力就是会做的事，能否完成是它的证明，速度和质量是它的评价标准。

能力有两种来源，一种是先天获得的，一种是后天习得的。比如语言能力和书写能力是后天习得的，运动能力大多是先天获得的。我们通常将先天获得的能力称作天赋。

每个人都有自己独特的天赋，天赋会让某方面能力的发展和习得会比较快，所以我们可以根据一个人的能力发展的速率判断一个人的天赋。我们常可以看到一对好朋友同时报名了画画和交谊舞的兴趣班，俩人练习时间一样，结果小红画画能力突飞猛进，而小莉则在交谊舞演出中大放异彩。这种情况说明，小红具有画画的天赋，而小莉的天赋则在舞蹈方面。

二、对能力的正确理解

(1)能力不等于天赋。天赋往往表现为一种潜在能力，如果不经过后天开发和训练，就不能形成实际的能力。姚明长得再高，如果没有后天长期的训练，也不可能成为篮球巨星。所以，一个人的能力，是在天赋的基础上再加后天长期训练的结果。潜能是种子，决定了你会长成什么，但能不能长成那样，还需要后天的土壤和培养。

(2)能力不等于自我评价。一个人有没有某种能力，不取决于他的自我评判，而取决于外在的证实。我们说一个人的写作能力强，一定是他写了很多文章，并获得了大家的认可，比如点击率很高。我们说一个人跑得很快，一定是他参加各种比赛，都能够获得好的名次，证明了他有这项能力。求职时，我们往往向面试官表达成绩和成果，来证明有某项能力。能力的有无和大小，是以显性成就为证明和依据的。因此，开放且充满机遇的社会中，不存在真正的"怀才不遇"。

(3)能力可以通过学习训练来培养，也可以从一个领域转化到另一个领域中。前者的意思是"熟能生巧"，"勤能补拙"；后者的意思是"举一反三"，"触类旁通"。

三、能力构成：技能三核

技能指掌握并运用专业技术的能力，任何技能拆分开来看，都能分成三个部分：专业知识技能、可迁移技能和自我管理技能。例如，每个考试都在检验你的技能。例如高考的语文，填空考察专业知识的掌握，阅读可以考察可迁移的分析综合能力，写作可以表现出个人的风格(既自我管理技能)等。

专业知识技能——就是你所掌握的知识，需要有意识的、专门的学习和记忆才能获得，常常与我们的专业学习或工作内容相关，一般用名词表示。比如，你是否掌握西班牙语、计算机编程、机械制造原理或化学元素周期表等知识？广度和深度是它的评价标准，比如专科、本科或者研究生的学历。它的重要性常常被求职者夸大。专业知识技能不可迁移，需要专门学习才能掌握。

这是某大学会计专业的课程举例，除一些基础课外，绝大多数为专业知识技能，见表1-5：

表1-5 某大学会计专业课程举例

序号	课程号	课程名称	学分
1	3707	毛泽东思想、邓小平理论和"三个代表"重要思想	4
2	3706	思想道德修养与法律基础	2
3	0009	政治经济学	6

续表

序号	课程号	课程名称	学分
4	4729	大学语文	4
5	0018	计算机应用基础	4
6	0020	高等数学（一）	6
7	0041	基础会计学	6
8	0043	经济法概论	4
9	0065	国民经济统计概论	6
10	0067	财务管理学	6
11	0070	政府与事业单位会计	4
12	0144	企业管理概论	5
13	0146	中国税制	4
14	0155	中级财务会计	8
15	0156	成本会计	5
16	0157	管理会计（一）	6

可迁移技能——顾名思义，就是那些可以迁移的技能，也叫通用技能，比如组织、说服、沟通、交往、设计、修理、分析、观察、演讲，等等。这种技能可以从生活中的方方面面、特别是工作之外得以发展，却可以被迁移运用到工作中。一般用动词表示，熟练程度是它的评价标准。

比如大学宿舍里同学之间发生了矛盾，你作为宿舍长组织大家一起开会讨论，协商解决问题的途径。这里就用到了组织、商讨、问题解决、管理等重要的可迁移技能。也许运用这些技能对你来说非常自然，但是它可以让你跟其他人区分开，这些技能是你的一笔财富，可以迁移到未来的工作中去运用和发挥。部分可迁移技能词汇见表1-6。

表1-6　可迁移技能词汇表（节选）

审视	协调	创造	引导	思考	沟通	修改	讲述	合成
教导	收获	激发	合作	列表	前进	移动	呈递	遵守
控制	管理	搬运	修理	交谈	帮助	商讨	领导	交流
报告	传授	识别	举例	观察	想象	获得	改造	说服
执行	解决	组织	修复	培训	安排	判断	展示	塑造

自我管理技能——它指的是一种个性特征和品质，它强调个体在不同的环境下如何管理自己，是认真负责还是敷衍了事，是积极进取还是自暴自弃，是勇于开拓还是循规蹈矩，是临危不乱还是惊慌失措，是热情还是冷淡，等等。也称为适应性技能，能够帮助个体更好地适应环境，是个人最有价值的资产。它和可迁移性技能一样，可以从非工作生活领域迁移到工作领域。一般用形容词和副词表示。

比如，一个大学生在校期间就表现出做事积极主动的特点，到了工作中就能得到用人单位的欢迎，从而获得很多的发展机会。

部分自我管理技能词汇参见表 1-7。

表 1-7　自我管理技能词汇表（节选）

勤学	机敏	有效率	精力充沛	细心
沉着	努力	信息灵通	有文化修养	认真
易动感情	富有想象力	有创意	随和	能说会道
慷慨	忠诚	宽容	值得信赖	坚忍不拔

这三种技能的有机结合，就是技能的全貌（参见图 1-5）。

我们练习一下，看看大家能不能快速区分下列描述中，哪些是专业知识技能？哪些是可迁移技能？哪些是自我管理技能？

练习 1. 小马在演讲比赛中发表了激动人心的有关环保主题的演讲

专业知识技能_____

可迁移技能_____

自我管理技能_____

练习 2. 小杜认真地核算了年终的物流统计数据

专业知识技能_____

可迁移技能_____

自我管理技能_____

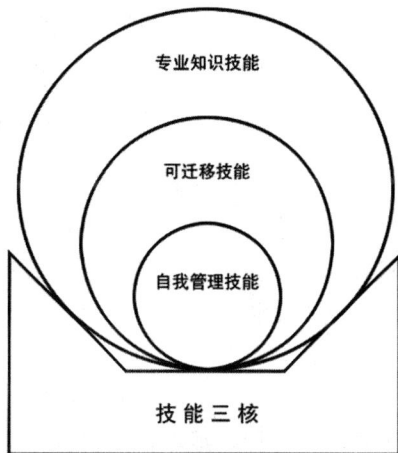

图 1-5　技能三核

了解了技能三核，可以让我们发现招聘信息中所透露出的技能要求有哪些。详见第六章第二节的扩展阅读。

【生涯探索】

1. 通过成就事件，了解个人能力

撰写成就事件（5～10 个）是一个发现自己能力优势的有效的方法，理由是它证明了我们实际上具备的能力。别人的成功，你可能无法复制，但你自己的成功经验是可以复制的。当然，成就事件不一定是学习上的，也可以是课外活动或家庭生活中发生的，比如同学聚会、旅游，等等。也不必是惊天动地的大事，只要符合以下两条标准：1. 你喜欢做这件事时的感受。2. 你完成它以后感到十分自豪。如果同时得到别人赞扬更好，不过这并不重要。

撰写成就事件，可以使用 STAR 行为事件描述法，也就是事件要包含以下要素：

S——Situation，情景，就是当时面临什么情况？

T——Task/Target，任务或目标，需要完成的任务或具体的目标是什么？

A——Action/Attitude，行动或态度，你采取了哪些行动或怎样的态度从而达成目标？

R——Result，结果，最后的结果怎么样？

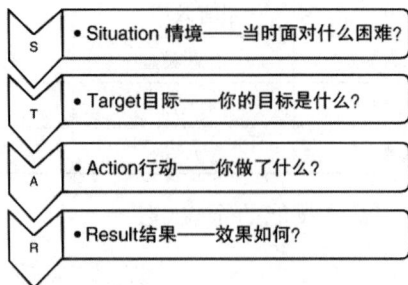

图 1-6　成就事件描述的 STAR 原则

举例：上大三期间，我的学习任务不是太重，想赚点儿零花钱，同时了解一下社会。当看到一家超市促销化妆品时，就报名参加了。每天的任务是至少销售出 20 瓶，一开始不知道怎么说，也不好意思。看到有的同学卖出去了，我备感压力。感觉还是要先熟悉一下这个化妆品的功效，我就强制自己去记忆，然后和顾客主动套近乎，我注意观察顾客的表情，猜测他们的心理，赞美他们，同时指出他们用这个化妆品的好处，并当场指导演示他们使用方法。通过这些做法，一天下来，我成功地推销出 36 瓶，是当天最多的。虽然口干舌燥，很累，但很开心，不但多赚了钱，还发现自己挺有这方面的能力的！哈哈……

S——没经验，不好意思，有压力

T——每天卖出至少 20 瓶化妆品

A——套近乎，观察顾客表情，猜测顾客心理，赞美顾客，介绍产品好处，指导演示使用

R——36 瓶，最多，多赚了钱，提升了信心，很开心

STAR 行为事件描述法，可以让你快速有效地提取三种能力，比如从这个同学的成就事件就可以看出：

专业知识技能——化妆品的知识和功效

可迁移技能——记忆、观察、猜测、赞美、介绍、指导、演示

自我管理技能——强制自己、主动性、抗压的、不辞辛苦的

如果你能够按照 STAR 的方法，写出 5～10 条成就事件，就可以绘制出你的成就事件表了。

表 1-8　成就事件梳理

	专业知识技能	可迁移技能	自我管理技能
成就事件一			

续表

	专业知识技能	可迁移技能	自我管理技能
成就事件二			
成就事件三			
成就事件四			
成就事件五			

在面试中使用 STAR 法则介绍自己，也可以让自己所具备的各种能力一目了然。

表 1-9　大学事件和能力对应表

大学事件	可迁移到工作中的能力
专业学习	学习能力；专业技能
学生干部	组织管理能力；沟通协调能力
社团活动	专业技能；团队合作能力
各种竞赛	专业技能；抗压能力
社会实践	工作经验；实际工作能力
同学交往	人际交往能力；沟通能力
调研报告 撰写论文	信息搜索能力；写作能力
班级活动	执行能力；团队合作能力
打工实习	工作所需的各种能力和职业态度
娱乐休闲 业余爱好	工作与生活平衡能力；时间管理能力
自我生活管理	时间管理能力；理财能力；生活自理能力；规划能力
求职	资源整合能力；信息搜索能力；识别判断能力；沟通能力；抗压能力

可见，在大学中有许多学习和训练自己能力的机会。这些能力都可以迁移到未来的工作中去，完全没有必要担心自己没有能力，你可以在大学四年中为自己的能力做好准备。

【生涯实践】

1. 用 360 度评估（他人反馈法）发现自己的能力

1）打电话

"以人为镜，可以正己"。别人的评价，是了解自己的一个十分客观有效的方法。你可以请图 1-7 所示的人评价你的优势（或者劣势），并填入表 1-10。当面询问最好；如果条件不允许，可以通过打电话的方式。你可以说："某某，你好！我在做一个评价练习，请你根据对于我的了解，指出我都有哪些优点（或者缺点），并说明理由。谢谢！"

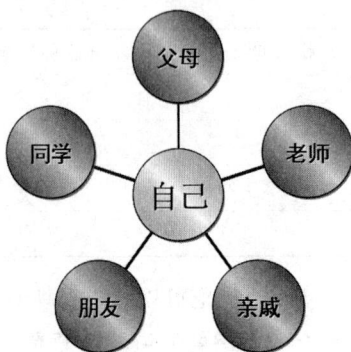

图 1-7　360 度评估

表 1-10　360 度评估结果汇总

周围人的反馈	我的优势是	总结
同学认为		
父母认为		
老师认为		
亲戚认为		
朋友认为		

2) 在完成了上述活动后，请完成以下填空题：

你总在_____方面被他人所需要；

你与别人比较，往往在_____方面比别人强；

_____（事情），你总是很轻松就能做好，而别人做起来往往很费力。

2. 通过能力测评了解自己的能力

各种考试和竞赛是了解自己能力的有效方法。俗话说"是骡子是马拉出来遛遛"，实践是检验真理的唯一标准。通过各种考试和竞赛，与自己比较，可以知道是进步还是退步；与他人比较，可以知道自己的优势和劣势。

心理测评也可以帮助我们了解自己，比如盖洛普优势识别器，就可以帮助我们发现自己的核心能力。

【生涯点击】

自我效能感：

http://web.scau.edu.cn/xlzx/xljk/ShowArticle.asp? ArticleID=186

多元智力测验：

http://www.360doc.com/content/11/0301/10/1055762_97079160.shtml

盖洛普优势识别器测评地址：

http://www.apesk.com/strengthsfinder/

【生涯感悟】

一个人最佳的人生发展道路，就是天赋才能和社会需要的结合。

——亚里士多德

能力是个体将所学的知识、技能和态度在特定的职业活动或情境中进行类化迁移与整合所形成的能完成一定职业任务的素质。

能力按照其获得的方式，可以分为先天具有的能力倾向（天赋）和后天培养的技能（显性能力）两大类。

能力不等于天赋，也不等于自我评价，也不是一成不变的，可以通过学习训练来培养，也可以从一个领域转化到另一个领域中。

技能由专业知识技能、可迁移技能和自我管理技能组成。

了解自己的能力，可以通过撰写成就事件、360度评估、各种考试和竞赛以及心理测评等方法。

【思考与练习】

请你夸夸我

各位同学，请在你的微信朋友圈发出"邀请信"，请熟悉你的朋友们对你拥有的才能进行夸赞，至少说出3项他们认为你拥有的才能。你可以参考以下的话术，或者自己编写信息。

参考话术："我正在学习生涯规划的课程，请大家帮我完成一个探索自我的练习。在您眼中，我最优秀的地方是什么（是某种性格、某种能力、某种品质……）？为了帮助我更好地了解自己，请举一个例子说明一下。"

把你收到的评价写下来，并看看哪些才能是你以前从未发现的，把它们圈出来。

第四节 价值观

【生涯指引】

有一个有趣的题，把你关在一个5平方米没有窗户的监狱里10年，只有一张硬床和行李、一个马桶、一个铁门，头顶10米有个通风口，每天提供6个馒头和一个可喝自来水的龙头。给你积分20分，可以换取以下东西：

10分：绝世美女（帅哥）一名，古今中外任何美女任你挑，柳岩、林志玲、奥黛丽赫本都不是事儿。

5分：电脑一台（里边有世界上所有的单机游戏，但不能上网）

5分：宽带安装（可以上网了）

3分：世界上所有的书籍，报纸，电视剧（用平板看，但不能上网）

5分：医药服务（可以治疗任何疾病，否则半途死掉活该）

5分：美食（世界上任何地区国家的美食，指正餐，零食除外）

3分：零食（除正餐之外的任何零食）

2分：洗漱卫生用品(牙膏、牙刷、毛巾、卫生纸……)

5分：牢房换成一层别墅，前后大阳台，背后雪山，面朝大海，100平方米。

15分：圣人一名(孔子、释迦牟尼、耶稣等)每天陪你说话4小时

10分：牛人一名(毛主席、希特勒、克林顿等)每天陪你说话4小时

7分：牛人一名(马云、莫言等)每天陪你说话4小时

4分：名人一名(郭德纲、韩寒等)每天陪你说话4小时

1分：充气娃娃一个

1分：健身器械

1分：饮料(包含咖啡、茶叶等)

2分：娱乐用品(桌游、扑克、棋类随便挑)

5分：毒品

10分：100万美元(已打到你亲人账户上，他们可以随时花)

好啦，开始你的10年梦幻监狱之旅吧！选择东西并说明理由，规则是不能超出积分！

【生涯知识】

一、什么是价值观

你会用这20个积分兑换什么？你想要的是什么？你为什么会这样选择？

在这个世界上，我们每个人的资源都是有限的(即使我们努力获取资源，也还总是有限的)，而我们想要的东西总是越多越好，资源有限性和需求无限性的矛盾，必然要求我们做出取舍。而我们取舍的时候，内心都有一些自己独特的准则：什么最重要，什么次重要，什么不重要，这就是价值观。价值观就是我们在生活和工作中最看重的原则、标准和品质。

对于价值观的定义有很多，但下面的观点是大部分专家都认同的：

价值观是——

深植于内心的原则、理想、标准或准则。

生活方式的排序。即使两个具有相同价值观的人，他们对于同一个价值观在自己生活里的重要程度也会有不同的观点。

行为的驱动力。你的行为是被你最热切拥护的价值观所驱动的。

非常主观的。正是你对各种价值观的自由组合和优先排序，使得你成为与众不同的"你自己"，价值观没有标准答案。

一定时期内相对稳定。价值观会随着你的需求和视角的变化而变化。当你成长了，学到新知识和内心变成熟，你的价值观会改变，社会事件也会影响价值观。一个澳大利亚的研究发现，"911"恐怖袭击事件发生后，职员们对于"安全感"这项价值观的优先级显著提高。

价值观不是——

物质目标。尽管物质目标有时候会体现价值观。比如一个珍贵的传家宝可以体现出重视家庭、传统、审美等价值观。

情绪。价值观可以帮助我们在混乱的情绪中认清现状，有时甚至可以改变我们的情

绪状态。

道德或伦理。品德是人们设立的"好行为"的标准，伦理则是约定俗成的行为准则。品德、伦理和价值观会彼此互相影响。但也请记住它们的不同：品德和伦理对人起约束作用，价值观则对人起推动作用。

永恒不变的。我们不可能在任何时间、任何地点都认为礼貌比宽容重要，或者认为有能力比有道理重要。

光停留在语言层面。前面提到，价值观部分源自于别人对你的行动。没有人能要求你爱或者是尊敬他/她。对于价值观来说，行动比语言有力得多。

区分了价值观是什么和不是什么，对于价值观的含义有了清晰的认识，那接下来的问题是：你的价值观是什么？

【生涯实践】

价值观删减游戏

美国社会心理学家米尔顿·洛克奇在《人类价值观的本质》一书中总结了13种价值观。

首先，请从以下这13种价值观中选择你认为重要的8个。

然后，依次删减，直到剩下最重要的一个。写出每次删掉的价值观，并说出为什么。

表 1-11

1	成就感	提升社会地位，得到社会认同；希望工作能受到他人的认可，对工作的完成和挑战成功感到满足。
2	美感的追求	能有机会多方面地欣赏周围的人、事、物，或任何自己觉得重要且有意义的事物。
3	挑战	能有机会运用聪明才智来解决困难；舍弃传统的方法，而选择创新的方法处理事物。
4	健康	包括身体和心理健康；工作能够免于焦虑、紧张和恐惧；希望能够心平气和地处理事物。
5	收入与财富	工作能够明显、有效地改变自己的财务状况；希望能够得到金钱所能买到的东西。
6	独立性	在工作中能有弹性，可以充分掌握自己的时间和行动，自由度高。
7	爱、家庭、人际关系	关心他人，与别人分享，协助别人解决问题；体贴、关爱，对周围的人慷慨大方。
8	道德感	与组织的目标、价值观、宗教观和工作使命能够不相冲突，紧密结合。
9	欢乐	享受生命，结交新朋友，与别人共处，一同享受美好时光。
10	权利	能够影响或控制他人，使他人照着自己的意思去行动。
11	安全感	能够满足基本的需要，有安全感，远离突如其来的变动。
12	自我成长	能够追求知性上的刺激，寻求更圆融的人生，在指挥、知识与人生的体会上有所提升。
13	协助他人	认识到自己的付出对团体是有帮助的，别人因为你的行为而收获颇多。

我选择的 8 个价值是：_____ _____ _____ _____ _____

第一次删掉____　原因是：_____

第二次删掉____　原因是：_____

第三次删掉____　原因是：_____

第四次删掉____　原因是：_____

第五次删掉____　原因是：_____

第六次删掉____　原因是：_____

第七次删掉____　原因是：_____

最后剩下的____　原因是：_____

二、需求对价值观的影响

美国心理学家马斯洛提出了著名的人类需求层次论。1954 年，身为人本心理学中流砥柱的马斯洛出版了影响深远的巨著《动机与人格》。他在该书中指出，人类从低级到高级有五个层次的需求：生理需求、安全需求、归属需求、尊重需求和自我实现的需求；当低层次的需求得不到满足的时候，高层次的需求出现的概率很小。比如，当一个人饥饿的时候，他满脑子想的就是吃饭，很少有心思考虑更高一级比如归属、尊重和自我实现的需求。这就是人们通常所熟知的马斯洛的需求层次理论。1959 年以后，马斯洛的研究越来越多地涉及东方的观点。他感到五层需求的层次架构不够完整，"自我实现"并不能成为人的终极目标，一味强调自我实现的层次，会导向不健康的个人主义，甚至于自我中心的倾向。"缺乏个人超越的层面，我们会生病……我们需要'比我们更大的'东西……人们需要超越自我实现，人们需要超越自我。"马斯洛去世前发表了一篇重要的文章《Z 理论》(Theory Z)，他在文中重新反省他多年来发展出来的需求理论，并增加了第六个需求层次，进而归纳为三个次理论，即「X 理论」「Y 理论」及「Z 理论」，构成了下面的体系，如图 1-8 所示：

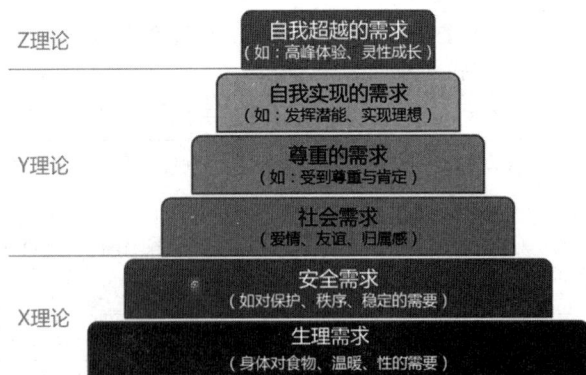

图 1-8　马斯洛的需求层次理论

心理学认为，需求是指人体内部一种不平衡的状态，对维持发展生命所必需的客观条件的反应。需求与价值观有联系又有区别，见表 1-12：

需求会影响一个人的价值观，越是底层的需求对价值观的影响就越大。所以我们的职业价值观在不同的阶段表现出不同的倾向。

表 1-12　需求与价值观

	需求	价值观
范围	所有人都有这五大需求，高级需求往往在低级需求恰当满足的时候才表现出来。	价值观却因人而异，表现为自我实现的不同方式。
特性	阶段性，满足即消失。	一段时间内相对稳定，一直主导。

职业发展初期，我们工作是为了生存的需求，也就是生理需求和安全需求，这是一个人生活最基本的需求，也就是大多数人理解的"工作就是挣钱养家"。这是工作的初期阶段。

职业发展的中期，工作是为了发展的需求，也就是归属的需求与尊重的需求。我们不仅通过工作挣钱养家，我们还希望能够和志同道合的人交往，还希望获得别人的尊重，希望获得工作成就。这是工作的中级阶段。

职业发展的更高阶段，工作是自我实现的需求。当我们不仅可以挣钱养家，也取得了工作上的成就，获得了尊重和认可，这时候，我们希望自己能够把自己所有的潜能发挥出来，为社会贡献自己独特的价值。这是工作的高级阶段。

比如，李开复先生，衣食丰足，也在计算机领域取得了世界瞩目的成就，他还要帮助中国大学生成长，这就是自我实现的需求。再如，亚洲首富李嘉诚说他的墓志铭是："建立自我，追求无我"。建立自我，能让个人梦想成真；追求无我，能让更大的理想成真，体现出了人具有为比自我更大的目标而献身的需要。

所以，职业生涯可以划分为三个阶段：工作、职业和事业，如图 1-9 所示。每个阶段的发展任务与表现参见表 1-13。

图 1-9　职业生涯发展阶段

表 1-13　职业生涯发展阶段的主要任务及表现

	主要任务	主要表现	俗话
生存阶段	生存	挣钱第一位，无暇顾及工作是否理想	先就业，再择业
发展阶段	发展	晋升第一位，主要考虑核心竞争力的培养	既要钱途，又要前途
事业阶段	事业	快乐第一位，主要考虑自我价值的实现以及自我超越的实现	做最好的自己，成就他人，成就社会

　　下面有个真实的故事可以说明一个人的人生道路是怎样为他的价值观所指引；同时，我们也可以看到每个人的生涯发展所经历的工作、职业和事业三个阶段。

新商报：一个东北财经大学毕业生的另类成就

　　图片上的这位叫张宏杰，他写过一本很火的书，叫《另一面——历史人物的另类传记》，其实张宏杰本人也够"另类"的。

　　张宏杰出生在一个非常偏僻的农村，村里偶尔来一辆汽车，全村人都要跑出去看。从那时开始，张宏杰立下一个宏伟志向，长大后一定要做司机。因为高考成绩不错，张宏杰报了人民大学国际政治与经济关系专业。但事与愿违，"人大"梦以破灭而告终，他考进了东北财经大学投资经济管理专业，这是父母为他选择的第二志愿。"当时财经是热门，毕业好分配工作。"

　　在大学期间，张宏杰把百分之八十的时间用来读书，学校图书馆的藏书不能满足他的渴望，他就借了大连籍同学的证明，跑到市图书馆办了个借书证。"大学四年我基本上是在大连市图书馆度过的。我在那里读到了格鲁塞的《草原帝国》、黄仁宇的《万历十五年》、费正清的《剑桥中国史》，这几本书引起了我对历史的兴趣，改变了我对历史的印象，对我今天的写作关系重大。"

　　从东财毕业后，张宏杰回到家乡葫芦岛，进入某银行工作。"我从小就是个听话的好孩子，没有太大的雄心壮志，唯一的希望就是能有一份好工作，最好再熬上一个副处级什么的。"但循规蹈矩的工作，很快浇灭了他向副处级奋斗的热情。在单位里无所事事，业余时间一大把，于是张宏杰想到了写作，为平静乏味的生活增添一点滋味儿。

　　碰巧行长也是个读书人。当行长得知张宏杰在业余时间写作时，认为他不过是个热衷于自费出书的文学青年，很不以为然。当张宏杰奉上一本《千年悖论》后，行长马上转变了看法，"小地方的银行，行长的权力很大，虽然我不想当官，他也愿意养这么一个闲人，他认为这对社会有好处。2001 年以后的五六年时间里，我每周只上一两天班，写写单位的好人好事，写写一些总结报告，就算完成任务，剩下的时间，我就可以自由支配。这是我的幸运。"

在潇潇洒洒地过了几年日子之后，2006 年老行长退休了。继任的新行长虽然没有立刻废除老行长立下的规矩，但直接领导脸色却马上变得不那么好看了。"继续在银行里闲云野鹤也不是毫无可能，我毕竟已经小有名气了。但是必须得对领导进行'潜规则'，这是我所不愿意做的。"于是张宏杰开始张罗换个环境。恰好这个时候，渤海大学的书记读到了他的《大明王朝的七张面孔》，并注意到丁东先生序言中的一句话："想找一个更大的写作平台"。就把书推荐给了校长。校长很快向张宏杰发出邀请，许诺不给他任何教课任务，"时间可以完全由你自由支配"，条件是每两年出一本书。

就这样，张宏杰调到了离家很近的渤海大学，成为中国文化与文学研究所的一名专职"研究人员"。与其他大学教师不同的是，张宏杰不需要承担教学任务，"时间比较自由"。"我现在的生活很规律，一般是八点左右打开电脑，写到十一点半。下午去图书馆看看杂志，或者读读书，早起早睡。"从这些话语中，我们不难看出张宏杰对当前生活状态的满足。

纵观张宏杰的生涯发展历程，可以看出，他一直对写作情有独钟，为他的价值观所指引，不断靠近自己的理想。同时，他的生涯发展也经历了一个从工作到职业到事业的三阶段。当然，实现自我超越绝没有我们想象得那么容易。

在大学阶段，我们的底层需求——生活和学习的费用，都来自于家人的支持。有了这个物质基础，我们可以随心所愿地去学习自己感兴趣的东西，尝试自己想要的生活，满足自我实现的需求。但是，等到毕业之后，我们就需要独立承担养活自己的责任。这时候，可能我们只有能力找到饭碗得以生存，而没有能力立刻满足自己的价值观，过上自己想要的生活。但无需灰心和丧气，因为我们的生涯发展必然要经历上述的从生存到发展到自我实现的三个阶段，我们只需要静下心来，一方面利用现有的能力养活自己，另一方面努力提高知识、技能和才干，一步一个脚印地向理想迈近。

从现实出发，向理想迈进，做一个现实的理想主义者，是大学生成长的必由之路。

【生涯实践】

价值观拍卖

由老师作为拍卖师，学生作为买家，在全班进行拍卖价值观的活动。

拍卖指导语：在今天的拍卖现场，有以下二十种价值观要拍卖出去，假设每位同学都拥有 100 万元，而每项价值观的起价是 10 万元，以 10 万元为一个单位加价，出价最高者得到本项价值观，然后开始对下一项进行拍卖。每个人 100 万元花完为止。每组推选一名同学参与，其他同学可以思考自己的 100 万元如何分配。参与的同学请注意，现在开始！

表 1-14　价值观拍卖

项目	预算价格	拍得价格	价格排序
1. 有一个美满的家庭			
2. 赚大钱			
3. 长寿无大病痛			
4. 继续进修学习			
5. 有一些知心朋友			
6. 找一个发挥专长的职业			
7. 有一栋舒适又漂亮的房子			
8. 考取公务员或事业单位			
9. 有充足的金钱和休闲			
10. 谈一次完美的恋爱			
11. 和喜欢的人长久在一起			
12. 担任公司的主管			
13. 到处旅游，吸收新知			
14. 成立公益机构、帮助他人			
15. 享受结交朋友的乐趣			
16. 工作富于挑战而不单调			
17. 成为名人			
18. 随心所欲布置自己的环境			
19. 无拘无束的生活			
20. 担任社会地位高的职位			

拍卖结束后请大家分享：

1）你的 100 万是如何分配的？你拍到了什么？都花了多少钱？

2）为什么这样选择？什么对你最重要？

3）从拍卖活动中你学到了什么？

【生涯感悟】

选择职业时，你应该听从来自内心的召唤。

——乔布斯

价值观是我们在生活和工作中最看重的原则、标准和品质，是我们工作的理由，是我们选择的依据。

工作价值观是在工作中追求的价值，按照舒伯的理论可以分为 15 种，你可以通过测评探索你看重的工作价值观。

工作价值观不但决定了我们的职业选择和人生方向，还是我们奋斗的动力和幸福感的来源，指引我们去追求我们想要的生活，成为我们想要成为的人。价值观是多元化的，什么是好工作？每个人的答案都是不一样的，但又都体现了他的工作价值观，只要不违背普世价值观，都可以努力去追求。

【思考与练习】

练习一：泰坦尼克号

指导语：在一次航海旅行中，我们乘坐的泰坦尼克号不幸撞上了冰山，即将沉没，但船上只有一艘救生艇，只能乘坐 5 人，其余的人只好等待机会，但船正在一点点下沉，有可能会沉入海底。此刻船上有乘客 14 人，如果由你做决定，你觉得谁应该先被救出来，请按照优先顺序排列。

表 1-15 泰坦尼克号

乘客	优先顺序	被救理由
自己		
孕妇，28 岁，怀孕 7 月		
法官，男，45 岁，已婚，精通法律		
运动员，男，20 岁，未婚，奥运国手		
市长，女，42 岁，已婚，有远见与魄力		
老人，73 岁，行动不便，原救生专家		
股市大亨，男，40 岁，已婚，影响股市		
电脑工程师，男，27 岁，未婚，科技新贵		
记者，女，35 岁，已婚，资深主持人		
医生，女，40 岁，未婚，内科权威		
小孩，女，8 岁，小学生，聪明可爱		
中学教师，男，43 岁，已婚，从教 20 年，水平高		
导演，男，37 岁，已婚，多次获国际大奖		
歌手，女，23 岁，国内人气最旺的青春偶像		

1）通过这个练习，进一步澄清了我们的价值观，找到我们看重的价值，并把这种价值与职业有机地结合起来。

2）我们会发现不同的人的价值观是不一样的，没有好坏和对错之分。

3）坚守自己的价值观，接纳他人的价值观，是我们对于价值观的正确态度。

练习二：价值八问

指导语：下面，我们一起来做一下"价值八问"。通过这八问，我们来进一步思考自己的价值观，找到自己价值观的关键词。

（1）如果我有 500 万元，我会

（2）我给我的孩子的最大忠告是

（3）如果在一场大火中我只能救出一件东西，那么它将是

(4)假如××××真是世界末日，我会

(5)我认为好工作就是

(6)在一次颁奖晚会上主持人宣布我获奖了，我希望的奖项是

(7)在一次重要会议上，我掏出了名片和别人交换，我的名片内容是

(8)我心目中的三个成功人士是_____他们从事的职业是

1. 你的价值关键词有哪些？

2. 你心目中的成功人士所从事的职业，是不是你未来希望从事的职业？

3. 你认为哪些职业可能让你得到你想要的价值？

【生涯点击】

《我为什么写作》王小波

http://www.douban.com/group/topic/10040339/? r=1

第二章

职业认知

能力目标

能够明确自己的职业目标。

能够利用职业分类进行职位搜索。

能够根据招聘信息分析职业岗位要求。

知识目标

了解职业的概念、意义和特点。

掌握职业分类。

熟悉职业未来发展趋势。

【生涯指引】

摄影家王小慧在她的书中关于职业与非职业有这样一段描述：

在德国，职业艺术家的标准是很苛刻的，不像中国的专业作家那样能得到国家生活补助。职业和非职业的艺术家区别在于，你要证明生活来源都是以艺术为主的，并且要上税。假如你是在开出租车或者在饭馆洗盘子来挣钱糊口，同时又在搞艺术，便算做是业余爱好。如果从业七年仍不上税，你就只能归属于业务爱好者了。另一个标准是艺术上的，并非每一个摄影师都能成为职业艺术家，有很多商业摄影师只拍一些商品广告之类的照片，这不能算艺术家。要证明你是职业艺术家，你还要有受到承认的展览，发表足够的作品，以及"公众认可"，即有好的媒体效应和艺术方面的评论。

什么是职业，职业有着怎样的含义，职业的本质又是什么？

【生涯知识】

了解职业的本质

一、什么是职业

职业是参与社会分工，利用专门的知识和技能，创造物质和精神价值，获得合理报酬，满足物质生活、精神生活的一种社会交换方式。[①]

我们在绪论里已经谈过"职业"和"职业生涯"的区别。在这一章节中，我们只谈论"职业"。我们所熟知的医生、工程师、教师、CEO、摄影师都是职业。那么职业与非职业有什么区别呢？

有人说，学生的天职就是学习，这么说来，学生是一种职业么？小偷也有专门的技能，也是一种职业吗？

我们不妨来做一个选择题，下列清单中，哪些不属于职业？

作家	学生	销售员	教师	主持人
政治家	小偷	公务员	保姆	农民
志愿者	总裁	市场总监	网球教练	家庭主妇

在以上清单中，学生不是一个职业，因为学生在学习期间不被要求创造财富，即使有的学生有奖学金和助学金，那也只是对学习成绩的奖励或者对经济困难同学的帮助，而不是工作报酬。

小偷也不是一个职业，小偷不创造财富，只会非法转移财富，虽然小偷有专门的知识和技能，但并没有人会为此支付合理报酬，小偷在满足自己的物质生活和精神生活的同时，给别人的物质和精神生活带来痛苦。

家庭主妇和志愿者如果不领取报酬，也不是一个职业。如果志愿者是在专门的机构担任一定职位，并且领薪水，比如支教教师，那么他的职业就是教师，如果是负责具体项目协调和资源调配，那么他的职业可能就是项目主管。

有人可能会想到兼职，兼职是指不脱离本职工作的情况下，利用业余时间从事的第二职业。在这个过程中，如果是做志愿者且不领取报酬，那就不属于职业，而如果是兼职做家庭教师，那他的职业就是一名兼职教师。

二、职业的内涵

从职业的定义中我们可以看到，职业需要满足五方面的条件，那么它们的内涵和关系又是怎样呢？

---

① 程社明：《你的船，你的海》，27页，新华出版社，2007年。

1. 职业是社会分工的产物

职业的社会分工指的是在职业中个人与他人的关系。

例如，一家企业要开发一款最新的产品，从市场调查、产品设计、原材料采购、生产制造、销售到客户服务的各个环节，都有不同的职业参与在其中，每个人参与其中一部分工作，最终才能满足人们使用产品的需求。所以职业并不是孤立的存在，它必须与他人和社会产生互动，共同协作产生价值。

2. 职业需要必备素质

这里体现的就是职业与职业素质的关系。

每种职业都需要具备正确的观念、专业的知识技能以及健康的心理。比如销售员需要具备营销方面的专业知识、所销售产品的专业知识，需要具备市场开拓能力、良好的沟通能力、把握市场动态变化的能力、数据收集和处理的能力等。

对于个人来说，要想在职业中不断地胜出，还需要让自己的素质足够突出，常称之为"职业优势"。

有的人可能会说，我完全没有什么优势，其实职业优势是相对而言的，不是一定要成为某个领域的专家才能开始工作。优势需要在职业过程中不断地积累和发现，然后不断地被打磨和修炼。

3. 职业需要为社会创造价值

这是职业与财富之间的关系。职业要求我们利用自己的必备素质和优势为社会创造价值。例如产品经理创造出一款热销的产品，培训师开展各种讲座和课程，农民生产出粮食、蔬菜和水果，而保安人员保护着大家的财产安全。

4. 职业需要合理报酬

合理报酬代表的是创造财富与报酬的关系。

每个人都通过职业来创造财富并获得合理报酬。我们创造出来的财富，一部分会通过税收上缴给国家，一部分留给企业持续经营和发展，一部分自己消费。报酬的多少是由买方和卖方相互协商而达成的。

5. 满足个人需求

满足需求是获得报酬与需求的关系。一个人通过职业获得报酬，从而满足自己物质和精神上的需求。比如，我们首先通过职业的报酬获得经济上的独立，不再依赖于父母，然后我们通过职业获得认同、个人成就感，实现自己的理想和价值。如果这些都不能满足，那就可能会出现职业的转换与调整。

从这个角度也可以看到，职业是一个与社会互动的过程，通过职业我们可以创造财富满足社会需求，同时来进行自我实现，在这其中我们的优势得到了不断地发挥。

职业就是这样一个载体，我们个人从中发挥优势，创造财富并最终自我实现。

同时，我们也要看到，职业随着社会的发展而变化。如果你听说过"大公司寿命三十年"，"小公司寿命三到五年的说法"，你还会像老一辈那样认为要一辈子在同一家公司工作吗？

随着社会需求和个人需求的变化，我们需要动态地看待职业，看待自己的职业优势。比如博闻强记在原来是读书人的重要技能，但在信息时代，我们更需要的是创意和想法。

同时，你会看到新的职业每年都产生。试想几年前，你会想到"微信运营官"这样的新鲜职业吗？

我们考虑未来的职业时，不妨重点考虑3～5年所从事的职业，而不必寻找那个终生的"铁饭碗"。思维上，我们也需要从"终身职业"转换到"终身学习"，因为真正的铁饭碗就是你自己不断修炼的核心竞争力。

三、有关工作世界的一些基本事实

练习：猜猜看——拓展职业范围的思考

请各小组同学用头脑风暴法列举出与手机相关的尽可能多的职业，并将所有联想到的职业都记录下来。

讨论：你从这个活动中得到了什么启发？

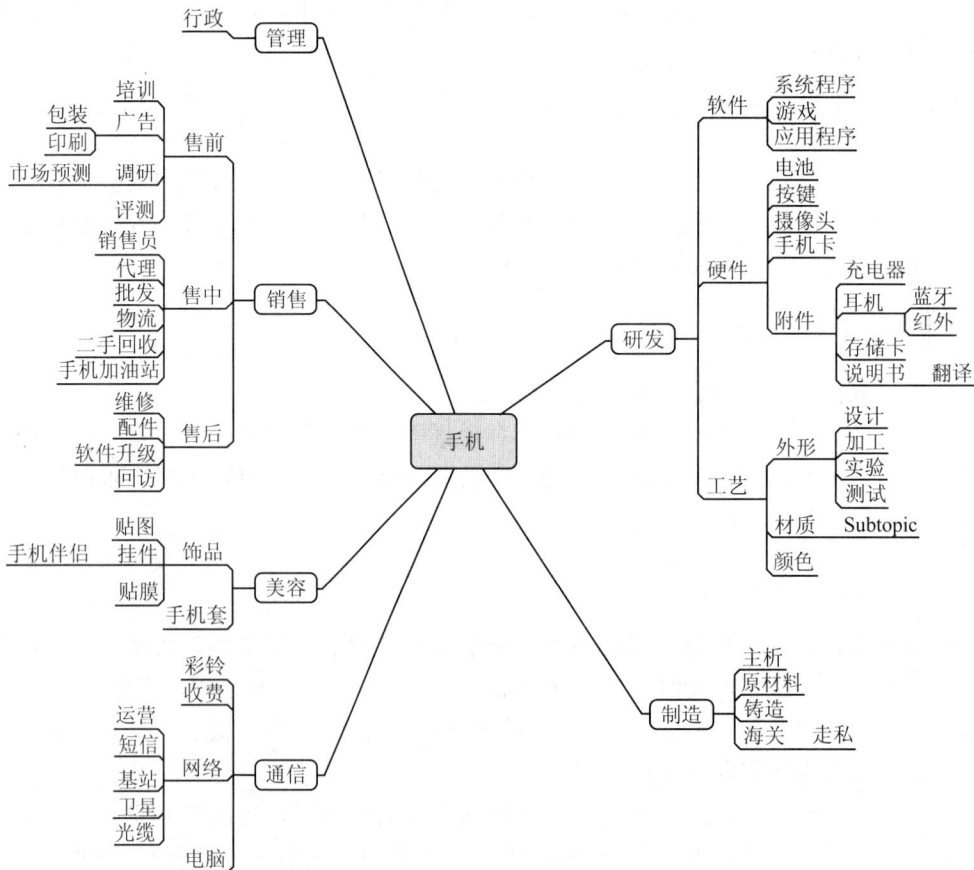

图2-1　专业对应职业分布图

通过这个活动，同学们可以了解到一件物品的制造涉及许多的人和职业，比如从管理到制造，从研发到市场。这说明有很多专业和技能是可以变通的。因此，同一个专业可以从事多种职业，比如机械设计专业毕业的学生，可以从事助理、售前工程师等与人打交道的工作，也可以做研发等与概念相关的工作。因此，同学们在探索工作世界时，应了解和自己专业相关的职业有哪些，学习专业知识的目的是帮助人更好地发展自己，绝不是限制人的发展。当我们用更广阔的思路来看工作世界时，会更容易理解下面的一些基本事实：

①目前工作世界中有超过2000多种的职业，大多数人来说，都有数种职业适合他们。

②调查表明，各个经济收阶层和各种行业领域的人都热爱自己的工作。

③没有哪一种工作能够完全满足你所有的需要。所有工作都有其局限性和令人失望之处。你需要通过其他活动来平衡你的生活，才有可能感觉到完满。

④工作市场和经济形势都时常发生变化，甚至是急剧的变化。有的行业在目前可能充满了机会，但却会在数年内饱和。

所以在工作世界中，每个同学都有可能找到属于自己的那份工作，只是需要做好心理准备：这是一个过程，对不同的人，过程也会有长短；变化是其中必然要面对的，一个决定可能不会持续一生，也常常伴随着风险，因此需要个人不断调整和变化才能保持满意度。面对工作世界，你需要学会如何应对工作的变动，而不是一味去回避它。

【生涯探索】

案例讨论：三位同学的职业发展

小王、小黄和小强是大学计算机专业的同学。他们在毕业后三年的同学聚会上重逢，却发现三人的职业状态大有不同。小王进入了国家工信部，成为一名公务员，参与通信行业的标准制定；小黄毕业后进入一家外资银行，负责银行内部财务软件的维护与运营；小强与几个朋友创业，开办了一家企业，负责软件的开发工作。他们发现，虽然三个人大学时学的专业一样，但是职业发展的方向却完全不同。

请同学们从职业方向的角度思考以下问题：

1. 请写出他们三个人的职业分别是什么？

2. 这三种不同的职业可能满足什么样的个人需求？

3. 从事这三种职业有可能需要的职业能力是什么？

【生涯感悟】

职业是参与社会分工，利用专门的知识和技能，创造物质和精神价值，获得合理报酬，满足物质生活、精神生活的一种社会交换方式。

职业需要具有社会分工、必备的职业素质、为社会创造价值、合理报酬以及满足个人需求五个要素。同时职业会随着时代的发展而变化，我们要紧跟时代的趋势，利用自己的优势，通过职业满足他人需求来达到一定的自我实现。

【思考与练习】

请同学们课后结合自己的专业，通过任何搜索引擎输入一个自己感兴趣的职业，完成表 2-1 的职业信息收集卡，本卡位置不足，请补充纸张，并重点关注以下几个问题：

1. 这份职业的名称是什么？
2. 这份职业的主要的工作内容有哪些？
3. 这份职业对于专业和能力的关键要求是什么？
4. 如果要进入这个职业，当前阶段需要做哪些知识和能力积累？

表 2-1 职业信息收集卡

感兴趣的职业名称		
信息来源		
职业信息的内容	主要工作内容	
	专业和能力要求	
	工作报酬	
	工作创造的价值	

【生涯点击】

职业分类目录：http://ms.nvq.net.cn/nvqdbApp/htm/fenlei/index.html

新职业目录：http://ms.nvq.net.cn/nvqdbApp/htm/fenlei/index－new_occ.html

第二节　职业环境的探索内容

分析职业环境、了解工作世界的内容，是大学生职业生涯发展阶段的一项重要任务。探索职业环境，主要从社会环境、行业环境、组织环境、具体职业、专业及家庭等几个方面入手。

一、社会环境分析

社会环境对每个人的职业生涯发展都有重大的影响。通过对社会大环境进行分析，可以了解所在国家或地区的经济、法制建设发展方向，寻求各种发展机会。

影响个人职业生涯的社会环境因素主要包括：

1. 经济发展水平

在经济发展水平高的地区，企业相对集中，优秀企业也就比较多，个人职业选择的机会就比较多，个人职业选择的机会就比较多，因而有利于个人职业的发展；反之，在经济落后的地区，个人职业选择的机会就比较少，个人职业生涯也会受到限制。

2. 社会文化环境

社会文化是影响人们行为、欲望的基本因素。它主要包括教育水平、教育条件和社会文化设施等。在良好的社会文化环境中，个人能力受到良好的教育和熏陶，从而为职业生涯打下了更好的基础。

3. 政治制度和氛围

政治和经济是相互影响的，政治不仅影响到一国的经济体制，而且影响着企业的组织体制，从而直接影响到个人的职业发展。政治制度和氛围还会潜移默化地影响个人的追求，从而对职业生涯产生影响。

二、行业环境分析

行业环境分析的主要内容包括：行业现状、政策或事件对行业的影响、行业发展趋势、行业优势与危机、行业标杆企业的等。

分析行业环境的时候，一定要结合社会大环境发展趋势。例如，国家政策对行业的影响，国家有无政策鼓励与扶持；行业所处生命周期阶段，是处于朝阳行业，还是夕阳行业等；行业经济特性，市场规模、市场增长速度、行业竞争覆盖的领域、行业内企业的数量及其相对规模——行业是被众多的小公司所细分还是被几家大公司所垄断、购买者的数量及其相对规模、技术变革的速度、行业的盈利水平处于平均之上还是处于平均水平之下等。

三、组织（企业）环境分析

个体所选择的组织将是其职业生涯直接依存和发展的土壤。每个企业都有自己的发展目标和运作模式，了解组织的基本情况是就业选择的基础。进行职业生涯规划时，一定要把个人发展与组织的发展结合起来考虑。以企业为例，组织环境分析的主要内容包括：

1. 组织特色。企业的组织规模、组织结构、企业文化、企业制度等。企业主要领导人的抱负及能力是企业发展的决定性因素，很多成功的大企业都有一位出色的企业家掌舵领航；企业文化是企业与员工共同秉承的价值观、共同遵守的信念和共同实施的行为方式，是一种精神，也可以说是一种管理思想、理念和方法。员工的职业生涯被企业文化所左右。

2. 经营战略。企业发展战略与措施、竞争能力、发展态势等。发展态势是指该组织处于发展期、稳定期、还是衰退期。组织的发展态势，对个人人生发展影响极大，要引起高度重视。

3. 人力资源评估。即了解企业的人事管理方案、薪酬待遇、福利措施、晋升通道、培训机会、员工关系、人员流动等。重点了解企业未来需要什么样的人才，需要多少，对人才的具体要求等。

四、具体岗位分析

岗位分析是指通过系统的方法，对工作岗位本身以及任职者所需的知识、技能、条件进行分析。这是进行"人职匹配"的前提。

岗位描述包括以下几个方面的内容：

1. 岗位名称。即指岗位所从事的是什么工作。

2. 岗位活动和程序。包括所要完成的工作任务、工作职责、完成工作所需要的资料、机器设备与材料、工作流程、工作中与其他工作人员的正式联系以及上下级关系。

3. 工作地点。包括地理位置、环境状况，在室内或室外，工作地点的变化性、安全性等。

4. 社会环境。包括工作团体的情况、社会心理气氛、同事的特征及相互关系、各部门之间的关系等。此外，应该说明企业和组织内以及四周的文化和生活设施。

5. 职业条件。由于人们经常根据职业条件来判定和解释职务描述中的其他内容，因而这部分内容非常重要。职业条件说明了工作的各方面特点：工资报酬、奖金制度、工作时间、工作季节性、晋级机会、进修和提高的机会、该工作在本组织中的地位以及与其他工作的关系，等等。

五、其他环境因素分析

除了社会环境、组织环境、具体岗位等外部因素外，影响个人职业发展的其他环境因素还包括学校和家庭等因素。

1. 学校教育因素

学校是个体从自然人向社会人过度的中间环节。学校的教育模式、教学优势和教师行为等，直接影响着个体综合素质的形成，直接影响学生的职业选择。

2. 家庭因素的影响

任何人的性格和品质的形成及个人的成长都离不开家庭环境的影响，大学生在进行职业生涯规划时，考虑更多的是家庭的经济状况、家人期望、家族文化等因素对本人的影响。个人职业发展规划的确立，总是同自身的成长经历和家庭环境相关联的。个人在成长过程中，在不同时期也会根据自己的成长经历和所受教育的情况，不断修正、调整，并最终确立职业理想和职业计划。正确而全面地评估家庭情况才能有针对性地设计适合自己的职业规划。

第三节　探索职业世界的方法

一、形成自己预期的职业库

很多同学不知道如何进行工作世界的探索，其中一个很重要的原因就是工作世界的信息浩如烟海，根本搞不清应该从哪入手，更谈不上如何进行了。如果有一个探索范围，则会容易很多。通过前面单元的自我探索可以帮助个人初步形成一个探索的范围（如图 3－2 所示）。自我探索中的兴趣、性格探索，每一部分最后有相应适合的职业出现。此外，每个人还有自己心目中理想的职业，可以把它们也列出来。这样就获得了一个职业清单，看看这些职业有什么共同点，就可能启发你想到更多值得探索的职业。结合你的能力和价值观再次从职业清单中进行筛选，最终就得到你预期的职业库。

例如，一位学生小 A 期待做商业方面的工作，但是具体选择什么工作因其对社会还不太了解，就难以决定。性格探索的结果是他适合做人力资源管理、咨询顾问、教师等，兴趣探索的结果是他应该做社工、教师、培训人员，能力探索的结果是他可以做教育、销售、客户服务等工作，价值观探索的结果是他期待做服务、自由职业、护理等工作。从小 A 职业探索得出的各种选择中，我们可以看到，教师职业、教育工作出现的频次最高；社工、客户服务、服务、护理等虽然名称不同但都明显体现了帮助他人的特点。所以最适合小 A 的职业首先具有与人打交道、帮助他人的特点，其次还有沟通性、商业性等特点，由此他可以列出或搜索一些符合这些特点的职业，比如培训、咨询顾问、客户服务等，进行详细调查。

研究表明：在做决策时，太多的信息容易让人迷失，反而拿不定主意；而过少的信息又起不到让当事人了解客观事实的作用。所以，在形成预期职业库的时候，库的大小根据自己的情况要有适当的平衡，通常 5～10 个职业调查是比较适中的。在信息探索过程中，抛开自己固有的想法，保持开放的心态，就容易获得客观的信息。

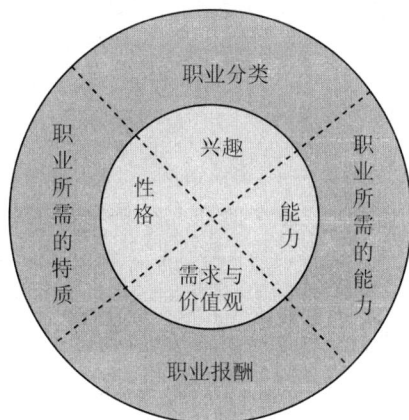

图 2-2　内圆表示个人的内在世界外圆表示外在的工作世界

二、用职业分类的方法帮助探索工作世界

在繁杂的工作世界中挑出相关、有用的信息，是项艰巨的工作。即使形成了自己的职业库，但到底有哪些工作可能和职业库得出的职业特点相符合，这也是一个问题。如果能按照一定的规则将职业分类，同学们就可以轻松地找到和这些特点相关的工作了。下面介绍一些比较经典的职业分类方法。

1. 霍兰德的职业环境分类

霍兰德职业环境分类在兴趣探索的模块中有详细介绍，这里不再重复。

2. 行业（产业）（industry）分类

行业是社会分工的大类，通过了解行业能让个人更好地了解职业世界。在给自己进行职业定位时，我们大致的顺序是：行业——职业——企业——岗位，所以了解"行业"的概念和分类是十分必要的。我国现行对行业的解释是：一个行业（或产业）是指从事相同性质的经济活动的所有单位的集合，这更多是从经济学角度提出的概念。

我国于 2002 年重新修改制订了国民经济行业划分标准，主要目的是正确反映国民经济各行业的结构和发展状况，便于研究国民经济的各项比例关系。目前的国民经济行业划分为 20 大门类、98 大类。20 门类包括：A、农、林、牧、渔业；B、采矿业；C 制造业；D、电力、燃气及水的生产和供应业；E、建筑业；F、交通运输、仓储和邮政业；G、信息传输、计算机服务和软件业；H、批发和零售业；I、住宿和餐饮业；J、金融业；K、房地产业；L、租赁和商务服务业；M、科学研究、技术服务和地质勘查业；N、水利、环境和公共设备管理业；O、居民服务和其他服务业；P、教育；Q、卫生、社会保障和社会福利业；R 文化、体育和娱乐业；S、公共管理和社会组织；T、国际组织。同时对部分门类及小类行业进行了解读，如在"H 批发和零售业"中有一类叫"医药及医疗器材批发"，解读为"指各种化学药品、生物药品、中草药材、中成药及医疗器材的批发和进出口活动。包括兽用药的批发和进出口活动"。其中 A 类属于第一产业，B——E 类属于第二产业，F——T 类均属于第三产业。

3. 《中华人民共和国职业分类大典》

我国于 1999 年由中国国家劳动和社会保障部、中国国家质量技术监督局、中国国家统计局颁布了能全面反映中国现阶段社会的职业结构状况的《中华人民共和国职业分类大典》，把中国的职业分为 8 个大类、66 个中类、413 个小类，包括了国家机关、事业单位、商业企业、农林牧副渔等国民生活的各个方面。其中颁布了职业标准的有 505 个。国家职业标准是在国家职业分类的基础上，根据职业的活动内容，对从业人员工作能力的规范性要求，也是衡量劳动者从业资格和能力的重要尺度。了解职业标准对我们认识职业准入要求、认识自身与该职业要求的距离有很大的帮助。此后每年都会根据我国的社会经济发展公布一些新兴的职业及职业标准。

表 2-2 中华人民共和国职业分类

类 别
第一类 国家机关、党群组织、企业、事业单位负责人
第二类 专业技术人员
第三类 办事人员和有关人员
第四类 商业、服务业人员
第五类 农、林、牧、渔、水利业生产人员
第六类 生产、运输设备操作人员及有关人员
第七类 军人
第八类 不便分类的其他人员

三、其他探索工作世界的方法

工作信息探索的方法有很多，依据一定的规律可以提高效率，例如从近至远的探索。所谓近和远，是指信息与探索者的距离。通常近的信息比较丰富，远的信息更为深入；近的住处较易获得，远的信息则需要更多的投入和与环境的互动才能了解。所以，从近至远的探索是一个范围逐渐缩小、了解逐渐加深的过程。图 2-3列举了从近到远获取信息的一些方式。

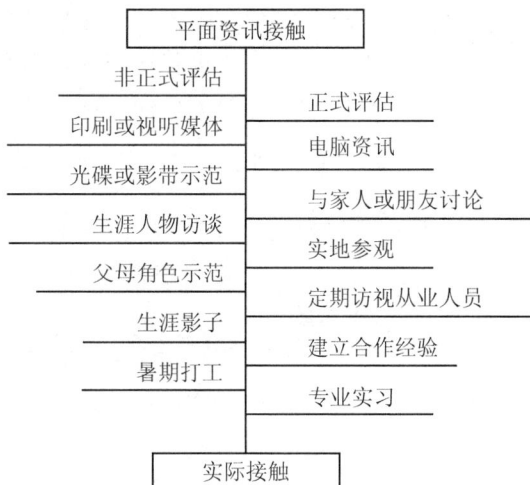

```
              ┌─────────────┐
              │  平面资讯接触  │
              └─────────────┘
    非正式评估
                        正式评估
    印刷或视听媒体
                        电脑资讯
    光碟或影带示范
                        与家人或朋友讨论
    生涯人物访谈
                        实地参观
    父母角色示范
                        定期访视从业人员
    生涯影子
                        建立合作经验
    暑期打工
                        专业实习
              ┌─────────────┐
              │   实际接触    │
              └─────────────┘
```

图 2-3　职业信息获取方法

非正式评估是探索者有意无意得到的对某个信息的最初评估。正式评估是指各种正式的职业测评，如朗途职业测评等。印刷或视听媒体的范围比较广泛，报纸、杂志、电视、书籍都有可能提供职业信息。生涯影子指跟着某个特定的工作角色观察其工作内容。建立合作经验、暑期打工和专业实习都是实践性很强的方式，获得的信息更为真实，但是所耗的时间、精力也比较多，机会也有限。

(一)电脑资讯

电脑资讯如今已经成为越来越主要的获得大量信息的途径，和职业相关的网站很多，如：http://www.eol.cn(中国教育在线)"高考栏目"：按照教育部《全国普通高校本科专业目录》对各专业培养目标、培养要求、毕业生应获得的能力、主要课程、授予学位、开设该专业高校等做详细介绍。

有些网站在发布招聘信息时，按职位或职能进行分类，比如职位类："销售经理""客户经理""前台""文员""人事助理"；职能类："销售管理""行政/后勤""人力资源"等，这样我们就可以比较快速地掌握某类职位对求职者的通用技能要求。

各人才门户网站，如前程无忧、智联招聘、中华英才网、搜狐招聘频道、新浪求职频道、中青在线人才频道等相关信息也较多；还有相关行业网站或论坛，另外一些论坛也值得关注，如天涯社区中的职业交流板块，都是在职人士的真实写照；还有一些由人力资源经理组成的论坛，了解他们的需求，了解他们的工作状态对我们也是极有帮助的。

我们身处一个资讯发达的时代，搜寻工作信息的方法有很多。但对于工作世界的探索，光讲方法是不够的，关键还要做到有心，随时留意周围的信息。一次谈话、一份身边的广告，都可能帮助你逐渐建立起对工作世界的了解。另外，对于工作世界的探索只有太晚没有太早。

(二)生涯人物访谈法

生涯人物访谈即通过与同一行业中数位工作者的深入交流而获取职业信息的一种方法。它能帮助求职者(尤其是在校大学生)检验和印证以前通过其他渠道获得的信息，并了解与未来工作有关的特殊问题或需要。在正式进行访谈前，至少做两件事：一是为自己准备一个"30秒广告"，因为在访谈过程中，对方可能会问到你的一些情况，比如你的职业兴趣和目标等；二是对需要提出的问题做一些准备，这样有助于访谈的深入进行，能够取得较高的效率。

做好生涯人物访谈，需要遵循以下步骤：

第一步，确定访谈的内容。首先要明确的是希望通过访谈了解什么内容，是行业、企业方面的信息，还是职业、职位方面的信息。

第二步，寻找访谈的对象。可通过老师、家人、校友等的推荐，也可以按照自己的志愿去主动寻找，还可以通过网络，各种职业QQ群，各种专业论坛，博客，网站等途径去找到访谈对象。

第三步，确定访谈的方式。包括面对面访谈、电话访谈和书面访谈(电子邮件、QQ)等。可以先向被采访者预约，预约时首先介绍自己，然后说明找到他的途径、自己的采访目的、感兴趣的工作类型以及进行采访所需要的时间(通常20～30分钟)。如果访谈对象无法应约，可礼貌地征询能否推荐类似的人选。不管成功与否，都应表示感谢。

第四步，准备访谈提纲。为了提高访谈的效率，要根据不同的访谈对象和内容设置不同的访谈提纲。正式访谈前，对生涯人物的信息掌握得越全面越好。

第五步，正式访谈。正式访谈时，准时是第一要求，包括准时开始与准时结束；在访谈中如果人家明确表示不愿意或不耐烦，那你一定要及时结束，因为这里的问题一定是自己的，所以你要回去总结，而不能无效地僵持，与其在不愉快中拖延到结束，还不如主动离开以少占用别人的时间；所以在正式访谈前的预演就很重要了，如果可能最好能找个伙伴一起做演习。

第六步，汇报与感谢。无论你是以什么样的心情和状态结束访问的，事后你都要将访问的记录和个人的心得提交给对方，一方面是对别人的价值肯定，一方面也是让对方给你具体的建议与评价，同时也是自己有礼貌的表现，要注意的是，一定要把自己的心得写下来，还要表示对访问人的感谢。

生涯人物访谈的内容包括：(1)访谈对象的基本情况。如单位工作，做什么岗位、什么职务，个人基本信息；(2)访问人的工作状态，包括怎样找到或做到这个岗位的，访问人岗位的核心工作内容和职责是什么；(3)入职的任职资格，包括该岗位或职业的核心知识、技能及经验是怎样的，什么样的证书、培训是做这份工作所必需的，个人什么样的素养和品质是此岗位的必备，大学生在大学期间如何准备才能更容易进入这个工作领域等；(4)职业的发展前景，包括这个职业的一般薪酬标准和潜在收入空间，这个职业的一般晋升发展路线是什么，这个职业在社会、我国及全球的发展前景怎样，和这个职业相关或相似的职业有哪些等。

以下是一些问题举例：

- 在这个工作岗位上，每天都做些什么？
- 你是如何找到这份工作的？
- 你是如何看待该领域工作将来的变化趋势的？
- 你的工作是如何为实现组织的总体目标贡献力量的？
- 你所在领域有"职业生涯发展通路"吗？
- 本职业需要什么样的人？
- 到本领域工作所需的基本前提是什么？
- 就你的工作而言，你最喜欢什么？最不喜欢什么？
- 什么样的初级工作最有益于学到尽可能多的知识？
- 本领域初级职位和略高级职位的薪水是多少？
- 工作中采取行动和解决问题的自由度如何？
- 本领域有发展机会吗？
- 本工作的哪部分让你最满意，哪部分最有挑战性
- 什么样的个人品质或能力对本工作的成功来讲是最重要的？
- 你认为将来本工作领域潜在的不利因素是什么？
- 依你所见，你在本领域工作遇到了什么样的问题？
- 对于一个即将进入该工作领域的人，你愿意提出特别建议吗？
- 本工作需要特别的知识、技能和经验吗？
- 这种工作需要什么样的教育或培训背景？
- 公司对刚进入该工作领域的员工提供哪些培训？
- 还有哪些方法能帮助我深入了解该工作领域？
- 你的熟人中有谁能作我下次的采访对象吗？当我打电话给他的时候，可以用你的名字吗？
- 根据你对我的教育背景、技能和工作经验的了解，你认为我在做出最终决定之前还应在哪个领域、什么样的工作上进行深入的调查研究呢？

四、职业探索的核心任务

(一)职业描述

职业描述，就是定义这个职业的内涵。具体包括职业名称，各方对其的定义。在罗列学习别人对这个职业看法后，你也要给这个职业下一个自己的定义，为自己的职业报告做好第一笔准备。职业描述是对职业最精练的概括和总结，是透彻理解职业和调研职业的基础，其实给职业定义的每个字你都是要仔细思考的，因为日后你要做的事情全是

对定义的拓展而已。如果不是最新的职业，一般来说都有固定地对职业的定义，可以参照联合国国际劳工组织、美国嘉南大的职业展望手册，中国的国家劳动和社会保障部，很多职业分类大典都有对职业的详细介绍。

(二)职业的核心工作内容

每个职业都有核心的工作职责，职责背后对应的就是工作内容，说白了，就是这个职业一般都干什么活，什么工作是这个职业必须要做的。了解职业的核心工作内容，有利于了解完成工作内容背后的必须要胜任的工作能力，这样就很容易找到和自己之间的差距，从而有目的的补充相关能力以完成工作内容。在多大程度上了解工作内容，是衡量一个人对工作的熟悉和喜欢的重要标准。成熟的职业都有权威人事部门给其总结确定的核心工作内容，一些企业的招聘广告中也有对工作内容的描述，也可以请教一些行业协会，或是从事这个职业的资深人士、一般企业的人事部门和直接部门经理也有对职业的具体感悟。

(三)职业的发展前景及其对社会和生活的影响、作用

职业的发展前景，是国家、社会等对这个职业的需求程度，具体包括三个问题，职业在国家阶段发展中的作用，职业对社会和大众的影响，职业对生活领域的影响，就是说，不仅仅要知道这个职业对国家、对社会、对行业有用，也要知道这个职业对大众、对生活的影响，人们对其的依存度和声望度怎样。职业的发展前景，尤其是国家的导向是促进职业发展的黄金动力，知道你日后从事职业的发展轨迹就能更好地判断自己是否能切入及切入点如何选择了，尤其要注意对大众对生活的影响，因为大众的才是永恒的。职业在国家发展中的作用一般都有劳动部门的权威预测，但对社会和生活的影响这块是真正要自己去调研的，要去访问这个职业的资深人士。

(四)薪资待遇及潜在收入空间

职业是社会分工的产物，职业根据参与社会分工的量来确定相应的报酬，在不同的行业、企业、岗位上还有一些潜在的收入空间。能赚多少钱是大家都关心的话题，很多人也会把赚钱多少作为择业的关键因素，所以在考量职业时要重点调研职业的薪资状况。其实每个职业起薪都差不多，但都有极致，都有天价，能力不断提升的背后就蕴藏着高薪。一个职业是有薪资调查的，如前程无忧的调查，还有诸如网友们的晒工资，天涯职场论坛上关于这样的声音还是很多的。

(五)岗位设置及不同行业、企业间的差别

岗位设置，是指一般来说一个职业是有一系列岗位划分的，如人事工作的岗位就分招聘、考核等很多具体岗位，而不同行业、不同性质、规模的企业对岗位的划分和理解也是有很大不同的，很可能同样都叫一个名字，但干的活却完全不一样。了解职业的岗位设置，能加深对职业外延的理解，知道职业的具体岗位后，就可以针对性与自己比较，也是知道职业有什么的重要标志。不同行业对职业(岗位)的理解和要求也是有差异的，而具体的企业就是千差万别了。一般来说，人事权威网站、职业分类大典、业内资深人士是比较了解这个职业的具体岗位设置情况的。

(六)入门岗位及其职业发展通路

入门岗位是指针对应届毕业生的工作，职业的一些中低端岗位是面向大学生开放的。还要了解一个岗位对应的日后职业发展通路是什么，这个岗位有哪些发展途径，最高端岗位是什么这些你都要知道。即使你很看好这个职业，但你最终也是要从低端工作做起的，而入门岗位就是提供我们毕业生的敲门砖，所以，你一定要知道你能通过哪些岗位进入到这个职业。从企业的每年校园招聘里就能看到那些岗位是针对应届生的，如一些校园招聘网站就可以找到这些信息。

(七)职业标杆人物

职业标杆人物，就是在这个领域谁做得最好，他是怎么做到的，他都取得了什么成绩，遇到了什么困难，具备什么素质等，每个职业都有一流的人物，无论是国内还是国外的。研究职业标杆人物，可以让自己了解他的奋斗轨迹，让自己在"追星"中加深对职业的了解，也会让你找到在这个职业领域奋斗的途径。当你在网上搜索这个职业时，一般就会找到职业标杆人物，图书馆也会有这方面的书，业内的资深人士都会知道的。

(八)职业的典型一天

职业的典型一天，更多是在访谈中完成的，你要知道这个工作的一天都是怎么过来的，从早上到回家的时间都是怎么安排的。了解职业的典型一天是判断自己是否适合这个职业的重要指标，如果你不想过这个职业那样的一天，就不用再为之而努力去学习去准备去做这个职业了，所以这个过程是很关键的。尤其是这个工作对你个人生活的影响，看你能否接受。职业的典型一天，在职业的核心工作内容中会有涉及，但具体到个人的资料就不多了，所以更多的还是要你去访谈做这个职业的人，这样也才更真实。

(九)职业通用素质要求及入门具体能力

职业通用素质要求是指从事这个职业的一般的、基本的要求。主要是个人通用素质能力，就是能把这个工作做好的要具备的能力。通过职业的外在素质要求的了解，对比自己是否能够胜任，还有哪些要加强和补充的能力，从而可以将之规划到大学生活里。其实每个岗位的岗位描述中的任职资格都有介绍，只是这次要把其整理出来，尤其要加上职业访谈中的内容，列出十项最常用的能力，然后与自己一一对照，可以促进发现和认识自我。

(十)工作与思维方式及对个人的内在要求

工作方式和思维方式是你做好做精工作的保证，有些工作对人的内在要求是很高的，如态度等，这些是从你的内在来判断你是否适合和喜欢一个职业的核心标准。从内在出发来判断是否喜欢是科学的，因为职业是客观的，只是因为你选择了职业才会有是否愿意做、适合做等问题的产生，所以当职业的方方面面考量之后，最后一关就是对职业所要求的内在盘点。岗位描述中的任职资格也会有对其内在素质的要求，还有业内普遍认为的个人素质，还要考虑不同行业、不同类型企业的差异。

第三章

职业生涯决策

能力目标

能够分析自己的决策风格。

能够能够运用决策方法确立职业目标。

知识目标

认知职业生涯决策的重要性。

了解自己的决策风格类型。

掌握职业生涯决策的方法。

第一节 了解个人决策风格

在生活中，人不可能避免做决定。决定需要随时随地不断做出，生活中充满了成百上千的对日常琐事的决定。通常，一个决定越重要，决策也就越困难。可见，决策时不可避免、不断发生而往往显得困难的人类活动。

一、职业决策概念

职业决策是一个复杂的认知过程，通过此过程，决策者组织有关自我和职业环境的信息，仔细考虑各种可供选择的职业前景，做出职业行为的公开承诺。从这个概念我们可以看出：职业决策是一个过程，而不单单是一种结果。

二、决策的风格及类型

美国职业生涯专家斯科特（Scott）和布鲁斯（Bruce）于 1995 年认为决策风格是在后天

的学习经验中逐渐形成的，将决策风格划分为五种类型：理智型、直觉型、依赖型、回避型和自发型。

(一)理智型

以周全的探求，对选择的逻辑性评估为特征。理智型的决策者具备深思熟虑、分析、逻辑的特性。这类决策者会评估决策的长期效用并以事实为基础做出决策。理智型决策风格是比较受到推崇的决策方式，强调综合全面地收集信息、理智地思考和冷静地分析判断，是其他决策风格的个体需要培养的一种良好的思考习惯。但理智型的决策风格也并不是理想的、完美的决策方式，即使采用系统的、逻辑的方式，也会出现因为害怕承担决策的后果而不能整合自己和重要他人观点的困扰。

(二)直觉型

以依赖直觉和感觉为特征，比较关注内心的感受。直觉型的决策风格以自我判断为导向，在信息有限时能够快速做出决策。当发现错误时能迅速改变决策。由于以个人直觉而不是理性分析为基础，这类决策发生错误的可能性较大，因此，易造成决策不确定性，容易丧失对直觉型决策者的信心。

(三)依赖型

以寻求他人的指导和建议为特征。依赖型的决策者往往不能够承担自己做决策的责任，允许他人参与决策并共同分享决策成果，会受到他人的正面评价，但也可能因为简单地模仿他人的行为导致负面的反应。依赖型的决策者需要理解生活中重要他人对自己的影响程度。

(四)回避型

以试图回避做出决策为特征。回避型的决策风格是一种拖延、不果断的方式。面对决策问题会产生焦虑的决策者，往往因为害怕做出错误决策而采取这样的反应。往往是由于决策者不能够承担做决策的责任，而倾向于不考虑未来的方向，不去做准备，不知道自己的目标，也不思考，更不寻求帮助。这样的决策者更容易受到学校等支持系统的忽略。所以，这些学生需要意识到自身的决策风格及其可能造成的危害，努力调整，增强职业生涯规划的意识和动机，才能从根本上得到帮助。

(五)自发型

以渴望即刻、尽快完成决策为特征。自发型的个体往往不能够容忍决策的不确定性以及由此带来的焦虑情绪，是一种具有强烈即时性，并对快速做决策的过程有兴趣的决策风格。自发型决策者常会基于一时的冲动，在缺乏深思熟虑的情况下做出决策，此类决策者通常会给人果断或过于冲动的感觉。题目最符合，说明你最倾向于那个类型。

第二节　职业决策模型在生涯发展中的应用

职业决策是一个复杂的认知过程，为了更好地完成职业决策过程，美国职业生涯理论家里尔登(Reardon)等人在认知信息加工理论(CIP)中提出了 CASVE 决策模型。

一、职业决策模型的应用

该模型认为一个良好的决策需要经历五个步骤：C(沟通)、A(分析)、S(综合)、V(评估)和 E(执行)。

(一)沟通(Communication)

在这个阶段，我们收到了关于职业理想与现实之间存在差距的信息。这些信息可以通过内部或外部交流途径传达给我们。内容沟通包括情绪信号，例如不满、厌烦、焦虑和失望，还有身体信号，如昏昏欲睡、头痛、胃部疾病等。外部沟通包括父母对你的职业规划的询问，同事、朋友对你的职业评价，或者是杂志上关于你的专业正在逐渐过时的文章。

这是意识到自己需要做出选择的阶段。在这个阶段，我们通过各种感官和思考充分接触问题，发觉存在一个差距已不容忽视。通过内部和外部沟通，你意识到自己需要解决某些问题，这样的交流对开始生涯选择十分重要。沟通阶段需要回答的最基本的问题是：此刻我正在思考并感觉到的自己的职业选择是什么？

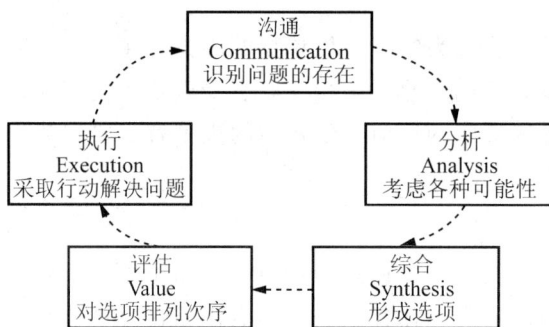

图 3-1　决策循环模型

(二)分析(Analysis)

分析，是通过思考、观察和研究，对兴趣、能力、价值观和人格等自我知识以及各种环境知识进行分析，从而更好地理解现存状态和理想状态之间的差距。在分析阶段主要运用的是前两章认识自我和认识职业环境中提到的方法。

在分析阶段需要对两方面的知识进行了解。首先是自我知识，包含了兴趣：我喜欢做什么？做什么事情的时候我最能够投入？做什么事情能让我得到享受？能力：我擅长做什么？什么事情是我能做得比别人好的？我都掌握了哪些专业知识？价值观：我看重什么？我这辈子希望达到的目标是什么？我希望工作可以带给我什么？人格：我是内向的还是外向的？我关注宏观抽象的事物还是具体细节？我倾向理性思考还是感性体验？我习惯于有条不紊还是随机应变？其次是环境知识，每一个选择处于什么样的环境？会带来什么样的生活？需要付出什么努力？

好的生涯决策者阻止用冲动行事来减小在沟通阶段所体验的压力或痛苦，因为他们知道，这是无效的，甚至可能令问题恶化。他们弄清楚，要解决这个问题我需要了解自己的哪些方面，了解环境的哪些方面，需要做些什么才能解决问题，为什么我有这样的感受，家庭会怎样看待我的选择等问题。分析阶段还需要把各种因素和相关知识联系起来，例如，把自我知识和职业选择联系起来；把家庭和个人生活的需要融入到职业选择中。

(三)综合(Synthesis)

综合，是根据分析阶段所得出的信息，先把选择范围扩展开来，然后再逐步缩小，最终确定 3～5 个最可能的选项。这个先扩大后缩小的过程非常重要。通过分析阶段，我们对自我的各方面都有了很多了解，每一个方面都分别对应着很多职业，把这些职业都列出来，就会得到一个范围很广的选择列表；然后选取其中的交集，就得出了缩小的职业选择范围；然后，把最可能从事的职业限定到 3～5 个。最后，可以问自己："假如我有这 3～5 个选择，是否可以解决问题，消除现实和理想状态的差距？"如果可以，就进入评估阶段选出最适合的选择，如果还是不能解决问题就需要重新回到分析阶段了解更多信息。

(四)评估(Valuing)

评估阶段将选择一个职业、工作或大学专业。它的第一步是评估每一种选择对生涯决策者和他人的影响。例如，如果选择了服兵役，这一选择将会给自己、伴侣、父母、孩子等重要他人带来什么影响？每一种选择都要从对自己和对他人的代价和益处两方面进行评价，并综合物质上和精神上因素。第二步就是对综合阶段得出的选项进行排序。能够最好的消除差距的选项排在第一位。次好的排在第二位，依此类推。此时，职业规划决策者会出选一个最佳选项，并且做出承诺去实施这一选择。

(五)执行(Execution)

执行，是整个 CASVE 的最后一部分，前面的步骤只是确定了最适合的职业，还不能带来职业选择的成功，需要在执行阶段将所有想法付诸实践，如：开始具体的求职过程；也为再一次回到沟通阶段提供线索，以确定沟通阶段所存在的职业问题是否得到了很好的解决。在执行阶段，需要制订计划，进行实践尝试和具体行动。如果没有解决可以再次回到沟通阶段，重新开始一次 CASVE 循环，直到职业生涯问题被解决为止。

第三节 职业生涯决策的原则与方法

生涯决策时人的一生中最重要的决策之一。必须学习生涯决策的技能，掌握生涯决策的方法，才能克服职业发展中的障碍，实现自己的生涯目标。

一、生涯决策的基本原则

在职业决策之前，有些原则和事项是决策者应该了解和掌握的。避开职业决策的误区，能帮助个体在职业规划与发展中更科学地进行合理选择。

(一)职业决策应当遵循的原则

尽管生涯决策的具体内容会因人而异，但是合理有效的抉择方式在原则上还是存有共同之处。一般而言，选择适合自己的生涯应该遵循以下原则：

1. 个性化原则。唯有符合自己的能力、兴趣、愿景的生涯设计，才具有持续性，才能使自己有所成就的时刻更早降临。因此，适合的就是最好的，盲目的攀比和羡慕只会迷失自我。

2. 可操作性原则。生涯选择的最终是为了使个体过上自己向往的生活。如果目标过大过空，没有实现的可能，只会违背初衷，而且会因目标无法实现而徒增烦恼。所以目标一定要切实可行，具有可操作性。

(二)职业决策中的注意事项

决策制定是一种广泛的生活技能，良好决策重要性不言而喻，如果决策不正确，执行力越好越糟糕。天道有时惩勤，你辛辛苦苦往上爬一架梯子，然而多年以后等你爬到顶端，才发现原来梯子搭错了墙。所以决策时要注意以下事项：

1. 最佳标准(理想标准)和接受标准(妥协标准)

做一个决定通常会在"退而求其次"的过程中完成。最佳选择往往不是中选项目，最后被选中的几乎都是次佳的选项。次佳却是最合适你的选择。

2. 我们关注过程，而不是结果

职业规划不是一个确定的选择，而是一个过程。将注意力集中在生涯决策的过程上，而不是一个选择的事件上。如果你考取了选调生，同时还考取了研究生，请问你如何决策？我们就两个学生面临同样的抉择，选择不同。

3. 消极认知重构为积极思维

发现自己头脑中的许多垃圾，把消极认知重构为积极思维。不是没办法，而是过去的方法失效了，需要探索新办法。

4. 决策的理性与非理性

感性与理性决策宛如太极图，就动态的观点，理性的极致蕴含着感性，感性的极致蕴含着理性，秋水共长天一色，动静相生，尽在其中。遇到情绪波动的时候不做重大决定。

二、生涯决策的方法

一个人每天都在做决定，有的决定不需要太多思考，其结果对个人也不会产生太大影响，比如今天穿什么衣服；有的决定却需要自己慎重考虑，关系重大，比如职业规划。

决策的方法有很多，对不是特别重要的事情，人们可以用符合自己习惯和个人决策风格的方法快速做决定，但对非常重要而且困难的事情，应该采取更加科学、更加合理的决策方法。这里介绍几种生涯决策中常见的方法，这些方法对职业生涯规划中方向、目标、路径的选择都有很大帮助。

(一)5W 法

"5W 法"是用 5 个"WHAT"归零思考。这是一种被许多人士成功应用的方法，依托的是归零史的模式，从问自己是谁开始，如果能够成功回答完五个问题，你就有最后答案了。

5 个"W"是

1. Who am I？（我是谁？）

2．What will I do？（我想做什么？）

3．What can I do？（我会做什么？）

4．What does the situation allow me to do？（环境支持或以下我做什么？）

5．What is the plan of my career and life？（我的职业与生活规划是什么？）

回答了这 5 个问题，找到它们的最高共同点，你就有了自己的职业生涯规划。

先取出五张白纸，一支铅笔，一块橡皮。在每张纸的最上边分别写上上述五个问题。然后，静下心来，排除干扰，按照顺序，独立地仔细思考每一个问题。

对于第一个问题"我是谁？"，回答的要点是：面对自己，真实地写出每一个想到的答案；写完了再想想有没有遗漏，认为确实没有了，按重要性进行排序。

对于第二个问题"我想干什么？"，可将思绪回溯到孩童时代，从人生初次萌生等一个想干什么的念头开始，然后随年龄的增长，回忆自己真心向往过、想干的事，被一一地记录下来，写完后再想想有无遗漏，确实没有了，就认真地进行排序。

对于第三个问题"我能干什么？"，则要把确实已证明的能力和自认为还可以开发出来的潜能都一一列出来，认为没有遗漏了，就认真地进行排序。

第四个问题"环境支持或允许我干什么？"，回答则要稍作分析：环境，有本单位、本市、本省、本国和其他国家，自小向大，认为自己有可能借助的环境，都应在考虑的范畴之内。在这些环境中，认真想想自己可能获得什么支持和允许，搞明白后一一写下来，再以重要性排列一下。

如果能够成功回答第五个问题"我的职业与生活规划是什么？"，你就有了最后的答案。

【案例分析 4-1】

小 N，女，计算机专业，虽然计算机专业属于热门专业，但考虑到女生的就业竞争力不如男生，同时比较喜欢老师职业。因此，对自己的职业取向难以选择。在这种情况下，我们和她一起进行了一次有关职业规划方面的讨论，并通过"5W"法对其职业前途规划继而确定其就业方向。

(1)Who are you？某重点高校计算机专业毕业生，身体健康，性格居于内向与外向之间，学业成绩优秀，英语水平为国家六级，辅修过心理学、管理学；长期担任学生干部；

参加过高校演讲比赛，拿过名次；家庭状况一般，父母工作稳定，身体健康，暂时还不需要有人特别照顾。

（2）What do you want? 比较喜欢老师职业；其次可以成为公司的一名技术人员；如果出国读管理方面的硕士，回国成为一名企业管理人员也是可以接受的。

（3）What can you do? 做过家教，虽然不是自己的专业，但与孩子交流有天生的优势，学生的成绩进步时很有成就感；当过学生干部，与手下人相处比较好，组织过几次有影响的大型活动；实习时在公司做过一些开发，虽然没有大的成就，但受到领导的认可。

（4）What can support you? 家里亲戚推荐去一家公司做技术开发；GRE 分数较好，已经申请了国外几所高校，但能不能有奖学金还很难说，况且现在签证比较困难；去年曾有几家学校来系里招聘，但不是当老师，而是去学校做技术维护，今年不知会不会有学校来招聘教师；有同学开了一家公司，希望自己能够加盟，但自己不了解这个公司的具体业务，也不知道有多大的发展前途。

（5）What can you be in the end? 最后的选择可能有四种，分别如下。

第一种选择：进入学校当老师，自己有这方面的兴趣和理想，在知识和能力方面并不欠缺，在素质教育大趋势下，与师范专业相比，自己有专业方面的优势，可以让学生了解更多的前沿知识，特别是现在计算机在中学生中有了相当的普及和基础，并且自己有信心成为学生心目中的好老师；不足的就是缺乏作为一名老师的基本训练以及一些技巧，但这可以逐步提高。

第二种选择：到公司做计算机技术人员，收入上会好一些，但通过这几年的发展看，计算机行业起伏较大，同时由于技术发展较快，得随时对自己进行知识更新，压力较大，信心不足，兴趣也不是很大。

第三种选择：去同学开办的公司从最底层做起，风险较大，而且与自己的心理性格不符，家庭也会有阻力。

第四种选择：如愿获得奖学金出国读书，回国后做一名企业管理人员，但不确定因素较多，且自己可把握性较小，自己始终处于被动状态。

分析：单纯从职业发展上看，这四种选择都有其合理性。但如果从个体而言，第一种选择更符合她本人的职业取向。（1）从心理学角度看，教师是她最想做的职业；（2）从职业前途看，教师受人尊重，社会地位呈上升趋势；（3）稳定性强，比较适合女性的性格和生理条件。但不要太死板，可以同步实施四，前提是能申请到自己喜欢的学校和专业。

（二）SWOT 分析法

SWOT 分析法又称为态势分析法，它是由旧金山大学的管理学教授于 20 世纪 80 年代初提出来的，SWOT 四个英文字母分别代表：优势（Strength）、劣势（Weakness）、机会（Opportunity）、威胁（Threat）。所谓 SWOT 分析，即态势分析，就是将与研究对象密切相关的各种主要内部优势、劣势、机会和威胁等，通过调查列举出来，并依照矩阵形式排列，然后用系统分析的思想，把各种因素相互匹配起来加以分析，从中得出一系列相应的结论，而结论通常带有一定的决策性。

运用这种方法，可以对研究对象所处的情景进行全面、系统、准确的研究，从而根

据研究结果制定相应的发展战略、计划以及对策等。如表 3-1

表 3-1　SWOT 矩阵

	优势（S）	劣势（W）
内部	1. 2. 3. …	1. 2. 3. …
	机会（O）	威胁（T）
外部	1. 2. 3. …	1. 2. 3. …

1. 构建 SWOT 矩阵

我们每个人都有自己的独特天赋和长处，也有自己的短处和弱项；我们每个人所处的环境都存在对自身发展有利的因素和不利的因素。在对自身的优势和劣势，以及周围职业环境存在的发展机会与外在威胁因素的分析的基础上，构建个人 SWOT 矩阵对做出正确的职业选择会有很大的帮助。

1）自身优势分析——与竞争对手相比自己最出色的地方。包括以下几个方面：

自身具备的竞争能力和优秀品质；

具有竞争优势的教育背景；

曾经拥有过的最宝贵的经历；

广泛的个人关系网络。

2）自身劣势分析——与竞争对手相比处于落后的方面。包括以下几个方面：

学习成绩一般或较差；

负面的人格特征，如缺乏自律、害羞、性格暴躁、不善交际等；

以往失败的经验或能力的缺陷；

缺乏目标，且对自我的认识不足。

3）机会分析——有利于职业选择和职业发展的外部积极因素。包括以下几个方面：

国家政府出台的相关政策支持；

专业领域急需人才；

职业道路选择带来的独特机会；

社会舆论的宣传和肯定；

亲朋好友的支持。

4）威胁分析——外部环境中存在潜在危险的方面。包括以下几个方面：

职业指导咨询行业尚不规范；

就业机会减少；

同专业竞争人数增加；

专业领域发展前景不乐观；

所选择的单位环境不利于自身的发展。通过步步追问，将以上分析得出的自身优势和劣势、外部机会和威胁构建成一个完整清晰的 SWOT 矩阵。

2. 制定策略

在进行内外因素分析和构造个人 SWOT 矩阵之后，接下来就是运用系统分析法将优势、劣势、机会和威胁四项因素相互匹配起来加以排列组合，制定出适合自己的策略。这些策略包括以下几种：

1）劣势和威胁组合而成的 WT 策略。劣势和威胁都是对自身发展的不利因素，将二者组合起来综合考虑，目的是使这些因素都趋于最小。比如，自身工作经验不足，在与同专业的大学毕业生竞争时处于不利地位，那就必须在以后多

参加社会实践活动，多积累经验。

2）劣势和机会组合而成的 WO 策略。将二者组合起来考虑目的是尽量将自身劣势的不利影响降到最低，将机会的作用发挥到最大水平。比如，你所在的学校在全国来说无法与那些名牌大学相比，这使得你在教育背景上处于劣势，但是学校没有名气并不代表你的能力不行，如果你专业素质和实战技能足够硬的话，面试官也会对你刮目相看。

3）优势和威胁因素组合而成的 ST 策略。将二者组合起来考虑目的是尽量发挥个人的优势，减小外界环境威胁因素对自己职业发展的负面影响。例如，全球金融危机的爆发使得就业机会锐减，但是并不是说实现就业的可能性为零，这种情况下，如果你拥有广泛的关系网络可以较为轻松地找到理想的工作。

4）优势和机会因素组合而成的 SO 策略。将二者组合起来考虑目的是尽量使这两种因素的作用最大化。比如，你比较擅长计算机编程，今后可以继续强化这一优势，增强这方面的竞争实力。

(三)生涯平衡单法

生涯平衡单是帮助决策者使用表单的形式，系统地分析每一个可能的选项，判断分别执行各选项的利弊得失，然后依据其在利弊得失上的加权计分排定各个选项的优先顺序，以执行最优先或偏好的选项。平衡单法是将重大事件的决策方向集中到四个主题上，即自我物质方面的得失，他人物质方面的得失，自我精神方面的得失，他人精神方面的得失。通过平衡单法，大学生能够系统地分析每一个选项，根据每一个选项对自身影响的大小进行加权，再根据加权后的计分排出各个选项的优先顺序，执行最优先的选项。如表 4-2。

第一步，列出可能的职业选项。大学生首先要在职业生涯决策平衡单表（见表 3）中列出有意向的 3～5 个职业选项。

第二步，判断各个职业选项的利弊得失。平衡单表中的利弊得失主要集中在四个方面，即自我物质方面的得失、他人物质方面的得失、个人精神方面的得失、他人精神方面的得失。具体考虑因素可以因个体情况不同而异。大学生要根据不同职业选项的利弊

得失,为其赋值,通常以"+5"至"-5"的十一点量表(+5,+4,+3,+2,+1,0,-1,-2,-3,-4,-5)来赋值。

第三步,各项考虑因素的加权计分。各个考虑因素对大学生的影响会因其所处环境的不同而不同,同样的考虑因素在不同情境下对大学生的重要性也是不同的。因此,在详细列出各个考虑因素之后,要进行加权计分。

第四步,计算出各个职业选项的得分。大学生要逐一计算出各个职业选项在每一考虑因素上的加权计分与累计计分,计算出各个职业选项的总分。

第五步,排定各个职业选项的顺序。大学生可以依据各职业选项在总分上的高低,排定优先次序并以此作为职业生涯决策的依据。

表 3-2　生涯决策平衡单样表

选择项目　　　　　加权分数　　考虑因素	重要性的权数 (1~5 倍)	选择一		选择二		选择三	
		+	-	+	-	+	-
个人物质方面的得失	1. 收入							
	2. 工作的难易程度							
	3. 升迁的机会							
	4. 工作环境的安全							
	5. 休闲时间							
	6. 生活变化							
	7. 对健康的影响							
	8. 就业机会							
	其他……							
他人物质方面的得失	1. 家庭经济							
	2. 家庭地位							
	3. 与家人相处的时间							
	其他……							
个人精神方面的得失	1. 生活方式的改变							
	2. 成就感							
	3. 自我实现的程度							
	4. 兴趣的满足							
	5. 挑战性							
	6. 社会声望的提高							
	其他……							

续表

选择项目 加权分数 考虑因素		重要性的权数 （1～5 倍）	选择一		选择二		选择三	
			＋	－	＋	－	＋	－
他人 精神 方面 的得失	1. 父母							
	2. 师长							
	3. 配偶							
	其他……							
加权后合计								
加权后得失差数								

【案例分析 4-2】　　　　　　　小敏的生涯决策平衡单

基本情况：小敏，女，石家庄某大学的教育技术学专业三年级学生，性格外向，开朗活泼，喜欢与人交往，口头表达能力很强，是学院学生会干部，组织能力强。还有一年就要毕业了，她考虑自己的职业有三个发展方向：中学信息技术教师、市场销售总监、考取计算机专业硕士研究生。以下是她的具体想法：

1. 中学信息技术教师

小敏认为这个职业是她的本专业，存在着最大的专业优势，工作也比较稳定，但目前社会需求量并不大。

2. 市场销售总监

小敏希望用 10 年的时间能实现这个目标，认为这个职业符合自己的性格、兴趣的需要，同时她也有利用暑期和课余时间兼职做过一些销售的经历，她认为可以利用自己的专业来帮助自己更好地辅助销售工作。

3. 考取计算机专业硕士研究生

小敏的父母都是高校的老师，他们希望小敏能够再继续深造，以后到大学任计算机专业教师。但小敏认为虽然高校教师工作稳定，收入也高，但她不喜欢计算机专业的教学工作，且考研也有一定的困难。

下面是小敏利用生涯决策平衡单作出的职业决策的结果：

表 3-3　职业决策结果

选择项目 加权分数 考虑因素		重要性的权数 （1～5 倍）	中学教师		销售总监		考研	
			＋	－	＋	－	＋	－
个人 物质 方面 的得失	1. 符合自己的理想生活方式	5		3	9			5
	2. 适合自己的处境	4	8		9		7	
	3. 有较高的社会地位	3	5			3	9	
	4. 工作比较稳定	5	9			9	9	
	……							

续表

选择项目 加权分数 考虑因素		重要性的权数 （1～5倍）	中学教师		销售总监		考研	
			＋	－	＋	－	＋	－
他人 物质 方面 的得失	1. 优厚的经济报酬	4	5		8		9	
	2. 足够的社会资源	5	8		7		9	
	……							
个人 精神 方面 的得失	1. 适合自己的能力	4	8		9		7	
	2. 适合自己的兴趣	5	5		9			8
	3. 适合自己的价值观	5	6		8		5	
	4. 适合自己的个性	4	7		9		6	
	5. 未来发展空间	5		3	8		9	
	6. 就业机会	4	3		8		9	
	……							
他人 精神 方面 的得失	1. 符合家人的期望	2	6		5		9	
	2. 与家人相处的时间	3	7		4		9	
	……							
加权后合计			312	30	399	54	384	65
加权后得失差数			282		345		319	

小敏通过生涯决策平衡单的决策之后，她的决策方案的得分分别是：市场销售总监＞教研（高校计算机专业教师）＞中学信息技术教师，综合平衡之后，市场销售总监较为符合小敏的职业生涯目标。在进行职业选择时，小敏最为看重的职业是：是否符合自己的兴趣、职业价值观、职业是否有发展空间、是否是自己的理想生活的需要等几个方面。

第四章

职业目标确立与计划实施

能力目标

能够运用所学知识确立职业目标。

能够运用所学知识制订计划并实施。

知识目标

了解职业目标的作用。

了解确立职业目标的原则。

理解和掌握职业目标确立的方法。

职业目标是指个人在选定的职业领域内未来时点上所要达到的具体目标。职业目标的确立包括人生目标、长期目标、中期目标与短期目标的确立，它们分别与人生规划、长期规划、中期规划和短期规划相对应。一般，我们首先要根据个人的专业、性格、气质和价值观以及社会的发展趋势确立自己的人生目标和长期目标，然后再把人生目标和长期目标进行分化，根据个人的经历和所处的组织环境制定相应的中期目标和短期目标。

第一节　职业目标的确定与管理

【项目导入】

通过自我认知和职业认知的剖析，你认为自己最适合从事什么类型的职业？

综合各方面条件，你目前确立的职业目标是_____。

一、目标确定的基本步骤

科学合理的职业生涯规划，要充分考虑到个人的特性，结合组织发展和社会需要，对影响职业生涯的各种主客观因素进行分析、总结，确定一个人生发展目标，选择实现这一目标的职业、寻找相应的工作、制订受教育和培训等行动计划，并根据目标对每一步骤的时间、顺序和方向做出合理的安排。

通常来说，生涯发展目标的确定要经历以下步骤：

在正确评价自我和客观环境的基础上选择职业，决定职业发展路径。

确定职业目标，并把该目标具体的书写下来。

二、目标设定的原则

正确的职业规划要充分考虑到个人的特征和企业的发展需要，使个人发展与企业发展结合起来。在选择实现你的职业目标时，实践和培训等行动计划，对每一步骤的时间顺序和方向进行合理的安排，并遵循目标的 SMART 原则（SMART 是五个英文词第一字母的汇总）。

表 4-1　目标设定的原则表

原则	内容解释
具体的（Specific）	目标定得具体些，问题或事情的实质到底是什么
可衡量的（Measurable）	考虑一下你正在使用的方法
可实现的（Attainable）	要求在可实现的范围内具有挑战
实际的（Realistic）	目标要有一定的意义，相关且有价值
有时间限制的（Timed）	决定一个合理的时间段

（一）S(Specific)具体的

就是要有用具体的语言，清楚地说明要达成的行为标准。明确的目标几乎是所有成功人士的一致特点。很多人不成功的重要原因之一是目标设定得模棱两可。目标——找一个管理方面的工作。这种对目标的描述很不明确，管理，什么管理，是工商管理还是公共管理，前者主要的雇主是企业，后者则是国家机关。工商管理又分很多种，例如，销售管理、市场管理、财务管理、物流管理、人力资源管理、生产管理、信息管理等。人力资源管理又分为招聘管理、绩效管理、薪酬管理、员工管理、企业文化管理等。如果自己是学人力资源管理的（或文科类的专业），希望进入外企工作，并且对人力资源管理比较有兴趣，招聘专员就是一个非常明确的目标。

（二）M(Measurable)可衡量的

就是指目标应该是明确的，而不是模糊的，应该有一组明确的数据，作为衡量是否达到目标的依据。目标——提高自己的写作能力。是没有办法去衡量，是模糊的。怎样才算提高自己的写作能力，而坚持每天看书和每周写三篇博客文章，本学期公开发表三篇文章，这样目标变得可以衡量。如果设定的目标没有办法衡量，就无法判断这个目标是否能实现。

(三)A(Attainable)可实现的

请看阿杰的经历：

18岁，高中毕业典礼上，发誓要当李嘉诚第二、中国首富！

20岁，同学聚会上，想创立自己的公司，30岁时拥有资产2000万元。

23岁，在某工厂当技术员，第二职业是炒股。"在这里工作太没前途了。我将全力炒股，三年内用5万元炒到300万元。"

25岁，炒股失意情场得意，开始准备结婚。希望一年后能有10万元，风风光光地结婚。

26岁，不太风光的婚礼上。阿杰的理想是生一个胖小子，将来当车间主任，别的不多想。

28岁，工厂效益下滑，希望下岗名单里千万不要有自己的名字。

阿杰18岁的目标是当中国首富，十年后的目标是不要下岗，差距怎么这么大，因很简单，确定目标时不顾自身条件，订了一些很难实现或根本就不可能实现的目标。目前有些大学生好高骛远，毕业后设定了一个月收入4000元的职位，但他低估了达到目标所需要的条件，这些条件包括基本素质、知识、能力、经验、外语水平等，毕业时，才发现没有人愿意每月花4000元雇他。设定目标时，要根据自身的实际情况来设定，通过不懈努力是可以实现的，要避免设立过高或过低的目标。

(四)R(Realistic)实际的

指在现实的条件下是否可行、可操作。

一位大三的大学生开了一个餐厅，目标——将早餐的销售额在上月的基础上提升15%，即提高200元营业额，需要投入1000元，实际盈利负50元。这就是一个不太实际的目标，因为要投入金钱、时间和精力，最后还没有收回所投入的资本。所以设定目标一定要考虑实际可操作性，根据自己实际条件和掌握的资源来订立目标，不要好高骛远。

(五)T(Timed)有时间限制的

指设定目标必须有时间的限制。例如，阿明将在2011年6月30日之前完成某事，"6月30日"就是一个确定的时间限制。没有时间限制，很可能让目标无法实现。现在有些学生做事情没有时间观念，上课经常迟到，不按照时间要求交作业，晚上打游戏，而且形成了习惯。总觉得自己也很忙，却没有压力和做事的紧迫感，今天的事情推明天，明天的事情推后天，结果一事无成。所以订立目标一定要有时间限制，一定要形成良好的学习、生活习惯，做到日事日毕。

【思考和评价】

你在设定目标的过程中，最容易出现的问题有：

第二节　职业目标分解与组合

【项目导入】

为实现既定的职业目标，你会把职业目标分解为 _____

将职业目标组合为 _____

一、职业目标分解的方法

大学生的职业生涯必将跨越人的青年、中年和中老年几个时期。人在各时期的体能、精力、技能、经验、为人处世的方式与态度势必都会有所变化。与此同时，社会政治、经济环境也在不断发展变化。因此，任何人实现自己远大宏伟的目标都不可能一气呵成。只有把总目标分解成若干个易于达到的阶段性目标，才会使目标的实现具有可操作性。

职业目标分解是根据观念、知识、能力差距，将职业生涯长期的远大目标分解为有时间规定的目标，分为终极目标、远期目标、长期目标、短期目标和近期目标，直至将目标分解为某确定日期可以采取的具体步骤。

职业目标分解可以采用按时间分解和按性质分解这两种途径来划分。

(一)按时间分解

可分解为人生目标、长期目标、中期目标、短期目标。

长期目标可以十几年为期限，中期目标可以几年为期限，短期目标则为一两年，而近期目标则短至几个月。对于短期和近期的目标，应详细规定实现的时间和明确实现的方法。职业生涯各个目标时间段没有一个具体的限制，可因人而异。但各时期目标都有其自身的特点。

近期目标的特征：是由一个一个小目标组成；能明确准确的完成时间。

短期目标的特征：是切合实际；可操作性；有一个个近期目标为基础，对实现目标有把握；适应环境需要。

中期目标的特征：结合自己的志愿、环境和要求制定目标；基本符合自己的价值观，充满信心，且愿意公之于众；目标切合实际并有所创新；能用明确的语言定量说明；比较明确的时间，且可做适当的调整；对目标的实现可能性做过评估；可以利用环境；有全局眼光；与长期目标一致；改变有可能改变的事情。

长期目标的特征：目标是自己认真选择的，和社会发展需求相结合；非常符合自己的价值观，为自己的选择感到骄傲；有实现的可能，并有挑战性；能用明确语言定性说明；在一定时间范围内实现即可；对实现充满渴望；立志改造环境；长期眼光；目标始终如一，长期坚持不懈；创造美好未来。

(二)按性质分解

可分解为外职业生涯目标、内职业生涯目标。

外职业生涯目标包括工作内容目标、职务目标、工作环境目标、经济目标、工作地点目标等；内职业生涯目标则侧重于在职业生涯过程中的知识和经验的积累、观念和能力的提高以及内心的感受，主要包括：观念目标、工作能力目标、工作成果目标、提高心理素质目标、掌握新知识目标、处理与其他人生目标活动关系的目标等。

通常，外职业生涯的这些因素多数是别人给予的。尤其是在职业生涯初期，别人给你的这些外在因素是很容易再把它们拿回去，把它们夺走的。如果我们只是去追求那些外职业生涯的内容，自己就经常陷于痛苦之中，总是会怀疑上级对自己不公，甚至会担心下岗名单里有自己。内职业生涯的内容即知识、经验、能力、观念、心理素质、内心感受等，这些因素不是靠别人赐予的，而是通过努力自己获得、自己掌握的，而且一旦获得后别人是不能从你的头脑中拿掉。因此，内职业生涯的各个因素就是自己的无价之宝。

二、职业目标组合的方法

目标组合是处理不同相互关系的有效措施。如果只看到目标之间的排斥性，就只能在不同目标之间做出排他性选择，而如果能看到目标之间的因果关系与互补性，就能够积极地进行不同目标的组合。目标组合有 3 种方法：时间组合、功能组合和全方位组合。

（一）时间组合

职业目标在时间上的组合可以分为并进和连续两种情况。

1. 并进

职业目标的并进，是指同时着手实现两个平行的工作目标，或者建立和实现与目前工作内容不相关的职业目标。有时候，外部环境给予我们的机会很多，这让我们面临着多个选择，只要处理得好，又有足够的精力和能力来应对，在一定的范围内，是可以做到"鱼"与"熊掌"兼得的。这里所说的"同时着手实现两个平行的工作目标"，指的是在同一期间内进行的不同性质的工作。如上级管理层兼任技术业务项目责任人；或中、高级管理层的"双肩挑"的情况，就可以称作目标的并进。

2. 连续

连续是用时间坐标为节点，将多个目标前后连接起来，实现一个目标再进行下一个。一般来说，较短期目标是实现较长期目标的支持条件。目标的期限性也是相对的：随着时间的推移，长期目标成为中期目标，中期目标成为短期目标，短期目标成为近期目标。只有完成好每一个近期目标和短期目标，最终目标才有可能实现。

（二）功能组合

很多职业目标在功能上存在因果关系或互补作用。

1. 因果关系

有些目标之间存在着明显的因果关系。例如，工作能力目标与职务目标和收入目标，前者是因，后者为果。通常情况下，内职业生涯目标是原因，外职业生涯目标是结果。一般因果排序为：观念更新目标掌握新知识目标提高工作能力目标职务晋升目标经济收入提高目标。例如，经济目标设定在 5 年以后年薪达到 70 万元。要想使这一目标变成现实，有两种可能一种是业绩非常优秀，一种是职务有很大的提高，就是使职务提升，或者使业绩提高。要想职务提升或者业绩提高，必要条件是能力提升。要想得到能力提升这个结果，必须更新知识，树立新的观念，然后去实践。如果你的知识、观念更新了，实践能力提高了，职务提升了，业绩突出了，那么你得到更多的报酬则是顺理成章的事。

2. 互补关系

职业目标的互补关系是显而易见的。例如，高校教师往往同时肩负教学和科研两项任务。教学为进行科研提供了理论基础和方法指导，科研实践又促进了教学内容的丰富更新和质量的提高。

(三)全方位组合

全方位组合不仅是指职业的范畴，它涵盖了人生全部活动。全方位组合指职业生涯、家庭和个人事务的均衡发展、相互促进。事业不是生活的全部，任何一个人都不能离开家庭和休闲娱乐，完美的职业生涯规划不应把生活中的其他内容排斥在外。全方位组合可以超越狭隘的职业生涯范畴，将全部人生活动联系协调起来。

第三节　职业发展路径的选择

一、职业生涯路线选择

职业生涯目标围绕人生目标而确定，在职业生涯规划中，职业目标是基础的、首要的内容。而确立职业生涯目标的有效做法是先确定职业生涯路线。所谓职业生涯路线，也称职业发展路线，是指一个人选定职业后从什么方向上实现自己的职业目标，是向专业技术方向发展，还是向行政管理方向发展？职业生涯路线，包括由低阶至高阶逐步上升的一个个职业阶梯。每个人的自身素质条件不同，适合的职业生涯路线也就不同。就像外出旅行，有的人喜欢乘坐火车、有的人喜欢乘坐飞机。就职业发展上来讲，有的人适合搞研究、钻研技术，能够在专业领域求得突破；有的人喜欢做管理，能够成为优秀的管理人才。一般地讲，有三种职业生涯发展路线可供我们选择，即：专业技术型路线，行政管理型路线和自我创业型路线。

在生涯路线抉择中，要反复考虑以下三个方面问题：

1. 我希望向哪一路线发展，主要考虑自己的价值、理想、成就动机，确定自己的目标取向。

2. 我适合向哪一路线发展，主要考虑自己的性格、特长、经历、学历等主观条件，确定自己的能力取向。

3. 我能够向哪一路线发展，主要考虑自身所处的社会环境、政治经济环境、组织环

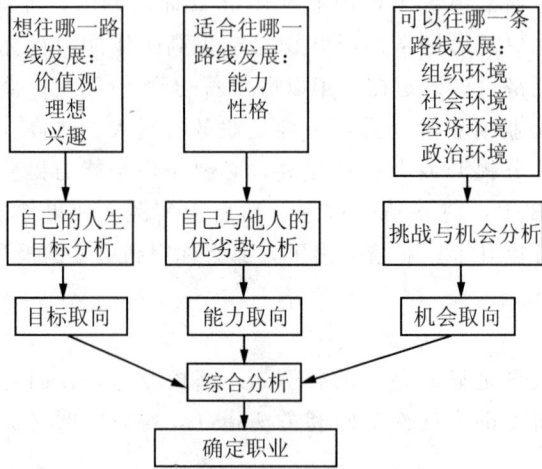

图 4-1 确定职业生涯路线图

境等，确定自己的机会取向。

职业生涯路线选择的重点是对生涯选择要素进行系统分析，在对上述三方面的要素综合分析的基础上确定自己的生涯路线。

二、职业生涯策略 V 形图

典型的职业生涯策略路线图是一个 V 形图。V 的最低点即开始工作的年龄和起点，V 的两边代表两个不同的职业发展路线和阶段性的目标。

如图 4-2 是一个人 24 岁大学生毕业前拟定的职业生涯策略 V 形图。V 型图的起点是 24 岁。以起点向上发展，V 型图的左侧是行政管理路线，右侧是专业技术路线。按照年龄或时间将路线划分为若干部分，并将专业技术等级或行政职务等级分别标在路线图上，作为自己的职业生涯目标。

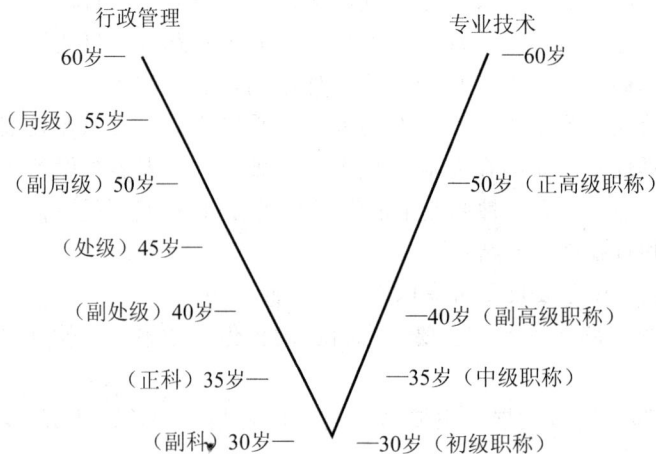

图 4-2 职业生涯 V 形图

第四节　实施计划的制订

无论你有多么宏伟的目标，一定要逐个分解为可实现的一个个小目标、短期目标、中期目标和长期目标，然后有步骤地去实现它们。制订职业规划的具体实施计划，应与职业规划目标一致，如职业目标有大学三年的去向目标，又有在去向目标下制定的学习目标、能力目标和社会实践目标等，在此基础上又分时段制订年度、学期、月、周、日的阶段性目标。根据这些目标，分别再制订出五年、三年、二年、一年计划以及学期、月、周、日的计划。计划定好后，开始实施自己的日、周、月计划，直至实现自己的一年、二年、三年、五年的目标。

一、大学三年的实施计划

大学三年的整体规划是根据你的职业目标制定的行动方案，它可以学年为单位来制订行动计划。比如我的毕业去向是留学，那我在学业上，第一年先完成大学四级英语考试，第二年开始，就要准备 TOEFL 或雅思考试，第三年完成考试、联系相关学校等。

为了联系一个好学校，从第一学年开始，努力学习以确保每门功课成绩都在优或良，还要尽可能地参加社会实践活动，并阅读大量有关国外人文知识的书籍，了解国外的风土人情，积极锻炼和培养自己的交际和沟通能力。如表 4-2。

表 4-2　大学三年计划

实施时间		学业方面		社会实践方面		能力方面	
		目标	方案	目标	方案	目标	方案
第一学年	上学期						
	下学期						
第二学年	上学期						
	下学期						
第三学年	上学期						
	下学期						

二、年度(或学期)实施计划

年度(或学期)计划是为了完成年度计划而制定的实施方案。比如我第一年要考过英语四级，我每月必须要完成多少单词，后三个月学习语法，再用三个月锻炼阅读能力和听、说能力，最后三个月做模拟考试和考试技巧的培训等。

表 4-3　年度实施计划

实施时间	学业方面		社会实践方面		能力方面	
	目标	方案	目标	方案	目标	方案
1 月						
2 月						
3 月						
4 月						
5 月						
6 月						
7 月						
8 月						
9 月						
10 月						
11 月						
12 月						

三、月度实施计划

月度计划为了完成月度计划而制定的实施方案。如计划本月完成 3000 个单词的学习，第一周和第二周每周就要安排 1000 个单词的学习，第三周和第四周每周安排 500 个单词的等。这些计划都包括要做的工作、应完成的任务、质和量方面的要求等。

表 4-4　月度实施计划

实施时间	学业方面		社会实践方面		能力方面	
	目标	方案	目标	方案	目标	方案
第 1 周						
第 2 周						
第 3 周						
第 4 周						

四、周实施计划

周计划是为了完成周计划而制定的实施方案。比如一周要完成 500 个单词的学习，那我每天至少要完成 70～100 个单词的背诵。

表 4-5　周实施计划

实施时间	学业方面		社会实践方面		能力方面	
	目标	方案	目标	方案	目标	方案
星期一						
星期二						
星期三						
星期四						
星期五						

五、日实施计划

日计划是计划中最细小的单位，它围绕每天的目标来制定，一般计划到每小时的工作安排，非常具体。比如，我每天安排早上 6:00—7:00 一个小时、晚上 9:00—10:00 两个小时学习英语等。每天晚上进行当日总结和考虑明天的计划。

表 4-6　日实施计划

实施时间	学业方面		社会实践方面		能力方面	
	目标	方案	目标	方案	目标	方案
6:00—7:00						
7:00—8:00						
8:00—12:00						
12:00—14:00						
14:00—17:00						
17:00—18:00						
18:00—19:00						
19:00—21:00						
21:00—22:00						
22:00—6:00						

总之，大学期间有了科学合理的职业生涯规划和与之配套的实施方案，才能使自己的职业规划目标得以实现。

【案例】

机电系某学生

职业发展目标：CNC 操作员—数控编程员—模具设计师—工程部主管

近期计划（大二第二学期）

目标：1. 熟悉 CNC 操作；

2. 完成学习任务，有目的进行实践锻炼；

3. 期末考出好成绩，取得班级第一名；

4. 获得学业奖学金一等奖；

5. 获三好学生或优秀学生干部。

计划实施：

第8周　五一假期进模具厂学习 CNC 操作。

第9周　五一假期回校，使自己尽快投入到学习中，每天背5个英语短句。

第10周　每晚除了上公共选修课时间，继续参加 UG 软件应用兴趣小组，提高自己对软件的驾驭能力，坚持到底。

第11周　继续学习专业课程，对近一个月的学习工作情况进行小结。

第12周　找期末专业课程设计题材(模具设计)。

第13周　复习巩固上学期所学《公差与配合》课程。

第14周　复习上学期所学《机械基础》课程。开始着手进行期末模具课程成设计。

第15周　本学期的课程结束周，准备考场科目的考试(液压与气动、就业指导等)。

第16周　进行一周的模具课程设计，由于已经提前着手做，所以要提前完成，利用多出的时间与专业老师进行探讨并准备接下来两周的 CAD/CAM 的课程设计。

第17周　模具 CAD/CAM 的课程设计。按照自己对 UG 软件掌握的程度，在一周内应该可以完成任务。

第18周　若前一周已经完模具 CAD/CAM 的课程设计，则帮助未完成任务的同学完成任务，并开始着手进行期末总复习，为期末测试做准备。

第19周　复习周，对所学课程全面复习。

注：无特殊情况，则每周六日按时到模具厂学习 CNC 操作

暑期计划实施：

1. 学习李阳疯狂英语《脱口而出》第一册和第二册。

2. 每天学习模具专业英语单词10个。

3. 将10年参加广东省大学生 CAD/CAM 软件应用大赛的集训题复习一遍，为参加今年10月的广东省大学生 CAD/CAM 软件应用大赛做准备。

4. 继续到模具厂学习 CNC 的操作，利用暑假时间学习操作 CNC，达到可以自己熟练单独进行实际生产加工。

5. 预习下期开课的数控编程。

职业目标：技术扎实的 CNC 操作员

1. 岗位说明：CNC 操作。工作要细心，对 CNC 程式有一定的认识了解。

2. 工作内容：能独立操作三菱、法兰克、西门子等系统的数控机床，会用 UG 软件进行二维图形编程。在实际加工生产中，能解决工作中所遇到的困难。

3. 任职资格：学历没有严格要求。

4. 工作条件/环境：熟悉模具结构，熟悉模具制作各道工序，能熟练运用最少一种的编程软件，例如：UG、powermill、MasterCAM 等。工作后尽快适应工作及工作环境。

5. 就业和发展前景：编程、设计、绘图等技术类工作。

6. 自身已具备素质：掌握 UG 软件编程，可以使用 CAXA 进行编程，在广东省 CAD/CAM 软件应用大赛中获二等奖，学历及专业符合要求。

7. 自身差距：掌握的专业应用软件较少，没有在生产中进行实操，缺少实践。

技术方面：

1. 虚心向师傅和同行学习，不懂就问；

2. 以最短的时间充实 CNC 操作方面的知识。

人际方面：

1. 与团队成员之间：与同事多沟通交流，遇事求同存异；

2. 与管理者之间：服从管理，遵守企业各项规章制度。

软件方面：

1. 巩固已经学过的 CAD、UG、CAXA 软件的使用；

2. 学习相关的应用软件。

硬件方面：

1. 充分了解 CNC 数控机床的各项性能，熟练操作机床；

2. 若数控机床是西门子等未接触过的系统，则利用一切可以利用的时间尽快熟悉和掌握它。

踏实认真地工作，帮助同事完成工作：

1. 不要求薪酬的高低，重在汲取经验，提升自我；

2. 严格要求自己，潜心做好本职工作，精益求精；

3. 充分发挥自己的才能，为企业创造尽可能多的价值；

4. 在完成本职工作的基础上，尽其所能帮助那些有需要的同事。

报名参加成人自学考试，利用工作外空余时间学习（企业管理）3 年内要取得本科毕业证。

【温馨提示】

还有同学希望三年之后通过"专插本"的方式升到某所大学继续读本科，那你应该问自己下列几个问题：

(1)我需要哪些特别的培训和学习才能使自己通过考试达到"专插本"的录取标准？

(2)为使自己发展路上顺畅坦荡，需要排除的内部和外部障碍有哪些？

(3)我目前的老师在这方面能给我帮助吗？我周围的人在这方面能给我帮助吗？

(4)目前就读这个专业有"专插本"的招生指标吗？录取比例高不高？换别的专业是否更有利？

六、计划实施的注意事项

在计划实施之前，要全面考虑影响你计划实施的因素，实施时应注意以下事项。

(一)保证经常回顾构想和行动规划，必要时做出变动。有些人有计划，但总是不将计划放在心上，只要有事做，就不知道自己努力的方向在哪里，缺乏时间观念，结果贻误职业生涯发展机会。如果自己的理想蓝图发生变化，职业生涯构想和行动规划也要做出相应地变动，从而目标和策略也应随之改变。计划毕竟是计划，往往需要和现实结合起来，实施动态管理，否则缺乏灵活性，也会导致计划落空。

（二）把学习构想和任务方案存入电脑或贴在床头等可经常看见的地方。为了避免自己忘记重要的学习目标和时间表，最好将这些内容放在自己经常能看得见的地方，如写在日历上，时刻提醒自己。

（三）当做出一个学习和生活极其重要的决定时，请考虑一下职业生涯构想和行动规划，并确保正在仔细考虑的决策与自己的本意相符。有的情况下，可能有一些重要的诱因，能获得短期内的收获，但从长期考虑有损失。比如，很多大学生在对待毕业后是升本还是就业的问题上犹豫不决，这时就应拿出自己的规划表好好看一下，明确自己的本意和设想，这样可避免出现随大流的盲目行为。

（四）与亲朋好友讨论自己的职业生涯构想和行动方案，并询问实现该构想的途径。向亲朋公开自己的职业生涯规划，往往能督促自己行动。如果计划只是自己知道，往往在遇到困难时容易退步，而且心理上没有压力。反之，如果事先将自己的设想告诉家人和朋友，先征求别人的意见和建议，再采取行动，一方面可以集中集体的智慧帮助自己设计最优的策略和方案；另一方面，可对自己进行约束，增加责任心及激励力量。

（五）保证至少每三个月检查一次自己的学习进度。过程监督十分重要，监督可以发现职业生涯规划中存在的问题，可以考察计划的落实情况，可以有针对性地提出解决方案。如果感到生活过于忙乱，那就意味着目标定低了，需要进行调整，适时适当地调高目标。这样，可以使自己目标难度更合理，使成就水平更高。如果感到自己的生活节奏很慢，效率很低，没有实现原职业生涯规划的目标，首先要考虑自己的动机水平是否足够。

（六）要有毅力。在大学里，可能朋友交际会比较多些，有时很多人都在娱乐，自己也有兴趣参加，如果没有职业生涯规划观念和自觉性，通常会使计划流产，一旦起初的职业生涯落空，以后也容易放弃，这是同学们一定要注意的地方。

思考和评价

我的目标是＿＿＿＿＿＿＿＿＿＿＿＿＿＿＿＿＿＿＿＿＿＿＿为什么
这个目标对我而言是最可能的＿＿＿＿＿＿＿＿＿＿＿＿＿＿＿＿＿＿我将
如何达成这一目标＿＿＿＿＿＿＿＿＿＿＿＿＿＿＿＿＿＿＿＿＿＿＿＿＿
具体措施＿＿＿＿＿＿＿＿＿＿＿＿＿＿＿＿＿＿＿＿＿＿＿＿＿＿＿＿＿；
我将分别在＿＿＿＿＿＿＿＿＿＿＿＿＿＿＿＿＿时间制订上述每一项计划；
有人将会帮助我共同进行此项计划。对我而言还有＿＿＿＿＿＿＿＿＿＿＿＿
解决不了的问题＿＿＿＿＿＿＿＿＿＿＿＿＿＿＿＿＿＿＿＿＿＿＿＿＿＿。
制订本学期计划
1. 学习计划：＿＿＿＿＿＿＿＿＿＿＿＿＿＿＿＿＿＿＿＿＿＿＿＿＿＿
＿＿＿＿＿＿＿＿＿＿＿＿＿＿＿＿＿＿＿＿＿＿＿＿＿＿＿＿＿＿＿＿＿＿
＿＿＿＿＿＿＿＿＿＿＿＿＿＿＿＿＿＿＿＿＿＿＿＿＿＿＿＿＿＿＿＿＿＿
＿＿＿＿＿＿＿＿＿＿＿＿＿＿＿＿＿＿＿＿＿＿＿＿＿＿＿＿＿＿＿＿＿＿

实施方案：＿＿＿＿＿＿＿＿＿＿＿＿＿＿＿＿＿＿＿＿＿＿＿＿＿＿＿＿＿

2. 社会实践计划：＿＿＿＿＿＿＿＿＿＿＿＿＿＿＿＿＿＿＿＿＿＿＿

＿＿＿＿＿＿＿＿＿＿＿＿＿＿＿＿＿＿＿＿＿＿＿＿＿＿＿＿＿＿＿＿＿

＿＿＿＿＿＿＿＿＿＿＿＿＿＿＿＿＿＿＿＿＿＿＿＿＿＿＿＿＿＿＿＿＿

＿＿＿＿＿＿＿＿＿＿＿＿＿＿＿＿＿＿＿＿＿＿＿＿＿＿＿＿＿＿＿＿＿

实施方案：＿＿＿＿＿＿＿＿＿＿＿＿＿＿＿＿＿＿＿＿＿＿＿＿＿＿＿＿＿

3. 能力计划：＿＿＿＿＿＿＿＿＿＿＿＿＿＿＿＿＿＿＿＿＿＿＿＿＿＿

＿＿＿＿＿＿＿＿＿＿＿＿＿＿＿＿＿＿＿＿＿＿＿＿＿＿＿＿＿＿＿＿＿

＿＿＿＿＿＿＿＿＿＿＿＿＿＿＿＿＿＿＿＿＿＿＿＿＿＿＿＿＿＿＿＿＿

＿＿＿＿＿＿＿＿＿＿＿＿＿＿＿＿＿＿＿＿＿＿＿＿＿＿＿＿＿＿＿＿＿

实施方案：＿＿＿＿＿＿＿＿＿＿＿＿＿＿＿＿＿＿＿＿＿＿＿＿＿＿＿＿＿

设计一个你期待已久的旅游实施计划

你的旅游计划是＿＿＿＿＿＿＿＿＿＿＿＿＿＿＿＿＿＿＿＿＿＿＿＿＿

计划步骤

第一＿＿＿＿＿＿＿＿＿＿＿＿＿＿＿＿＿＿＿＿＿＿＿＿＿＿＿＿＿＿

第二＿＿＿＿＿＿＿＿＿＿＿＿＿＿＿＿＿＿＿＿＿＿＿＿＿＿＿＿＿＿

第三＿＿＿＿＿＿＿＿＿＿＿＿＿＿＿＿＿＿＿＿＿＿＿＿＿＿＿＿＿＿

第四＿＿＿＿＿＿＿＿＿＿＿＿＿＿＿＿＿＿＿＿＿＿＿＿＿＿＿＿＿＿

第五＿＿＿＿＿＿＿＿＿＿＿＿＿＿＿＿＿＿＿＿＿＿＿＿＿＿＿＿＿＿

第六＿＿＿＿＿＿＿＿＿＿＿＿＿＿＿＿＿＿＿＿＿＿＿＿＿＿＿＿＿＿

备选方案是＿＿＿＿＿＿＿＿＿＿＿＿＿＿＿＿＿＿＿＿＿＿＿＿＿＿＿＿

旅游计划的落实＿＿＿＿＿＿＿＿＿＿＿＿＿＿＿＿＿＿＿＿＿＿＿＿＿＿

你的职业生涯规划与这个计划不同之处是＿＿＿＿＿＿＿＿＿＿＿＿＿＿

第五章

反馈与修正

能力目标

能够对职业生涯规划进行正确的反馈。

能够正确评估职业生涯规划。

能够科学的修正职业生涯规划。

知识目标

了解职业生涯规划反馈与修正的内涵与意义。

掌握职业生涯规划反馈与修正的方法。

了解职业生涯规划反馈与修正的注意问题。

【案例分析】

跳槽跳槽，越跳越糟

现任广州某大型连锁超市网络技术主管的小曹，手下带着十多个网络技术人员，做事能干，为人上进，深得上司赏识。可就在去年春节之前的相当长一段时间，他还在为找一份合适的工作发愁呢！

小曹毕业于广州城建职业学院计算机专业，大学三年期间打下了很好的软、硬件技术基础。毕业后，小曹在一家提供计算机系统维护服务的公司找到了工作。工作期间，小曹觉得自己在公司里面混得不那么得心应手，尤其令小曹窝火的是，老板总是爱对自己开空头支票。一次老板又一次爽约后，一气之下，小曹辞掉了这第一份工作。

辞职后小曹广递简历，立即投入到新工作的寻觅中。不久，他在一家外资网络技术公司的一个下属办事办事处知道到了工作，还是负责客户单位计算机软、硬件系统的维护。办事处规模小，办公室也就三四个人，工作环境轻松多了，公司的各项规章、制度也比较正规。一开始，小曹对新工作感到很满意。可是，工作了一年多以后，小曹又开始对他的工作状态感到焦虑和不安起来。由于公司一直以办事处的形式存在，客户较少，平时接触的技术问题也比较有限，小曹在技术上几乎没有什么进步。眼看着自己在公司的技术提升和晋升空间都达到了一个短时间之内不可能得到突破的瓶颈，再待下去除了混口饭吃意外纯属浪费时间，思前想后，经过再三考虑，小曹决定：必须得跳！换份更有前途的工作。

汲取前一次跳槽的经验教训，这一次小曹对以后的职业发展作了一番思考，进一步完善了简历。经过酝酿和准备之后，小曹辞去了他的第二份工作。原本踌躇满志、志在必得，可令小曹没有想到的是，尽管自己跳槽事先已经做好了准备，但这次跳槽似乎更加难困难。辞职近三个月，新工作竟一无所获。精神上的压力及生活所迫，小曹放弃了之前对新工作的一些思考，找了份计算机相关产品销售的工作，甚至与自己曾经掌握的知识都十分不对口，和以往的工作经历也缺乏一个较好的延续性。自然，小曹对自己的新工作是不满意的。

如此苦闷了几个月，转眼间到了春节，眼看别人开心地迎接新春，而自己却苦闷不堪，小曹终于在春节期间向职业生涯规划咨询老师提出了寻求帮助的请求。

问题与讨论：

你认为小曹应该如何修正其未来的生涯发展道路？如何走出现在困境？

第一节　反馈与修正概述

【项目导入】

1. 我在高考填报志愿时的职业目标：_____为什么？_____；
2. 我在大学第一年的职业目标：_____为什么？_____；
3. 我在大学第二年的职业目标：_____为什么？_____；
4. 我在大学第三年的职业目标：_____为什么？_____。

一、反馈与修正的内涵

在人生的发展历程中，由于社会环境的巨大变化和一些不确定因素的存在，会使我们的实际和原来制定的职业生涯目标与规划有所偏差，这时需要对职业生涯目标与规划进行评估和作出适当的调整，以更好地符合自身发展个社会发展的需要。职业生涯规划的评估与反馈过程是个人对自己不断认识的过程，也是对社会不断认识的过程，是使职业生涯规划实施更加有效的有力手段。因此，职业生涯的反馈与修正就是在生涯规划实施的过程中根据实际情况，通过职场信息反馈，相继调查、修正生涯目标，反省策略方案的可行度、契合度和成功率，使之适应职场现状要求，并为下一阶段生涯规划的实施提供参考与依据的过程。职业的重新选择、目标实现的时限调整、职业路线的设定以及目标本身的修正，都属于反馈与修正的范畴。

二、反馈与修正的意义

在制定职业生涯规划时，由于对自身及外界环境都不十分了解，最初确定的职业生涯目标往往都是比较模糊或抽象的，有时甚至是错误的。经过一段时间的工作以后，有意识的回顾自己的言行得失，可以检验自己的职业定位于职业方向是否合适，从而为自己找到合适的发展方向。目前我们常听到"先就业，再择业"的说法。许多年轻人由于不了解自己也抱着这种想法，随便找了个单位就工作了。工作一段时间之后才发现自己并不喜欢也不胜任这项工作。这是因为，抱着"先就业，再择业"思想的人，很可能导致盲目地为了找到一份工作而找工作，缺乏理性的选择和思考，更谈不上长远的规划，这样做的后果往往是人职不匹配，直接后果就是我们经常看到的频繁更换工作，三五年后仍然业绩平平，结果耽误了职业发展的宝贵时间。因此，对这部分人来说，生涯规划的反馈与修正就变得更加重要了。

在职业生涯规划实施和运行的时候，由于每个人的自身条件和外部环境不一样，对未来目标的设定也有区别并且不可能对未来外部情况了如指掌，对自己的一些潜在能力也可能了解不够深入，这就需要在实施过程中不断根据反馈进行规划修正，使之更符合当时的客观环境。并要充分认识与了解相关的环境，评估环境因素对自己职业生涯发展的影响，分析环境条件的特点、发展变换情况，把握环境因素的优势与限制，结合本专业、非专业的地位、形式以及发展趋势，对生涯目标与策略等进行取舍与调整。

因此，通过职业生涯规划的反馈与修正过程，可以自觉地总结经验和教训，评估职业生涯规划，修正对自我的认知。通过反馈与修正，可以纠正最终职业目标与分阶段职业目标的偏差，保证职业生涯规划的行之有效。同时，通过评估与修正还可以极大地增强自心，从而促进生涯目标的实现。

总之，反馈与修正是职业生涯规划的重要环节，也是保障职业生涯规划能否实施的关键环节，只有通过反馈与修正，才能保证目标的和理性和措施的有效性，也才能最终促使生涯的实现。

三、反馈与修正的方法

在职业生涯规划实施的过程中，通过反馈与修正评判一个人的职业生涯规划是否有效，一般可以从三个方面入手：一是PDCA循环法；二是检查落实着是否具有目地意识和问题意识，即对目标及风险的意识和管理；三是目标管理法（MBO）。

（一）PDCA循环法

PDCA循环法又叫戴明循环，它最初是全面质量管理遵循的科学程序，但目前已经被引入到许多管理活动区域。对职业生涯进行管理，同样应该遵循PDCA的循环体系，即整个过程可以划分为规划、实施、检讨与改善四个步骤。不同的是步骤间紧密相联，形成封闭的循环链条。当一个PDCA循环完成时，下一个PDCA循环又会开始，从而为职业生涯规划管理提供一个长期的、持续的支持与反馈活动。

职业生涯规划的实施与评估离不开PDCA的循环。PDCA即是计划（Plan）、实施

(Do)、检查(Check)、行动(Action)的首字母组合。

P(Plan)，计划，根据生涯目标的要求，制订科学的计划。一个人在开始一段新的职业生涯前，最重要的事情就是明白自己究竟想要什么。是否有保障生活？是否有良好的学习机会？是否后有显赫的名声？是否有新鲜的感觉？是长期经营一份事业还是积累财富准备日后创业？等等。当你明白自己真正想要的目标时，你就要为这个目标定下时间表，告诉自己一年之后应该做得这样？两年之后做得怎样？并尽可能把目标进一步划小，把时间分得更精确。这样可以让你知道接下来该干点什么，没有目标的人只能是虚度光阴，到头来一事无成。

为提高工作效率，对于某一项具体的工作任务也必须有明确的工作计划。如：总做需要做到什么程度，应尽可能用数字表示；工作所需的时间、资金、人员等。也就是成本有哪些；工作期限，即工作何时开始，何时结束，各阶段要完成什么任务；所有参与此项工作的人有哪些，主要负责人是谁，参与者如何分工等。

D(Do)，执行，实施计划。这一步对于刚刚就业的社会新鲜人来说不是问题，但却是处于事业、职业徘徊期的人最难迈出的一步。有无数的人每天会产生无数的想法要改变自己的生活状态，羡慕别人的成功，又不停地对自己说，要是我在他那个位置上也会怎样怎样。需要指出的是，只有规划，没有行动是永远达不到彼岸。不惧风险、排除风险、立即行动才能使你拥有理想中的工作和生活。

C(Check)，检查，检查计划实施的结果与目标是否一致。每个有志于掌握自己命运的人，在工作了一个阶段过后，都应该反省一下自己今天所做到的与自己的理想还有多远。如果以其他人做参照的话，也可以了解一下自己的选择和努力是否让自己满意。俗话说："不怕不识货，就怕货比货。"拿现在的自己和过去的自己、拿自己和别人、拿现状和理想作个比较，虽然这好像攀比，会有嫉妒、痛苦，也会有得意、自足，但这种"吾日三省吾身"的环节，通过不断的"自检"及时发现问题、解决问题，是走向进步不可缺少的反省过程。

A(Action)，行动，即纠正错误，调整方向，在对以往行动的结果进行检验的基础上，对方案进行修正完善后再执行，当反省之后，你会得出一些结论。结论可能让你满意，可能让你失望，但生活一直在继续，你不能总期望着志得意满。但不管怎样，你会仍然掌握在你自己的手中，你可以"百尺竿头，更进一步"也可以"柳暗花明又一村"。总之你要把你获得的经验和教训，带到下一个"PDCA"循环中去。

【案例分析】

假设你计划本周六请两位朋友到你家吃饭，约好时间是中午12:00，目标是四菜一汤。为此，你需要①8:10去早市买菜；②备好做菜的工具；③10:40开始做菜。你决定所有的工作由你自己独立操作。如果不出现意外，你的目标就会实现。假设你由于临时紧急任务周五晚上加班至凌晨3:40，所以，周六你11:10才起床。无论如何，你不可能执行原计划。从现实考虑，你可以有以下的选择：①打电话请朋友晚一点儿来；②叫外卖；③你家里有黄瓜、花生米，再出去买几瓶啤酒，来两个凉菜；④跟朋友说，对不起，下一次再献丑。如果你选择方案①，那么，你改变了目标时间范围；如果是方案②，你改变了成本的投入；如果是方案③，则改变了目标的是限度；如果是方案④则改变了目标的实现时间。在这个例子中，你周五晚上加班，就是导致你修改计划的因素。

每个人的职业生涯都是一个时间长达几十年的马拉松比赛，考验的是人的韧性和耐力。只要你有足够的坚持，不断的改进和提升，就一定能够拥有属于你自己的理想职业、幸福生活。所以说，生命不息，"PDCA"不止。PDCA循环过程可以使职业生涯管理向良性循环的方向发展，通过实施并熟练运用，一定能在工作中不断提高效率，更加有效地驾驭工作，从而使自己无懈可击、远离惰性，成就不平凡的职业生涯。

(二)目标管理法(MBO)

目标管理法是美国著名管理学大师彼得德鲁克(Peter Druker)于1954年提出的，从此成为美国和欧洲广为采用的管理方式。德鲁克认为：每一项工作都必须为达到一定的目标而展开，评价一个雇员或管理者是否称职，就要看其对目标的贡献或实现程度。在职业生涯管理中，同样需要采用目标管理法对人生目标与阶段性目标进行管理，以确保自己的行动朝着目标方向努力并实现目标。通过目标管理，可以最大限度地激发个人实现人生目标所必需的两项基本因素：①自我超越。即永远要有主动达成甚至超越目标的自我要求；②能够创造一个环境，促使自己和身边的人追求卓越并积极寻找解决问题的方法与途径。因此，生涯发展的目标管理能够启发自觉，激发个人的积极性，具有明显的激励作用。

"职业生涯发展目标管理"主要包括四个方面的内容。

(1)设定目标(Setob Jective)，目标的内容要兼顾结果与过程。根据个人当前的岗位职责和人生整体目标，设定目标方案。根据组织结构和职责分工，明确目标责任者和协调关系；配置相应的资源，支持目标的实现。编制目标记录卡片，绘制出目标图。

(2)要自己动手，制订工作计划(Business Plan)，强调自主、自制和自觉。其中最重要的就是设计阶段性目标(Mile Stone)，提出达成阶段目标的策略和方法。一个不能对终极目标进行阶段性分解、不能自己选择工作方法的人，是难以有所发展的。

(3)定期进行"进展总结(Review Progress)"。个人要定期对目标实施状况进行检查，分析现状预期与目标的差距，找出弥补差距、达成目标的具体措施。当出现意外、不可预测事件严重影响目标实现时，也可以通过一定方式修改原定的目标方案。

(4)在目标任务终止期，进行总体性的生涯发展绩效评估(Career Performance Evaluation)，如果没有达成目标，要检讨原因；如果超出预期，或者达成了当初看上去难以完成的目标，则要分析成功的原因，并与别人分享经验。分享成功经验(the Best Practice Sharing)是激励自己和帮助他人的一种有效实践。并在此基础上讨论下一阶段目标，开始新循环。如果目标没有完成，就分析原因、总结教训，切忌指责别人和丧失信心。

四、反馈与修正的内容

在职业生涯实施过程中，反馈与修正是伴随其全过程的。反馈与修正内容包括：①自我条件重新剖析，即在实践的基础上，重新认识自己、分析自己，找到自己的优势与不足；②生涯机会重新评估，即结合现实的组织环境和社会、经济环境，分析自己未来发展的空间与可能性；③职业生涯目标修正，即根据实际情况，重新思考与确定自己的人生与职业发展目标，使其更加适合自己的情况，更加有利于自己的发展；④调整生涯发展策略，即根据新的情况和目标，重新制定和调整生涯发展策略，强化自己有的优势，弥补自己的不足；⑤落实生涯规划修订，积极落实新的生涯规划方案，进入一个新的规划、实施、修正与反馈期。

1. 评估的内容

（1）职业生涯目标评估（是否需要重新选择职业？）

假如一直无法找到我们所希望的学习机会和工作，那么将根据现实情况重新选择职业生涯目标；如果一直无法适应或胜任我们设计的职业生涯目标，在学习工作中得不到应有的发展，导致我们长期压抑、不愉快，我们将考虑修正和调整职业生涯规划；如果我结婚后，职业给家庭造成极多的不便，或者家人反对所从事的职业，将考虑修正和调整职业生涯规划。

（2）职业生涯路径评估（是否需要调整发展方向？）

当出现更适合自身发展和职业生涯发展的机会或选择，而原定发展方向缺少发展前景的时候，就尝试调整发展方向。

（3）实施策略评估（是否需要改变行动策略？）

如果在其他地方可以找到一份令我和家人都十分满意的工作，就前往该地；如果家人无法在我工作的地方定居、工作，在征询父母意见后，我将考虑改变已订计划，前往它地；如果在已定区域和职业选择上实在得不到发展，我将考虑改变行动策略。

（4）其他因素评估（家庭、经济状况以及机遇、意外情况的及时评估）

如果家庭需要更多的照顾，我将把更多的精力放在家庭，甚至暂时放下工作；如果身体条件不允许，将放低对自己的职业要求；如果还有其他意外的产生，使我不得不调整职业生涯规划。

2. 评估的方法

（1）反思法

对职业生涯规划实践的回顾，职业生涯规划中计划的学习时间达到了没有？学习上有什么收获？还有哪些问题？方法上有何体会？

（2）调查法

大学生生涯规划在每一近期目标实现后，对下一步的主（客）环境、条件做些调查、分析，看看条件是否变化？哪些变好？哪些变坏？总体如何？要心中有数，然后，根据变化了的情况，恰如其分地修改下一步拟定的计划。

（3）对比法

每个人有自己追求的方法，所以在职业生涯规划时应多比、多思、多学，吸取别人科学的方法。对别人职业生涯规划的分析，往往有助于自己对职业生涯规划进行修改。

(4)求教法

自己应把职业生涯规划、追求公告于知己学友，让他们思考自己，注意自己。往往自我反思十分困难，但别人能从旁观者角度清楚地看到自己的弱点。虚心、主动、积极、经常地征求别人对自己计划的看法及修改意见，往往会受益匪浅的。

3. 评估注意的问题

评估可以参照各类短期、中期预定目标和实际结果比照而行。一般来说，任何形式的评估都可以归结为自我素质和行为对现实环境的适应性判断，分析自己现值，特别是针对变化的环境，找出偏差所在，并做出修正。

(1)抓住最重要的内容

在职业生涯的某一阶段。总有一个最重要的目标，其他目标都是指向这个核心的，我们完全可以通过优先排序，重点评估那些可能达到这个核心目标的主要策略执行的效果。

(2)分离出最新的需求

针对变化了的内外环境，要善于发掘最新的趋势和影响。对于新的变化和需求，怎样的策略才是最有效而且最有新意的。

(3)找到突破方向

有时候，在某一点上取得突破性的进展将对整个局面发生意想不到的改变。想一想，先前职业生涯规划中的策略方案。哪一条对于目标的达成应该有突破性的影响？达到了吗？为什么没达到？如何寻求新的突破？

(4)关注弱点

管理学中有个著名的木桶理论，即一只沿口不齐的木桶，其容量的大小，不取决于最长的那块木板，而取决于最短的那块木板。在反馈评估过程中，当然要肯定自己取得的成绩与长处。但更重要的是切合变化的环境，发现自己的素质与策略的"短木板"，然后想办法修正，或者把这块短木板换掉，或者接补增长，唯有如此，你的职业生涯这只桶才能有更大的容量。一般来说，你的短木板可能存在于下列方面：观念差距；知识差距；能力差距；心理素质差距。

第二节　反馈与修正过程中应注意的问题

在职业生涯发展的反馈与修正期，作为一个"职场新鲜人"可能会遇到意想不到的发展机遇，也可能会遇到难以想象的困难局面，甚至是跳槽、事业等各种状况，只有树立正确的态度，才能进行争取的反馈与修正，也才能保证生涯线路朝着正确的目标前进，在职业生涯发展的反馈与修正期，需特别注意以下几个方面的问题。

一、信心百倍，抵制诱惑

在职业生涯的反馈与修正阶段，个人既可能面临各种诱惑，也可能面临各种失败和挫折，因此，增强目标意识、坚持人生目标、学会地抵制各种诱惑、对未来充满必胜的信心是十分重要的。台湾著名企业家、台基电的董事长张忠谋，最近写了一篇文章《常想一二》，很有哲理，文中说：他有个朋友请他提几个字挂在墙上。张忠谋就跟他说，我的字写得不好，但是我可随便帮你写几个字。然后他就写了"常想一二"这四个字，他朋友不解，什么叫"常想一二"呢？张忠谋就告诉他说，你没有听过吗，我们都说人生不如意之事十有八九，我要告诉你常想剩下的那些一二比较如意的事情。张忠谋说他从小就看了很多大人物的传记，发现了一个规律，凡是成功者都是受苦受难的，然后他们的生命几乎就是人生不如意事十有八九的真实写照，但是这些人之所以能够成功，就是因为他们保持了正面的思考，通过"常想一二"，他们能够超越苦难。苦难对他们来说反而成了生命中最好的养料，为他们未来的成功做了良好的铺垫。所以这些成功者在面对职业发展中的苦难时的坚持、乐观和勇气是最重要的。人生的如意或不如意，更重要的不是取决于人生的机遇而是思想的瞬间。所以，人生的真正品质取决于你有没有"常想一二"这种乐观的思维模式。

二、培养应变能力和创新意识

职业内容的不断更新和新型职业的不断产生决定了现代职业对人的素质提出了更高的要求。新资源的开发，新技术的发明与应用，生产工具的革新，生产组织的改革和管理水平的提高，要求人们不仅要具备更高的科学技术知识和操作技能，而且要打破旧的传统观念，解放思想开阔思路，树立时间观念，效率观念和合作观念，摒弃"一次选择定终身"的传统的职业选择观，适时地调整自己与外界的关系，不断地提高自己的职业素质，以适应不断发展的职业要求。

创新能力是职场新人应重点培养的一种能力和必备的素质。开拓创新能力的实质是一种综合能力，它是各种智力因素和能力品质在新的层面上融为一体而形成的一种合力。社会的进步需要创新，市场需要能解决问题的人才。著名物理学家温伯格说过："不要安于书本上给你的答案，要去尝试发现与书本上不同的东西，这种素质可能比智力更重要，往往是最好的学生和次好的学生的分水岭。"

终生学习是应变能力的培养和创新意识的形成的保障。当今社会发展日新月异知识更新速度不断加快，职场工作者如果不再工作中注意更新知识，就难以适应社会发展的需要。因此，在工作中不断地学习，接受继续教育，吸收新知识，掌握新技术，保持和增强自身的优势，增进个人的职业适应性，是实现生涯发展目标必备的素质。

三、提高身心健康水平，培养良好的职业品格

现代社会充满了竞争，现代科技的高速发展造就了一个紧张的社会环境，这种环境给人类社会带来了巨大的心理压力。加上工作的素质，从而导致人们精力不足、体质较弱和许多心理疾病的发病率提高。一个身体孱弱、心静烦闷、情绪低落的人不可能有勃勃的兴致及充沛的经历去胜任自己的工作，适应激烈竞争的职业世界。因此，提高身心健康水平是现代社会对职业人的基本要求。

职业道德是人们从事职业活动必须遵守的基本准则和规范，直接影响着人们的工作态度、工作热情和行为方式。树立正确的职业理想、职业价值观，具有忠于职守、献身事业的乐业和敬业精神，在职业活动中，无私、正直、勤奋、诚实、守信、坚定、勇敢等优秀职业品质，是人们在工作上做出成绩的必要条件。

良好的职业品质也是处理好各种人际关系所不可缺少的。比如，一个对别人热情友好、乐于助人的人能得到同事的好感；一个具有强烈事业心的责任感的人能得到领导的赏识；一个谦虚好学、他是肯干的人能得到师长的赞扬。但很难想象，一个不讲奉献、自私自利、贪图安逸的人，能得到领导、同事的青睐。

四、学会在顺境中发展和在逆境中奋起

顺境就是在职业生涯中因个人特点与职业环境相吻合而具有良好工作情景。顺境和逆境是辩证和互逆的动态过程。也就是说，随着环境的时间等条件的变化，顺境可能转变为逆境，反之亦然。因此，要做到在逆境中振作精神、奋力拼搏并积极寻找新的突破口，在顺镜中认真分析自己仍然存在的潜在不足，并抱着积极的态度努力挖潜改造，切忌在顺境中妄自菲薄，夜郎自大。在顺境中常出现以下几个方面的问题，值得注意。

(一)目中无人，自以为是

在人生道路中，由于一切都太顺利，比如从小学一直上到大学，没有留过级，就很可能会瞧不起那些留过级、落过榜的人；因其行为从来没有受到过检验或者挑战，常把错误的东西当成正确的东西来对待，往往听不进别人善意的劝告，总以为自己的想法是正确的。

(二)喜好奉承

因为在学业、事业上一直很顺利，也就很少有人指出其身上的缺点和不足，特别是一些当了一官半职的人，总认为自己能一路升迁，是由于自己增加的能力和有众多的人拥护。因而他们喜好奉承，听不进不对自己的心思的话，这样使其最终在奉承中迷失了方向。

(三)忧患意识差

人无远虑，必有近忧，由于其生活道路一直很顺利，自己的一切来得容易，因而很难体验到身处逆境的人所体验到的那种艰难感。从而也不会做太多的"假如明天我失业了"等这样的假设，更不会为这些假设作素质上的准备。

(四)缺乏同情心

一个人如果长期生活在优越的生活环境之中，或者他所追求的一切都是那么顺利地得到了，那么就很少体验到困难、不如意是什么滋味，考大学不被录取是什么心情。正因为他们缺少这种体验，所以对别人的挫折。对别人遭受的歧视和人生打击就很难产生心灵上的共鸣。

(五)难以自律

"人往高处走，水往低处流。"这句话本来不错，对于一些在人生路上没有受过多大挫

折、经过多大打击的人，想得更多的是发更大的财、当更大的官。这些人往往会因为顺利而忘记了发财和升官应该遵循的原则。

(六)满足现状，不思进取

把一时的顺利看成一生的顺利，这样容易消磨创新的意志。在顺境中常想到逆境中的人，才能使其在顺境中成长，在逆境中不乱。

对于身处逆境中的人来说，在逆境中奋起应注意以下几个问题。

1. 要保持正常的心态

人的一生不可能一帆风顺，逆境往往对人的锻炼更大。由于人在逆境中心情一般心情不好，所以身处逆境中的人一定要注意保持正常的心态，这样才能争确地分析、处理问题。切不可造成有一种偏激或灰心的心态，这对正确决策和走出困境是十分不利的。

2. 要认真反思，寻找出路

人不可能不犯错误，可怕的是重复地去犯同样的错误，不管是谁给自己造成目前的这种不利的处境，摆脱困境却是最主要的。反思是摆脱困境需要做的第一步，要科学地审视问题，找出出现问题的原因和解决问题的方案。

❓ 思考和评价

做一份大学三年的学习、实践计划的备选方案

_____

_____

_____

_____

第六章

大学生职业生涯规划书的撰写

能力目标

能够让大学生发掘自我潜能，增强个人实力。

能够确定自己的职业目标，选择职业发展的地域范围，把握职业定位。

能够按照自己的生涯规划有条不紊、循序渐进地努力。

知识目标

帮助大学生学习、掌握职业规划的基本方法。

树立正确的成才关和就业观，促进毕业生就业工作。

新东方的徐小平老师说："人生没有设计，你离挨饿只有三天。"我们由此可进一步推出，"职业没有规划，你离失业只有三年"，可见职业生涯规划的重要意义。在当今这个人才竞争日益激烈的时代，合理的职业生涯规划开始成为人才争夺战中的另一重要的利器。有了合理的职业生涯规划，在职业道路上我们就已经成功了一半。现在，作为当代青年大学生的我们，只有认真、合理地规划未来，才能认识到自己的优势与不足，才能不至于大学三年茫然虚度，才能认真学习到真本领，从而在三年以后的求职道路上畅通无阻，而不至于在人才济济的现代社会上无立锥之地。

【项目导入】

用五个问题归零思考：

1. 我是谁？＿＿＿＿＿＿＿＿＿＿＿＿＿＿＿＿＿＿＿＿＿＿＿＿＿

2. 我想做什么？＿＿＿＿＿＿＿＿＿＿＿＿＿＿＿＿＿＿＿＿＿＿

3. 我会做什么？＿＿＿＿＿＿＿＿＿＿＿＿＿＿＿＿＿＿＿＿＿＿

4. 环境支持或允许我做什么？　_____

5. 我的职业生涯规划是什么？　_____

做好大学生职业生涯规划，可以减少许多焦虑与情绪波动；生活与工作的效率更高，更易获得成就；不易受到别人的干扰；可能给别人以有益的影响。

大学生的职业规划应有别于一般的工人、农民等阶层的职业规划。由于文化程度和其他一些别的原因，他们的职业规划可能保存在自己的脑海里，埋在心底里，默默地、一步一步地去实现。大学生已经接受高等教育，有较高文字功底和文学水平，设计自己的职业规划方案并不是一件难事。因此，花一些时间撰写一份实用而又有效的职业规划方案很有必要，日后经常拿出来评估、调整是十分必要的。

第一节　撰写职业生涯规划书的步骤

撰写职业生涯规划书的步骤如图 6-1 所示。

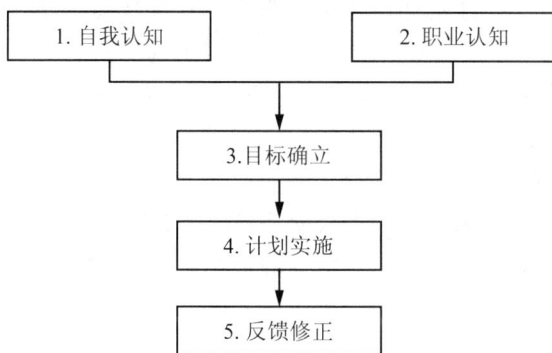

图 6-1　撰写职业生涯规划书的步骤

一、认识自我

职业生涯与发展规划最基础的工作首先是要知己，即要客观全面认识自我，包括自己的兴趣、特长、性格、学识、技能、智商、情商、思维方式等。即要弄清我想干什么、我能干什么、我应该干什么、在众多的职业面前我会选择什么等问题。人才素质测评是全面、科学地认识自我的有效手段和工具。只有正确认识自己，才能进行准确地职业定位并对自己的职业发展目标做出正确的选择，才能选定适合自己发展的职业生涯路线，才能对自己的职业生涯目标做出最佳选择。

1. 认识自我方面

认识自我方面，我们至少需要了解以下四个方面：

(1)喜欢干什么——职业兴趣；

(2)能够干什么——职业技能；

（3）最看重什么——职业价值观；

（4）适合干什么——个人特质。

正确认识自我越来越受到各界的关注，哈佛大学的入学申请要求必须剖析自己的优缺点，列举个人兴趣爱好，还要列出三项成就并作说明，从中可见一斑。

1. 正确的心理认知

（1）认清人生的价值社会的价值并不被所有的人等同接受。"人云亦云"并不等于自我的人生价值。人生价值包括：经济价值、权力价值、回馈价值、审美价值、理论价值。

（2）超越既有的得失每个人都很努力，但成就并不等同。后悔与抱怨对未来无济于事，自我陶醉像"龟兔赛跑"中的兔子。人生如运动场上的竞技，当下难以断输赢。

（3）以万变应万变。任何的执著都是一种"阻滞"前途的行为。想想"流水"的启示。"学非所用"是真理。

二、了解环境，了解职业

每一个人都处在一定的社会环境之中，离开了这个环境，便无法生存与成长。只有对这些环境因素充分了解，才能做到在复杂的环境中趋利避害，使职业生涯与发展规划具有实际意义。人生发展的环境条件包括以下几个方面：

1. 友伴条件：朋友要多量化、多样化、且有能力。

2. 生存条件：要有储蓄、发展基金、不动产。

3. 配偶条件：个性要相投、社会态度要相同、要有共同的家庭目标。

4. 行业条件：注意社会当前及未来需要的行业，注意市场占有率。

5. 企业条件：要稳定，则在大中型企业；要创业，则在小企业。公司有改革计划吗？公司需要什么人才？

6. 地区条件：视行业和企业而定。

7. 国家（社会）条件：注意政治、法律、经济（资源、品质）、社会与文化、教育等条件，该社会的特性及潜在的市场条件。

8. 世界条件：注意全球正在发展的行业，用"世界观"发展事业。

除了要正确客观地认识自我，还必须更多地了解各种职业机会，尤其是一些热门行业、热门职位对人才素质与能力的要求。深入地了解这些行业与职位的需求状况，结合自身特点评估外部事业机会，才能选择可以终生从事的理想职业。

对职业机会的评估需要理性评估，真正做到知己知彼，切忌想当然，对不熟悉的行业和职位不切实际的向往，结果是费了九牛二虎之力进入城中，一入围城马上受到现实冲击，迫不及待又要出城，兜兜转转之间，年已蹉跎，空自消磨。

三、确定目标，制定规划

职业生涯与发展规划的核心是制定自己的职业目标和选择职业发展路径，通过前面两个步骤，对自己的优势劣势有了清晰的判断，对外部环境和各行各业的发展趋势和人才素质要求有了客观的了解，在此基础上制定出与符合实际的短期目标、中期目标与长期目标。

职业目标的选择正确与否，直接关系到人生事业的成功与失败。据统计，在选错职业目标的人当中，超过80％的人在事业上是失败者。正如人们所说的"女怕嫁错郎，男怕选错行"。由此可见，职业目标选择对人生事业发展是何等重要。正确的职业选择至少应考虑以下几点：

1. 兴趣与职业的匹配；

2. 性格与职业的匹配；

3. 特长与职业的匹配；

4. 价值观与职业的匹配；

5. 内外环境与职业相适应。

职业目标确定后，向哪一条路线发展，此时要做出选择。是向行政管理路线发展，还是向专业技术路线发展；是先走技术路线，再转向行政主管路线；在具体的岗位方面也需要作出选择，行政管理，市场营销，技术研发，服务支持……由于发展路线不同，对职业发展的要求也不同。因此，在职业生涯与发展规划中，必须做出最适合自己的抉择，以便使自己的学习、工作以及各种行动措施沿着职业生涯路线或预定的方向前进。

四、制订实施方案，反馈修正

在确定了职业生涯目标后，行动便成了关键环节。没有达成目标的行动，目标就难以实现，也就谈不上事业的成功。这里所指的行动，是指落实目标的具体措施，主要包括工作、训练、教育、轮岗等方面的措施。例如，为达成职业目标，在工作方面，计划采取什么措施，提高工作效率；在业务素质方面，计划学习哪些知识，掌握哪些技能，提高业务能力；在潜能开发方面，采取什么措施开发潜能等，都要有具体的计划与明确的措施。

现在的时代是终生学习的时代，要取得事业上的成功，重要的是要不断更新知识、提升能力，才能保持自己的职业竞争力，逐步达到自己设定的职业目标。俗话说："计划赶不上变化"。影响职业生涯与发展规划的因素诸多。有的变化因素可以预测，而有的变化因素难以预测。在此状况下，要使职业生涯与发展规划行之有效，就须不断地对职业生涯与发展规划进行评估与调整。其调整的内容包括：职业的重新选择，职业生涯路线的选择，人生目标的修正，实施措施与计划的变更等。

职业发展过程中理想与现实的脱节几乎人人都会碰上，对职业人来说，有些是致命的，有些却能走通另一条路。发生这种情况时，最不可取的态度是急于求成，消极对待当前工作。正确的做法是稳定中求发展。当然，事在人为，再优秀、再动人的职业生涯与发展规划也取代不了个人的主观努力。职业生涯与发展规划的目的是建立目标、树立信心，职业生涯与发展规划只是走向成功的必要手段，能否成功则主要取决于个人的努力。

第二节 职业生涯规划书的格式

职业生涯规划设计实际是职业规划书的撰写，职业规划书不可缺少的基本内容有：封面、目录、正文、结束语等四大部分。

一、封面

一般由基本信息、职业规划撰写的时间、与励志短语等内容组成。

职业生涯规划设计书

姓名：

性别：

年龄：

籍贯：

学校及学院：

班级及专业：

联系地址：

联系电话：

职业规划书形成时间： 　　年　　月　　日

封面设计提示：如果我们设计的职业规划书要与同学交流，封面的个人基本信息要详尽；如果仅作个人收藏，个人信息可简单，但职业规划书形成的时间不能漏，时间的记录对日后的职业生涯管理、评估和修正都有作用。封面还可以插入与主题相关的励志短语（如：规划人生成就未来）和图片，使职业规划书更具内涵和美观。

二、目录

目录一般包括以下内容：

1. 序言（前言）

2. 自我认知

2.1 职业生涯规划测评 ……………………………………………………………………

2.2 橱窗分析法 …………………………………………………………………………………

2.3 360度评估 …………………………………………………………………………………

2.4 自我认知小结 …………………………………………………………………………………

3. 职业认知

3.1 外部环境分析 …………………………………………………………………………………

3.2 目标职业分析 …………………………………………………………………………………

3.3 职业素质测评 …………………………………………………………………………………

3.4 SWTO分析 ……………………………………………………………………………………

3.5 职业认知小结 …………………………………………………………………………………

4. 职业生涯规划设计

5. 结束语

三、正文

按上述目录分别提出以下要求。

(一)序言(前言)要求

主要抒发个人对职业生涯规划意义的理解。作职业生涯规划设计的前提是对职业生涯规划有深刻的认识。

(二)自我认知

1. 职业生涯规划测评结果要求

如果运用网络测评软件进行职业生涯规划测评的学生，在职业规划书上应充分采用测评报告中的图表来体现测评结果，这样会一目了然，较为直观(如下图)；如运用书本的测评量表进行自我测量的学生，则要求学生自己按指导语进行测量、总结、对照等方法得出测评结果。

2. 橱窗分析法

橱窗1："公开的我"

橱窗2："隐藏的我"

橱窗3："潜在的我"

橱窗4："背脊的我"

3. 360度评估：(见表6-1)

表6-1　360度评估

	优点	缺点
自我评价		
家人评价		
教师评价		
亲密朋友评价		
同学评价		
其他社会评价		

4. 自我认知小结

自我认知小结提示：综合自我评价、他人评价和测评结果进行概括性的小结。

如："我是什么样的人?"——我是一个事业心强，注重个性发展的人。

"我喜欢做什么"——我喜欢从事能充分发挥个人能力的项目性质的工作。

"我适合做什么?"——我善于从事与组织、策划、协调相关的工作。

结合上述所有分析：我希望在毕业后从事某项策划工作。

(三)职业认知

1. 外部环境分析

①家庭环境分析
②学校环境分析
③社会环境分析
④目标地域分析

2. 目标职业分析

①目标职业名称
②岗位说明
③工作内容
④任职资格
⑤工作条件
⑥就业和发展前景

3. 职业胜任力测评提示

运用网络测评软件测量的，可充分采用测评报告中的图表来体现测评结果；运用书本测评量表自我测量的，自己应按指导语进行测量、总结、对照等方法得出测评结果。

SWOT 分析。我的优势(Strength)及其使用我的弱势(Weakness)及其弥补我的机会(Opportunity)及其利用我面临的威胁(Threat)及其排除。

4. 职业认知小结

(四)职业生涯规划设计

1. 确定职业目标和路径
①近期职业目标
②中期职业目标
③长期职业目标
④职业发展路径

2. 制订行动计划

①短期计划

②中期计划

③长期计划

3. 动态反馈调整评估、调整我的职业目标、职业路径与行动计划。

4. 备选职业规划方案提示：由于社会环境、家庭环境、组织环境、个人成长等变化以及各种不可预测因素的影响，一个人的职业生涯发展往往不是一帆风顺的。为了更好地主动把握人生，适应千变万化的职场，拟定一份备选的职业生涯规划方案是十分必要的。

5. 结束语

第三节　职业生涯规划书的注意事项

撰写职业规划书应注意如下事项：

职业没有高低好坏，只有适合。只要符合自己的兴趣、人职匹配，而且自己能完全胜任的职业就是好职业。职业伴随人生三分之一的时间，倘若从事自己没有兴趣的工作，将无法坚持下去。

挑选有较高效度和信度的人才素质测评软件进行测评。人才素质测评是了解自我的理论依据之一，对自我的分析仅凭自我认识及他人评价还不够全面，缺乏足够的理论依据。正确的做法是将自我认识、他人评价和人才素质测评结果有机结合，形成较为全面的自我认知，据此设定的目标其信度才较高。

制定的职业目标要具有合理性。要综合自己的兴趣、特长、能力、社会需要等各方面的因素考虑，目标的设定不能脱离现实。要认清兴趣与能力，能力与社会需求都是存在一定差异的，我们所要做的是要在这诸多因素中找一个结合点，将自己的经历经验、专业技能、兴趣特长都有机地结合起来，这样的职业目标才会有生命力。

措施要有可行性。针对职业目标制定的措施一定要具有可行性，这是评价职业规划书的一个重要部分。最好制订出长期、中期、短期计划，并拟定详细的执行方案和时间限制。高年级的同学可将重点放在就业五年内的职业规划；低年级的同学可将重点放在大学生涯的规划上，但都应突出为职业发展所做的准备工作。

如果职业规划书要在同学中交流，无论是行文的风格、叙述的方式、文案的设计等等，应体现自己的风格和特色，切忌大量抄袭职业测评报告结果，可多引用测评结果中显示的图表，这样更直观。

职业认知是职业规划中确定职业目标的重要环节，不少大学生仅依赖在互联网上搜寻职业信息，这样的职业认知不够全面，应该增加社会实践、见习和实习，让职业认知更具可行性。

第二编　就业指导

通过两年多的大学生活，大学生即将进行实习及求职择业，如何调整心态，做好就业前的准备是许多大学生面临的问题。大学生就业首先要做到知己知彼，知己就是实事求是地评价自己，对自己有正确的认识，其次要调整心态，掌握求职的方法和途径；知彼就是要了解社会需求与企业需求，正确分析和判断当前的就业形势与政策。

本篇从如何甄选就业信息、求职材料准备、面试技巧、求职心理调适、就业形势、就业流程等几个方面入手，针对大学生在求职及实习期间的实际情况进行阐述，以期帮助同学们合理定位，做好思想上、心理上、行动上的各种准备，迈好走向社会的第一步。

第七章

就业信息的获得和使用

知识目标

了解就业信息的内涵和内容。

了解获取就业信息的各种途径。

了解筛选就业信息的原则。

了解求职中存在的各种陷阱。

能力目标

能通过各种途径获得就业信息。

能对繁多的就业信息进行甄别和选择。

能辨别求职陷阱，避免造成人身伤害和财产损失。

俗话说"你的决定是好是坏取决于你所获得的信息"。如果这句话有一定的合理性，那么，在走向职业世界的道路上，信息将是最坚实的"铺路石"。这是一个信息发达的社会，有关就业的信息，随时随刻会出现在你和他人谈论的话中、你正在阅读的书籍中、你正在观看的电视节目中、你在网络"冲浪"时的网页中……

就业信息在毕业生求职就业过程中起到十分重要的作用，是求职准备的基础。就业信息是毕业生求职择业的基础，是通向用人单位的桥梁，是择业决策的重要依据，更是顺利就业的可靠保证。

在现今社会激烈的择业竞争中，获取就业信息的质和量，将直接决定成功机遇出现概率的高低。谁占有了信息，谁就拥有了优先启动事业的金钥匙，谁就优先掌握了机会和财富。不失时机地掌握就业信息，是择业成功的重要前提。因此，毕业生在开始自己的求职经历前，首先要关注的便是就业信息。

就业信息内涵

一、就业信息的定义

就业信息就是指择业者事先并未掌握，但通过某种途径来获得，然后经过加工整理，能被择业者所接收，并对其择业有价值的消息、资料和情报，使毕业生能够及时、有效地调整就业方向。它通常以文字或声音、图像的形式表现；通过各种媒介传递与就业有关的消息和情况，包括就业政策、就业机构、人事制度、劳动力的供求状况、就业方法和招聘信息等。

二、了解就业信息的内容

就业信息不只是简单意义上的招聘信息，它实际上涉及社会就业宏观和微观的信息，不仅包括工作上方方面面的情况，也包括了学生本人的实际需求状况以及在就业实践过程中接触到的各种细节。了解求职信息的内容主要包括两大方面：一是了解职业内容信息，二是就业形势、政策和法律法规。

(一)职业内容种类

一般来讲，职业内容信息归纳起来包括以下几个方面：

用人单位的准确全称。

用人单位的详细地址、地理位置及交通状况。

用人单位的联系方法：人事部门联系人、姓名、职务、电话、传真、通信地址、邮编、电子信箱、地址等。

用人单位的所有制性质：国有、集体、股份制、民营、私营、乡镇、外资、合资等。

用人单位的隶属关系：要清楚其上级主管部门(指人事管理权限)，中央部委单位要清楚主管部委的情况(人事档案管理关系)。

用人单位的发展历史、成长过程及发展前景：规模效益、注册资产、员工人数、占地面积、主要产品品牌、用户、市场占有率、行业排行榜。

用人单位需求人才的职位、人数、工作岗位、职责范围。

用人单位对需求人才的素质条件及具体要求：学历、思想素质、专业技能、外语水平、计算机操作能力及身体健康状况等。

用人单位的薪酬福利体系：工资、奖金、职务津贴、福利保险、医疗、住房以及相应的劳动纪律。

用人单位的领导管理体系：人才战略、用人理念、组织机构、升迁发展机会。

用人单位的工作环境，文化生活氛围。

用人单位所在地区对接收外地生源毕业生的条件、要求及程序。

（二）了解就业形势、政策和法律法规

1. 就业形势

了解就业形势即是对就业宏观状况的把握，这些信息主要从国家的主流媒体可以获得。比如，2019年，全国高校应届毕业生总量将达到史无前例的834万左右，毕业人数再创新高，无疑又会迎来一个新的"史上最难就业季"。2019年就业总量压力依然较大。国家和地方经济增速进入新常态，宏观就业压力不减，据分析，2019年就业需求与2018年相比没有明显的起伏。2019年就业需求在结构性方面有变化，民营中小企业、二三线城市需求明显上升，毕业生对就业的期望值与社会需求有明显差别。总体来说，就业形势依然复杂严峻，毕业生应及早认清就业形势和个人的综合情况，做好求职准备。

2. 就业政策

即国家、省、市等政府层面的行为。如最低工资制度的调整、促进大学生创业、暂缓就业制等。另外，各地区、各单位根据国家的有关规定，结合本地区的情况，对毕业生的引进、安排、使用、晋升、工资、待遇等制定了一系列更为具体的规定。这些都或多或少地涉及毕业生切身利益问题，所以都必须大家去了解的，了解最新的就业政策，会帮助大家了解最新的就业导向和分析当年的薪酬和行业热点等信息。

2019年国务院把高校毕业生就业创业工作列为稳增长、促改革、调结构、惠民生政策措施19项重要督查内容之一，开展了重点督查和跟踪审计。各地各部门各高校共同努力，积极引导毕业生到基层就业，建立高校毕业生就业质量年度报告发布制度，开展高校毕业生就业状况网上动态统计和监测，鼓励大学生参军入伍，进一步加强离校未就业毕业生后续服务工作。

（1）是积极推动毕业生自主创业，力争实现大学生创业人数和比例有明显增长。要加强创新创业教育，强化学生创业实践和分类指导，建立健全创业成果和学分转化教学管理制度，实行弹性学制，支持大学生休学创业。

（2）是大力引导毕业生到基层就业。加强思想引导，健全服务保障机制，落实好就业服务和后续升学等政策。巩固和拓展各类基层服务项目。

（3）是不断强化就业指导和服务。要加强毕业生就业创业政策宣传，确保每一位毕业生都知晓政策、用足用好政策。加强就业指导课程、学科建设和就业信息服务，加大就业困难毕业生就业帮扶力度，做好离校未就业毕业生跟踪指导和服务。

（4）是加快推进高等教育综合改革，进一步优化人才培养层次类型结构和高校学科专业结构，构建高校与有关部门、科研院所、行业企业协同育人机制。完善高校毕业生就业质量报告制度，专业预警、退出和动态调整机制，强化就业与招生计划、经费拨款、院校设置、专业调整等各项工作的联动。

3. 法律法规

大学生就业面临着社会人角色的转变，要开始承担更多的社会责任，同时也要学会用法律法规来保障自己的就业安全。法律法规既赋予毕业生各项活动的权利，又赋予了毕业生同一切侵犯自己合法权益作斗争的有效手段。依法办事，不仅可以取得合法权益，而且可以捍卫自己的正当权利，减少不必要的损失。如，2008 年开始实施的《就业促进法》，新《劳动合同法》都给劳动力市场带来了很大的变革性力量。2008 年以后，就业与往年有了很多的不同，包括违约金、试用期、补偿金等与大学就业直接相关的问题。又如，学生毕业前是与用人单位签订《就业协议》、还是直接签订《劳动合同》呢？这些都涉及法律法规的运用。所以，及时掌握最新的就业相关法律法规，有利于在就业过程中保护好个人利益，防止就业风险和劳动纠纷的发生。

就业信息的收集和获取渠道。

【案例分析】2017 年 9 月，小王就读于某高职院校，他的一位即将毕业参加工作的老乡师兄临别时对他说："现在找一份工作很难，找一份好工作更难，我这次动手太迟了，你以后要吸取我的教训。我这里有一些资料，你可以参考参考。"小王一看，是一些关于用人单位、就业信息的报纸和就业指导方面的刊物。他利用课余时间反复研究这些资料，把用人单位的地址、网址和联系方式用一个小本抄了下来，心想也许将来用得着。三年下来，小王积累了很多用人单位的信息，最后，当别人都在着急寻找用人单位的时候，他制作的针对性很强的个人简历投递给 10 家估计今年有可能需要他这个专业毕业生的用人单位。

2018 年春节后，各种渠道的信息慢慢反馈回来了，出乎他的意料，同时有七家单位愿意接收他或邀请他去面试，许多单位对他如此熟悉该公司的情况惊讶不已。小王经过面试和权衡，最终选择了一家适合自己的公司，决定先去那里实习。经过一段时间的接触，小王和公司都对自己的选择非常满意。就这样，当其他毕业生还在毫无头绪地忙着收集信息的时候，他已在计划着怎样迈好走向社会的第一步了。

思考题

1. 小王的求职准备与其他同学有何不同？

2. 为什么十家单位有七家都愿意面试他？

3. 成功的求职需要我们从现在做哪些准备？

第二节　就业信息内的收集和获取渠道

对公司信息的研究可以让毕业生了解公司所在行业和市场的信息，了解行业的发展前景和自己的职业发展趋势，在面试中会经常被问到的问题。就业信息是就业过程中的核心资源，信息越多意味着机会就越多，而机会叠加在一起就为顺利就业提供了更高的成功率。所以，大家必须掌握足够多的信息、掌握收集就业信息的方法，消除更多的不确定因素。

一、搜索就业信息的模式

俗话说：好的开始是成功的一半。成功的求职必须从有计划地求职信息搜索开始，要获得有效的求职信息需要毕业生首先对自己要找寻的职业有清晰的职业导向，并且步骤地做好职位信息的搜索工作。

这里介绍一种求职信息搜索的循环模式：

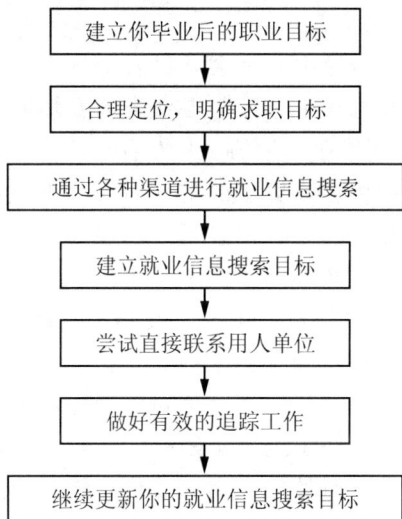

```
┌─────────────────────────┐
│   建立你毕业后的职业目标   │
└─────────────────────────┘
            ↓
┌─────────────────────────┐
│   合理定位，明确求职目标   │
└─────────────────────────┘
            ↓
┌─────────────────────────┐
│ 通过各种渠道进行就业信息搜索 │
└─────────────────────────┘
            ↓
┌─────────────────────────┐
│    建立就业信息搜索目标    │
└─────────────────────────┘
            ↓
┌─────────────────────────┐
│   尝试直接联系用人单位    │
└─────────────────────────┘
            ↓
┌─────────────────────────┐
│    做好有效的追踪工作     │
└─────────────────────────┘
            ↓
┌─────────────────────────┐
│ 继续更新你的就业信息搜索目标 │
└─────────────────────────┘
```

图 11-1　求职信息搜索的循环模式

搜索求职信息，对用人单位的信息进行研究和分析是大学毕业生在开始自己职业生涯的过程中最重要的部分之一。循环模式是指大学毕业生在求职过程中，要根据人才市场的需求变化和职业发展趋势，合理适当地调整自己的择业期望值，重新审视和确立职业目标，搜索相关的求职信息，为找到一个适合自己的工作岗位不断努力。

二、就业信息的获取渠道

收集就业信息是找工作的一项重要任务，因此必须充分利用各种渠道、运用各种手段准确地收集与择业有关的各种信息，为择业决策做好充分准备。要挖掘有很多，大家应该掌握先机，通过以下渠道收集就业信息。

(一)学校主管部门

学校主管部门分别为：一是学校的就业指导机构，为了组织协调毕业生的就业指导工作，会通过各类信息载体如校内就业网站、职业网络教育系统、就业指导刊物等及时发布国家、省、市有关就业政策与形势、就业法规信息、行业信息、用人信息、招聘活动信息、就业讲座等一系列最新动态。到校园招聘的企业也通常会把用人信息发布在校内的就业网或 BBS 上，这类企业发布的招聘信息针对性比较强。为此，随时浏览校内的招聘信息是首要的选择。它所提供的需求信息可信度高，其针对性、准确性、可靠性、可操作性都较强。建议毕业生列出一份高校就业指导网的清单，筛选出与自己有同类专业的院校，及时跟踪。二是校内各院系学生工作办公室，为了提高就业率，常常通过本系校友等各种社会关系资源，积极主动提供对口的就业信息给本院系毕业生。用人单位到学校选录毕业生所依赖主要就是这两个窗口。通过学校主管部门收集就业信息，特点是及时、准确、可靠、针对性强，是毕业生收集就业信息的主渠道。不足之处是僧多粥少，竞争比较激烈。

(二)毕业生供需见面会

每年各地政府、学校就业指导中心都会开设若干场应届毕业生专场招聘会，针对性较强。如广东省就业指导中心每年举办多个专业类的专场所招聘会，时间一般从毕业前一年的 10 月底左右一直持续到毕业当年的 4 月左右。

除了有学校自己组织的招聘会，更多的是外面大大小小、形式各异的招聘会，这些招聘会具有时间集中、地点相对固定、信息量大、双方能面对面接触的特点，是毕业生获取大量就业信息并且进入直接面试环节的难得机会。求职者通过招聘会收集信息时，应注意主办单位、招聘会类型、规模、服务、费用等。例如广州的中国南方人才市场、广州天河体育中心、广州赛马场每周都会举办大型招聘会，经常是人山人海，求职者要排队才有机会接近招聘单位，无法一一直接面试。因此，求职者要准备本子，记录用人单位的岗位需求和联系方式，以便于进一步跟踪。求职者通过这类招聘会不仅可以直接收集许多不同类别的就业信息，而且能和用人单位直接洽谈达成和签订协议，比较简捷有效。

(三)社会关系

自己的亲朋好友了解的社会需求信息针对性会更强。因为他们对毕业生比较了解，不管是个性、兴趣、能力还是对未来单位和岗位的期望，都很清楚，因此，他们的帮助、推荐往往能够兼顾求职者与岗位这两方面的需求。同时来自于亲朋好友的就业信息往往比较准确、直接。一般来讲，用人单位向社会发布招聘信息后，将会收到大量内容相差无几的应聘函。面对如此众多的陌生人，很难分辨出哪一个求职者更强。所以，在求职中如果有熟人或亲朋好友帮助推荐一下，也许更有成效，况且有些用人单位还愿意录用经人介绍或推荐的求职者。这种信息的成功率比较高的，一般可为你推荐的有以下几种：

1. 学校老师。学校老师在多年的社会实践、教学学习、科研协作中，与一些专业对口的单位联系密切，通过他们了解就业信息，推荐求职，对择业成功有很大帮助。

2. 毕业的师兄师姐。师兄师姐是难得的社会资源，他们一般都会热心解答师弟师妹们关于就业单位疑问，并给出一些建议，有助于了解单位招聘的内部信息。

3. 家人、好友。这些人在多年的社会交往中，也会给你带来大量的就业信息，而且他们也比较热心，会从家庭、个人发展等角度综合起来帮你张罗就业的事情，是最贴心的信息来源。

(四)网络媒体

网络是当前大学生收集就业信息的首选渠道，网上求职正以其开放、全面、快捷、节约的特点，不受时间、地点的限制，且渐具规模。不足之处是网上常夹杂着虚假或过时的垃圾信息。据不完全统计，目前全国各类人才信息网将近 2500 个，许多大中城市已基本实现网上求职、网上招聘。除了学校自建的就业指导网站提供的大量高质量的信息外，利用网络收集就业信息主要有四种方法：

1. 从专业的求职网站上查找信息。比如南方人才网、前程无忧网、中华英才网等，毕业生注册登录后，即可根据自己的需求，使用职位搜索引擎或订阅免费招聘信息，填写个人资料后就可以直接外发简历。

2. 是从各大搜索引擎上查找就业信息。大家不妨使用百度、谷歌、雅虎等搜索引擎。搜索查询比较简便，仅需输入关键词，并按下回车键，即可获得相关信息。假如查询结果条目太多，需要缩小搜索范围，简单方法就是添加搜索词，且各搜索词间用空格分开，又或者在结果中输入第二个关键词进一步搜索。此外，利用搜索引擎可以查阅到几乎所有就业指导网站。

3. 门户网站招聘专区或用人单位网页招聘通告。例如搜狐、21世纪、新浪网的招聘频道，阿里巴巴网也常提供招聘信息。各大中小企业或国有大企业如松下、宝洁、移动、联通等公司，也是直接在企业网站发布招聘信息，要求求职者必须登录注册填写中英文简历。这本来就是对求职者的一大考验。通过这种方式，求职者也可以进一步了解企业的文化和内部管理。

4. 各类求职QQ群、微博微信等聊天软件和论坛。这些一般都是求职者群体建立起来的，其目的在于信息资源共享。求职者可以适当挑选加入，不仅可以获得大量就业信息，也可以获得成功就业人士传授的就业经验、面经、笔试等信息。这种方式的最大优点在于就业信息资源的共享，值得推荐。

(五)人才市场和职业介绍服务机构

人才市场和职业介绍所承担着专业的就业服务职能，是专业的就业中介机构。很多公司也会选择在这些地方发布就业信息，委托他们进行信息发布或者收集等。但是这些信息不一定是针对应届毕业生，部分是常年供应就业信息的。目前社会上职业中介构很多，应选择服务佳、口碑好的正规机构。

(六)其他

大学生到用人单位参加社会实践和实习活动，不仅有利于开阔视野，学以致用，有利于了解企事业单位的企业文化、工作情况和工作要求，主要的是可以获取单位的用人需求信息，这种信息具有全面性、准确性的特点。比如《南方都市报》、中国电信、银行等大公司都会招大二、大三的实习生，这是大学生自我推销，赢得用人单位好感与信任的最佳机会。表现出色的学生，用人单位都会优先考虑录用。因此，大学生应充分利用寒暑假、业余时间开展社会实践或实习活动，适当做兼职、到各单位挂职锻炼，体现出你的才华、能力、忠诚度与敬业精神，同时要了解就业形势、行业情况、职业发展机会、用人单位需求信息以及内部管理等，为日后的择业竞争奠定良好的基础。

综上所述，就业信息有多种来源，各种来源的信息是互补的。每个信息渠道各具特点，毕业生要熟悉掌握，灵活运用，在收集信息的过程中，要注意投入和产出的关系，不同类型毕业生，应当尽量选择适合自己的收集求职信息的渠道，以降低求职成本。同时还要注意把握以下原则：

1. 目标性原则

目标性原则要求求职者首先必须对自己的职业生涯有一个初步的规划，在此基础上再去收集有关的就业信息，要求从小放大，避免打游击战，集中力量向既定的目标前进。

2. 计划性原则

收集就业信息必须制订相应的计划，确定收集范围，分区域、分门类进行收集，广撒网又要兼顾重点，讲究策略，要根据就业信息的反馈渠道及时调整计划。

3. 连续性、系统性原则

求职者要获得最终对自己有价值的信息，就得做个有心人，综合灵活运用各种信息渠道，完整地、连续地收集大量零散的资料，并注意把握整体与部分、部分与部分间互相依存、互为因果的密切联系。

4. 价值性原则

价值性原则要求求职者要根据信息的时效性、信息的内容真实性与准确性、信息的完整性和呈现性来衡量就业信息的价值。

5. 二八定律

一方面从信息的传递角度看，毕业生收集的就业信息大约 80% 来自学校渠道或官方渠道；另一方面从信息的传播范围来看，所收集的信息 80% 是来自公开信息渠道。求职者要综合考虑人力、物力、财力和信息可得性等要素。

【案例分析】

某高校毕业生王某，大学期间曾多次被评为三好学生。毕业时他了解到的信息有高校教师岗位、工厂技术人员岗位、研究所研究人员岗位，还有政府公务员岗位。在分析筛选时，他考虑到自身性格偏内向、普通话不标准、社会交往能力偏弱、专业成绩较好的现实，于是放弃高校教师和公务员岗位，在工厂和研究所之间选择了研究所。工作的几年中，他先后抽时间到两个不同的工厂和公司进行试工，均感不适，最终还是安心在研究所工作。

【思考】

他当初的选择是否正确？分享你的个人想法。

第三节　就业信息的筛选和使用

【项目导入】

毕业生小陈多次尝试找工作，但参加了多次招聘会都没获得面试的机会，看到身边的同学都陆陆续续找到了工作，她心里十分焦急。一次从超市出来，偶然看到一个招聘广告，觉得合适就打电话去，只听见负责招聘的人在电话里侃侃而谈："成绩一般不要紧，只要你有才华，薪水自然不少……公司急需人才，专业不限，但名额有限。"小陈一边听一边看到招聘海报上图文并茂，有漂亮的办公楼，气派的厂房，崭新的宿舍，还注明应届毕业生待遇从优等信息。于是小陈心动了，立即做了自我介绍，当晚就去了面试，与公司签了就业协议。

事后小陈才对公司的情况有所关注，在网上发现许多毕业生指责这家公司涉嫌在招聘中虚假宣传的帖子。于是小陈向公司提出解除就业协议，可公司方面的答复却是：解除可以，先交违约金1万元。

小陈的例子相信在许多毕业生身上都发生过，由于急着签约而没有对单位的信息进行详细的了解，从而埋下了后患，为就业带来了麻烦。可见应聘前对就业信息的筛选是相当重要的，毕业生在决定应聘、签约前一定要通过各种方式打听招聘信息的详细情况，必要时要进行实地考察，以获得较全面的信息。

一、信息筛选的原则

对于收集到的需求信息，应结合自己的实际情况，加以筛选过滤，把力量真正用在刀刃上，有针对性地选用。记住适合自己的才是最好的，因此，首先要对自己进行分析，可以通过思考以下问题：

1. 我的核心竞争力是什么？
2. 我具备哪些专业理论知识和技术能力？
3. 我的兴趣爱好是什么？
4. 我的性格特征适合从事那些职业？
5. 这份职业是否可以挖掘和提升我的能力？
6. 什么是别人做不到而我做得到的？

二、信息筛选的步骤

就业信息是找工作的基础，掌握的信息越广泛，信息质量越高，成功的概率就业越高。由于信息的来源和获得的方式不尽相同，内容必然是杂乱的，有相互矛盾的，也对难免有虚假不实的，求职者可结合自己的实际情况，对获得的信息去粗取精，通过分析、筛选、整理、鉴别，取其精华，使信息具有准确性、全面性和有效性，更好地为自己择业服务。一般来讲信息的筛选可按以下步骤进行：

(一)综合整理

要对得到的各类信息进行了分类整理，把那些不适合的信息剔除，然后把剩余的有用的就业信息按一定顺序排列。就业信息不仅仅是用人单位的需求信息，它涉及的范围很广，比如，有的是关于就业方针政策方面的信息，有的是与自己所学专业有关的信息，有的是关于需要人员的素质要求方面的信息等。对于重要的信息要顺藤摸瓜、寻根究底，务求了解透彻，不能一知半解。要全面掌握情况，全面了解信息的中心内容。

(二)比较

当然，在对信息进行比较的过程中，要根据自己的性格特征、兴趣爱好、专业知识、技术能力、基本素质、职业发展意向等来分析，看看自己与哪些信息更吻合，哪个单位对自己的发展更有利等。之后将重点信息选出、标明并注意留存，一般信息则仅作参考。

(三)分析

分析就业信息有三层含义：一是要识别真假，做可信度的分析。一般来说，学校毕业生就业机构提供的信息可信度比较高，其他渠道得到的信息，因为受时间性或广泛性的影响，还需要进一步核实。二是要对信息的可用性进行鉴别，要看这条信息能否为我所用，比如：自己所得到的信息是否是政策允许范围之内的、信息中所反映的对所需生源状况及人的素质要求等。三是信息的内涵分析，通过对就业信息的内容进行分析，从中发现用人单位对人才的需求条件。

(四)反馈

当收集到一条或更多的信息后，一定要尽快分析处理并及时向信息发出者反馈信息，保证信息的时效性。一旦获得了有价值的就业信息，就要及早准备，尽快出击，主动与用人单位联系，询问应聘的方式、时间、地点和具体要求，并送上自己的求职材料。

有时还要根据筛选出来的需求信息的要求来对照检查自己存在的差距，及时调整自己的知识结构，尽量弥补不足，力争在最短的时间内获得最大的提高。

三、分析用人单位信息

如何打这场"有准备之战"呢？下面是毕业生必须了解的关键信息：

(一)公司的产品和服务

可以通过公司的宣传册、广告、网站和其他传播途径了解到公司过去、现在和未来发展的产品状况，看看这个行业是不是你很感兴趣的领域。通过对公司所提供的产品和服务的了解，可以对自己的技术和能力是否适合该公司的要求做出相应客观的评估。

(二)公司的竞争力

公司在当地市场的市场占有率、规模和发展变化状况等。

(三)公司所针对的市场

公司产品主要针对什么人群或产业，主要销往哪些地区和市场所等。

(四)公司的发展策略

公司可能会发展什么新的产品线、新的投资方向、新的产业等。

(五)主要管理部门和管理者的姓名

研究这类信息可以面试的时候拉近与对方的关系，显示出你真正关心该企业的发展，面试官会从中体现到你对这份工作的热情和喜好。

四、运用就业信息

做好关键信息的了研究后，大家会得到相对感兴趣的信息点，接下来要做的是将这些信息进行整合，即将得到的信息点与自己的实际情况做出相应的处理。

(一)适合自己

每个人的情况不一样，求职者应选择适合自己的信息。例如，如果想去广州就业，就应经常关注南方人才网、广州同类型高校的就业信息网等；如果想跨专业就业的，就要看选择的工作与自己的兴趣是否适合，有没有发展空间等。

(二)注意信息的时效性

人才市场的信息更新速度较快，用人单位发布需求信息后，随时都会收到毕业生的求职信息，因此大家看到合适的职位应该尽快与用人单位联系，体现出积极的态度，为求职成功增加砝码。因此，收集到就业信息后，应及时使用，以免过期。

(三)了解信息背后的启示

招聘信息往往反映了一个用人单位的发展需求和目标，求职者必须要深入分析思考，转换角度，了解招聘信息背后的动机和启示。用人单位最需要的是安全和保障，希望招进来的人能为他们创造业绩，创造利润，节省成本。他们害怕在招聘上犯了错误，用错了人，对他们而言，招聘用人也是一种风险投资。了解信息背后的启示必须站在用人单位的角度上考虑问题，记住不要以自我为中心。

(四)共享就业信息资源

有些信息对自己不一定有用，可是对他人十分有用，遇到这种情况，千万不要抓住这些信息不放手。迟迟不输出对他人有效的就业信息，这是一种极大的浪费，也是一种不良心理的表现，是不足取的。其实，你能主动输出他人的有用信息，不仅是对他们的帮助，同时也增加了与他人交流信息的机会，说不定你也会从别人手中获得对自己十分有益的就业信息。

第四节　求职陷阱分析

【案例分析】据郑州某高校毕业生小王说，5月25日到郑州市体育馆人才市场找工作，发现"深通电子元件商行"正在市场内招聘文员，便上前咨询。该商行一男子简单地询问了她几句话后，让她填写表格等候通知。

次日上午，小王接到通知到郑州市紫荆山商务楼的一个房间进行面试。面试后，该商行主动与她签订了用工协议，要求她从6月8日起到商行上班。

拿着自己的用工协议，小王满心欢喜。但是商行一位经理却要求她交500元钱的风险抵押金，说是为了稳定员工队伍，防止新员工随意跳槽。小王交了押金，该经理还非常郑重地给她开了收条。

6月8日，小王如约到商行上班，却发现深通电子元件商行已经人去楼空，门口挤了几十位和她一样的受骗者。她和其他受骗者我到常荆山大楼物业管理部门询问，得知该商行在大楼的租期仅为20天。

警方了解到，从6月7日至10日，陆续有人到该商行"上班"，人数不下100人，大多是大学毕业生和下岗工人。他们大都是在郑州市几家正规人才市场应聘，然后按应聘职位不同，向该商行交纳了300元、500元至2000元不等的服装费、风险抵押金等费用，受骗金额总计在10万元以上。

据警方介绍，"深通电子元件商行"的骗人招数是这样的：首先用假身份证租赁办公场所，办理工商营业执照，然后到人才市场发布虚假招聘信息，以大量的招工数量和较高的工资待遇承诺骗取求职心切的大学生及下岗职工。在招聘过程中，骗子故意把一些过程搞得似乎很正规，还主动与应聘者签订用工协议，骗取应聘者的信任，然后再顺势要求应聘者缴纳一定的费用，让其在一段时间后开始上班。就在应聘者去上班时，骗子已经"人间蒸发"，携款潜逃。

这是一个信息飞速发展的世纪，网络、短信已融入了人们的生，这一方面为毕业生获取就业信息提供了更多渠道，满足了毕业生"足不出户找工作"的愿望，但从另一方面来说，网络本身就是非面对面的"虚拟"世界。时下，网络招聘效率高，即时性和针对性强，因此很多企业的人才招聘都通过网络进行。与此同时，也发生了一些非法网站利用毕业生求职心切的心理，进行诈骗等违法活动的事情。比如骗取资料出售谋利、骗取报名费、拉人做传销、模糊概念、偷梁换柱等就是网上招聘诈骗的惯用手段。尤其是近十年随着毕业生人数的增加，毕业生落入招聘"陷阱"的案例也越来越多。在大学生原本不平坦的求职之路上设下重重陷阱。毕业生在走向社会求职之前先要掌握攻克这些求职陷阱的基本策略，让自己在求职之路上少走弯路，避免经济和精神损失。[①]

一、虚假招聘谋取其他利益

(一)以敛财为目的的"招聘"

某些招聘企业开出如高工资、解决户口、出国培训等作为诱饵，要求求职者缴纳一定数额的保证金或押金。交完保证金后，就以种种借口不让求职者上班，然后钱不能退还；或是在工作一段时间后，发现该公司许诺的条件没有兑现，其工作条件职位不理想，如果主动离开公司，本人之前交的钱也不能退回或不全额退还。还有的招聘单位会以岗前培训、服装费、入职教育等名目先收取应聘者费用，然后再以种种借口不录用应聘者。总之招聘是假，收钱是真。《劳动合同法》规定"用人单位招用劳动者，不得扣押劳动者的居民身份证或者其他证件，不得要求劳动者提供担保或者以担保名义向劳动者收取财物。"所以那些任职初期需要先交钱的公司都是不合法的。在应聘过程中，如果遇到待遇给的比较好的公司应该先调查公司资质，若遇到交钱的情况，大学生应提高警惕，谨防不法单位利用招聘非法敛财。

---

① 李志艳. 大学生求职常见陷阱及应对策略[D]. 产业与科技论坛，2010(13)：19.

倘若已经不慎缴纳了费用，要保留好招聘单位收费证据，及时向劳动部门反映，请求查处，要求退还所交费用。

(二)盗取个人信息为目的的"招聘"

在网络上或其他媒体发布待遇诱人的招聘广告，要求投递简历，收到个人简历后，有的犯罪分子会与求职者联系，想尽办法盗取应聘者个人信息，如身份证号码或复印件，个人联系方式，家庭住址甚至银行账户等，然后进行非法活动。如直接盗用账户，冒名高额透支，向求职者家里行骗。有的求职者过一段时间后就由于个人信息的外泄带来很多困扰。目前有的不法分子就利用倒卖个人信息谋取暴利。对于"高薪诚聘"的公司要严格审查信息，保持清醒头脑，对于自己的专业和自身的能力应该有正确评估，不要轻易被诱惑而随意发个人简历。在简历的制作过程中也要注意保护自己的信息。如果在进行面试过程中发现招聘者不是关注你的个人能力，而是特别留意你的个人信息应该果断终止面试。

(三)以宣传公司为目的的"招聘"

有些小企业或者刚刚成立的企业，通过招聘来提高自身的知名度，宣传其品牌。以宣传自身为主要目的的企业，参加招聘会，都会精心布置自己的展位，吸引眼球，更为明显的特征就是当求职者就应聘职位进行咨询时，招聘者会将话题转移到企业的文化、产品或其服务等，还会赠送企业的宣传画册。如果应聘者细心观察，有些用人单位常年打广告招人，大多数都是在宣传自己的企业。求职过程中，除了具备求职的基本素质之外，也要能分辨用人单位是否真的有意招聘，以免浪费时间和精力。

(四)以储备人员为目的的"招聘"

一些大企业通过大批量的招聘来储备所需的人才，对于满意的应聘者暂时放入人才储备库，等岗位出现空缺时才有人补上去。有些企业的人力资源部门通过招聘来了解市场的"薪酬行情"，为企业的薪酬福利待遇预算做数据。这样的企业的确需要人才，但是不是现在。所以大学生遇到招聘者虽然对你很满意，但是没有回音的情况不要灰心，你可能已经被"储备"，可以把此次招聘当成很好的锻炼，因为大企业的招聘过程非常正规，考察全面，对于求职者来说是个很好的学习过程。

(五)以窃取他人成果为目的的"宣传"

此种陷阱一般是小规模的广告、设计、软件开发或营销公司。这些企业自身缺乏人才，而且资金不足，无力聘请高资质的专业技术人员来设计项目，便想通过招聘的模式来获取新颖的创意。他们会把公司遇到的问题以考题的形式让应聘者作答，或是针对该公司的某个项目作为案例让应聘者分析。招聘的结果往往是无一人通过。

如果有的同学有优秀的成果或者发明，不要为了应聘而急于无保留地交给用人单位，要有意识保护自己的科研成果。提交策划案等劳动成果时要准备两份，一份提交，一份自己留存，在留存份上要求招聘单位签字确认，以便将来能够证明劳动成果内容。建议事先和招聘单位约定未经本人同意不得随意使用你的创意或策划或软件开发项目。防止用人单位窃取了你的成果，却不录用你。

二、对岗位和工资待遇夸大其词

某些公司确实需要人力，但其岗位实质都是比较辛苦的工作，如果按实情发布招聘信息，根本不能引起大学生的青睐。所以这类公司充分抓住有些大学生虚荣的心理：毕业就能找个好职位，不用从底层做起，发展空间大。求职者带着对未来的美好憧憬报到后才发现，实质的岗位只不过是虚有其表而已：行政专员就是打字的文员，市场总监就是拉业务的，理财经理就是保险推销员等等。还有企业招聘时开出优厚的条件，大多数口头承诺，让你满怀期望地为其卖命工作，等开工资的时候以种种借口让工资与招聘的时候相比"大跳水"。一般说工资分为月绩效，年底分红，这样可以让求职者为其工作满一年，因为等待着"丰厚"的年终奖。若招聘者夸夸其谈，反复强调招聘职位如何能轻松赚高薪，但当求职者问其具体数额或要求将工资具体数额写入合同，他们就改口说那得看业绩，那么，基本就是引诱你加入原本辛苦而又薪水低的工作。

求职者要理性求职，首先端正心态，工作岗位要从底层做起，在求职过程中不要只注意岗位的名称，而是需要仔细询问岗位职责，工作的细节，这样才不至于希望大于失望。大学生只要事先做个调查，了解自己的专业刚毕业在某个城市能拿到多少工资，心中有数，高于市场价过多的工作一定有问题，无论工资多少或以何种形式发放，都应写入就业协议书和劳动合同中，这样才能给自身合法权益做保障。

三、高回报做诱饵引导犯罪

招聘单位对于岗位的要求如果是学历不限、专业不限，只需要沟通能力强，简单工作月收入可以上万元。此类招聘广告出现在网络、报纸的角落或街头巷尾的野广告中。而这些所谓"公关"公司甚至不惜重金，租高档写字楼，用以迷惑求职者，接着就会有极其说服能力的人开始"开导"引诱求职者。这些多数是引诱求职者从事传销、色情或其他非法机构。很多人禁不住高额回报的诱惑，而且也有的同学在求职过程中屡遭挫折，而这样的工作多数都门槛低，招聘者大多数"随和可亲"，容易取得你的"信任"，知道受骗以后也有的难以自拔，成为其犯罪的工具。

四、试用期做文章

毕业生在就业过程中与用人单位签订就业协议及劳动合同时，关于试用期一项尤为重要。此陷阱的主要特征就是对于试用期时间的约定，还有试用期权利和义务的约定。毕业生要清晰地知道《劳动合同法》有关试用期的规定，一切都自然不攻自破。毕业生应有意识维护自己的合法权益，不让自己成为无良知企业的奴隶。

(一)试用期的期限

"依据《劳动法》及相关劳动法规的规定，试用期最长不得超过六个月，而且所约定的试用期必须是与所签订的劳动合同期限相符，"根据合同的时间试用期有不同规定。

(二)试用期内享有的权利

许多毕业生由于不满意工作而在试用期内向单位提出辞职，不法单位要求毕业生承担违约责任，单位理由是毕业生已经签订合同，试用期在合同期之内，应给单位赔偿。然而劳动法设立试用期的目的就在于给予双发以互相考察、相互了解的期限，这个期限的特殊性就在于虽然劳动合同已经生效，但是任何一方因不满意对方而解除劳动合同时，都不需要承担违约责任。所以毕业生在试用期内"可以随时通知用人单位解除劳动合同"，而且不需要承担违约责任。用人单位如果在试用期满后无故解雇毕业生可以申请维权。用人单位在试用期内辞退毕业生必须是有条件的，即毕业生只有在试用期间被证明不符合该单位的录用条件，才可以随时被解除劳动合同。如果单位不能充分证明，甚至根本没有理由辞退毕业生，毕业生可以请求劳动争议仲裁委员会或人民法院裁定自己在试用期内的表现是不是符合该单位的录用条件，并进而裁定用人单位的违法行为。毕业生应了解目前国家关于毕业生就业的有关方针、政策和规则，熟悉毕业生在就业过程中的权利和义务，毕业生应学会动用法律手段维护自身的合法权益。针对侵犯自身就业权益的行为，可首先与有关用人单位协商解决。协商不成的，可向签订协议所在地的毕业生就业工作主管部门申请调解。

不少学生求职心切，疯狂"海投"简历，对于所应聘单位的背景资料也不详加了解，就盲目前往；甚至不少学生为了表示自己应聘的诚意，对企业提出的一些近乎苛刻的要求也照单全收。一些不法企业正是利用了应届毕业生这种心理设下种种圈套。广大正面临求职的学生朋友，找工作是需要耐心、细心的，应聘每一个岗位都要多方面、多渠道详细了解相应企业的情况及背景，看看企业是否正规，业务是否合法，企业是否拥有合法的营业执照和经营许可证，是否有投诉、不良记录等。了解企业情况的方法有很多，在网上搜索查询也是其中的方法之一，如在工商局等网站或网络搜索引擎中输入应聘企业名称搜索查看企业有关信息。

只要毕业生在求职择业时认清自己的实力，不要相信"天上掉馅饼"的美事，就可以有效规避就业陷阱。

思考和评价

1. 通过各种途径收集不少于40条自己目标职业的就业信息，并把这些信息进行整理。

2. 在以上信息中按照所学的知识进行筛选。

3. 找出以上信息中可能存在就业陷阱的信息，并归类。

4. 列出不少于10条就业信息，并对它进行求职准备。

【视角延伸】

精选求职网站

中国高校毕业生就业服务信息网：http://www.ness.org.cn/

人事部人才市场公共信息网：http://www.chrm.gov.cn/

高效毕业生招聘信息搜索系统：ttp://search.myjob.edu.cn/jobsite.php

中国人才招聘网：http://www.cnzhaopin.com

应届生求职网：http://www.yingjiesheng.com/

中国人才热线：http://www.cjol.com

人才招聘求职网前程无忧：http://www.51job.com/

南方人才网：http://www.job168.com/

南方英才网：http://www.job108.com/

北方人才网：http://www.bojob.cn/

中华英才网：ttp://www.chinahr.com/index.asp

前程无忧：http://www.51job.com

智联招聘：http://www.zhaopin com.

第八章

制作求职材料

了解制作求职材料的必要性与现实意义。

掌握求职信的书写格式与撰写技巧。

能够掌握求职简历的设计与制作方法。

能力目标

能够制作一份帮助自己实现就业目标的求职材料。

【项目导入】

我是一名大二的女生，名字叫高丽。就业，是摆在我们面前的头等大事。10月以来，陆续有一些企业在我们学校举行了宣讲会，我都递交了简历，但让我郁闷的是，我现在是到处投简历，只要遇到我认为合适的招聘单位我就投上一份，像个没头的苍蝇一样。

到目前为止，至少已经投出了50份简历，效果并不是很理想，我投出的简历都石沉大海，而我同寝室的一个同学却接到了好几个面试通知。其实，我们俩情况差别不大，英语都过了三级，社会实践经历也差不多，我的学习成绩比她还要好，可为什么她的简历就能打动招聘方，我的简历却被弃置一旁。我想去请教那个同学，可不好意思，找工作是不是有什么秘诀啊？

【提问】

怎样才能让自己找工作轻松一些？

什么样的简历才是 HR 眼中的好简历？

与简历并重的求职信要不要写，怎么写？

【思考】什么是求职材料？

【解答】求职材料是毕业生反映个人总体情况和综合素质的书面材料。

毕业生说："我要用它引起 HR 对自己的兴趣，获得面试机会。"

HR 说："我要用它了解学生，并作为录用的重要参考。"

求职材料包括哪些？

1. 简历；

2. 求职信；

3. 推荐信或评语；

4. 作品与证书：专业作品、外语水平证书、计算机技术等级证书、职业资格证书、荣誉证书等可以证明自己素质能力的相关资料；

5. 证件或证明原件与复印件：身份证、学历学位或毕业证、成绩证明（成绩单）、健康证明；

6. 照片（电子版与冲印版）；

7. 其他相关证明材料。

【思考】既然求职材料那么重要，怎么提高它的质量呢？

【解答】求职材料准备过程中需要遵循六大原则：

1. 真实性原则。求职材料是对自己大学生活的全面总结和反映，在内容上必须真实，切忌为赢得用人单位的好感而弄虚作假。

2. 规范性原则。求职材料不仅格式规范，而且填写术语要规范。

3. 富有个性原则。主要是求职者的材料要体现求职者的个性，不能"千人一面"，更不能"张冠李戴"，求职材料的准备也应根据不同的职位有所差异。

4. 突出重点原则。求职材料必须简明扼要，突出重点，要让想了解你的人能很快地、明确地看到你的基本情况。

5. 全面展示原则。好的求职材料是在突出重点的情况下，还可以全面展示自己。

6. 设计美观、杜绝错误原则。求职材料的版面要讲究自然、朴实、理性、洁净，要富有创意。同时，所有的材料要杜绝一切错误。

第一节　简历制作

【项目导入】

Your life on a A4 paper!

顾名思义，它有三层含义：一是将你所有的信息都包含在简历里；二是这张 A4 纸可能改变你一生的命运；三是你应该将你的简历长度控制在一页 A4 纸以内。

高丽：老师，既然简历那么重要，我应该先在网上找一个完美的模板？还是先把自己的简历内容整理出来？

老师：简历只有适合的，没有完美的。通过本节的学习，同学们需要做到的是了解简历的基本内容、制作原则及技巧，然后选择一个合格的模板开始梳理自己的简历内容，一旦简历内容充实了，模板可以任意替换。

【思考】什么是简历？

【解答】简历，顾名思义是反映个人简要经历，是生活、学习、工作的经历与成绩的概括和总结。

毕业生说："它可以证明我申请了这个岗位，具备的优势能够胜任这个岗位，通过详细的内容来证明'我'的优势，说到底，就是证明'我行'，'我'比别人更适合这个岗位。"

HR说："它可以用来了解求职者在业绩、能力、性格、经验方面的综合表现。"

一、简历的基本内容

从 HR 浏览简历的惯用逻辑出发，简历主要由七大模块构成：（一）求职意向；（二）个人信息；（三）教育背景；（四）职业能力、兴趣；（五）在校、社会实践经历；（六）获奖情况；（七）自我评价。同学们应根据个人实际情况及简历用途酌情选用，应因人因事而异。

（一）求职意向

表明此次求职希望得到什么样的工作。要结合自己的实际情况去选择求职意向，应该考虑的因素有：专业特长、兴趣、待遇、能力、学历、年龄、性别、性格、爱好、社会习俗等。简历中一定要有求职意向，而且求职意向的范围一定要明确，不能把不相关的职位放在一起。

【延伸】你知道自己所学专业在人才培养方案中的关键岗位、相关岗位、发展岗位吗？

【提示】可以向专业教师借阅人才培养方案进行浏览。

（二）个人信息

【思考】请同学们对下列个人基本信息进行归类：

1. 姓名；2. 性别；3. 出生年月（年龄）；4. 身份证号；5. 民族；6. 政治面貌；7. 籍贯；8. 毕业学校；9. 专业；10. 证件照；11. 生活照；12. 通信电话；13. 身高；14. 体重；15. 邮箱。

应该写的：_____

不建议写的：_____

考虑再写的：_____

【提示】简历容易泄密，个人基本信息的填写需要注意保护私隐；对于可写可不写的信息，根据个人实际情况选择优势进行填写。

（三）教育背景

1. 学校、专业（方向）、年限、成绩或排名；

2. 主修或自修课程及成绩；

3. 校内外相关培训经历。简历较空的情况下，也可以把中学的经历列出。

【举例】

广州城建职业学院　艺术设计（室内设计方向）　2017.09－2020.07

专科　平均分：89.45/100　排名：全级第 3 名

主修课程：装饰材料（98 分）、室内装饰构造设计（96 分），建筑装饰 CAD（85 分），装饰施工、办公空间设计、展示空间设计、娱乐空间设计（90 分）、计算机辅助装饰设计

【延伸】你知道自己所学专业在人才培养方案中的核心课程、通用课程、拓展课程吗？

【提示】可以向专业教师借阅人才培养方案进行浏览。

（四）职业能力、兴趣

个人特长、技能等能起到锦上添花的作用，重点是与求职相关的内容，如果写得好的话，可以增加自己的求职砝码。同学们应根据职位需求，以个人兴趣来补充自己在某些素质、能力上的掌握。

【举例】兴趣及反映的个人特征：

篮球、排球、足球、演戏：团队精神

围棋、国际象棋：战略意识

旅游：适应不同环境的能力、快速学习能力

跆拳道：新奇、意志，出奇制胜

演讲、辩论：沟通能力、公共演讲能力

"职业能力"需要写的是你能做什么，会做什么，掌握什么，熟悉什么，熟练什么，精通什么，而不是你做了什么。

【举例】

例如：熟悉使用 MS-Office 软件，掌握 Excel 的函数与变量分析工具，熟练使用 Photoshop 平面设计软件，精通 Access 数据库。

（五）在校、社会实践经历

特别是要说明与求职目标的工作经历，一定要说出最主要、最有说服力的资历、能力和工作经历。说明的语气要坚定、积极、有力，具体的工作、能力最好有证明材料。这部分经验最能体现自己的工作能力，所以可以尽量多写些，包括校内的实践、校外的实习，从事这份工作的起止日期、工作中的职责范围、突出表现和工作成果等都要描述清楚。当然，经历比较多时要把最新的、最重要的放在重要的位置，这样会让用人单位感觉你的能力越来越强。

【动手操练】

实践单位：＿＿＿＿＿＿＿＿＿＿＿＿＿＿＿＿＿＿＿＿＿＿＿＿＿＿＿＿＿＿＿＿＿

担任角色：＿＿＿＿＿＿＿＿＿＿＿＿＿＿＿＿＿＿＿＿＿＿＿＿＿＿＿＿＿＿＿＿＿

主要负责：＿＿＿＿＿＿＿＿＿＿＿＿＿＿＿＿＿＿＿＿＿＿＿＿＿＿＿＿＿＿＿＿＿

具体做过的事情：＿＿＿＿＿＿＿＿＿＿＿＿＿＿＿＿＿＿＿＿＿＿＿＿＿＿＿＿＿

取得的结果、成效：＿＿＿＿＿＿＿＿＿＿＿＿＿＿＿＿＿＿＿＿＿＿＿＿＿＿＿＿

学到了：＿＿＿＿＿＿＿＿＿＿＿＿＿＿＿＿＿＿＿＿＿＿＿＿＿＿＿＿＿＿＿＿＿＿

【注意】切忌简单罗列！

例如：2018.07－2019.08　中国移动有限公司从化分公司校园销售代理

HR 说："我只看出你有这段经历，但我更想知道这段经历更给你的应聘证明什么？你的优势又在哪里？"

【示例】

深圳××电子股份有限公司　广州市场调查负责人 2007.09　广州

·××电子是全国知名的大型重点软件企业

·组织和协调全队三十余人的工作，同时自己也参加市场调查，并取得团队第一的成绩

·协助建立××电子广州市场需求数据库，对数据进行处理和分析

·撰写市场调查报告，并就广州市场的进一步开拓提出建议，获得好评

·学习到了大量市场信息收集，信息筛选和处理以及与人协作的能力

(六)奖励情况

包括三好学生、优秀团员、优秀学生干部、各类奖学金等。按照级别重要性、获奖时间由近及远罗列，要适度、分类、归纳，突出重点。

【动手操练】

_____年____月荣获省级_____

　　　　　年____月荣获校级_____

_____年____月荣获院级_____

(七)自我评价

把自己最优秀、最优特质的一面，用最简短文字表达出来；即你学过什么，你能做什么，你将以什么状态去做。

二、简历制作原则及策略

(一)简历制作原则

一份卓有成效的个人简历是开启事业之门的钥匙。正规的简历有许多不同的样式和格式。大多数求职者把能想到的情况都写进简历中，但没有人会愿意阅读一份长达五页的流水账般的个人简历，尤其是繁忙的 HR。制作简历应把握下面三个原则：

1. 要有重点

用人单位希望看到求职者对事业采取的是认真负责的态度。用人单位在寻找的是适合某一特定职位的人，这个人将是数名应聘者中最合适的一个。因此如果简历的陈述没有适应相应工作和职位的特点，或是描写成一个适合于所有职位的求职者，很可能将无法在求职竞争中胜出。

2. 把简历看作一份广告，推销你自己

最成功的广告通常要求简短而且富有感召力，并且能够多次重复重要信息。简历应该限制在一页以内，工作介绍不要以段落的形式出现；尽量运用动作性短语使语言鲜活有力。

3. 陈述有利信息，争取成功机会

简历筛选就是一个删除不合适人选的过程，对用人单位来说进入面试阶段的应聘者人数越少越好。用人单位对理想的应聘者也有要求：相应的教育背景，工作经历，以及技术水平，这会使应聘者在新的职位上取得成功的关键。应聘者应该符合这些关键条件，这样才能打动用人单位并赢得面试机会。同时，简历中不要有其他无关信息，以免影响用人单位的看法。

(二)简历制作策略

1. 内容简洁

用人单位一般都有很多事物要处理，所以千万不要指望他们有足够的时间读完一份冗长的简历。如果简历写得很长，可能使招聘人读简历时缺乏耐心，甚至产生厌烦的心情，这样对求职者是很不利的。简历一般以一页为宜，如果要强调相关的工作经历，最好不要超过两个页码。

2. 语言精练

简历是对求职者语言驾驭能力的一种考验。冗长的简历不但让人觉得在浪费时间，还能得出求职者做事不干练的结论。言简意赅，流畅简练，令人一目了然的简历，在哪里都是最受欢迎的，这种简历也是对求职者工作能力最直接的反映。

为了在有限的时间内向用人单位传达最为有效的信息。最好的办法是了解招聘单位的需求，对症下药，准确的介绍自己的相关优势。方法有三：一是避免段落过长（每段不应超过6～7行）；二是多用动词，省略第一人称"我"，避免过于主观的"宣布式"口气；三是写一个长一点的初稿，仔细推敲每一个词，然后删改、删改、再删改。对于不能很好证明你工作能力的词语，删掉它。

3. 目标明确

用人单位都想知道求职者被录用后可以为他们做什么，所以对自己的前途有长期、明确目标的人更易为用人单位赏识和任用。因此，含糊的、笼统的、毫无针对性的、目标不明确的简历会使你失去很多机会。

4. 重点突出

对不同企业、不同职位、不同的要求，求职者应当事先进行必要的分析，有针对性地设计简历。盲目地将一份标准版本大量复印发送，效果会大打折扣。所谓突出重点，就是要根据用人单位和职位的要求，巧妙的突出自己的优势，要给人留下深刻鲜明的印象。强调以前的成功事例，一定要写上结果，只要有真实的"成就记录"，应聘的成功把握就多了几分。另外，还应有计划的展现对求职有帮助的学历和工作经历以外的个人天赋、才华与能力。

5. 评价客观

简历中通常都会涉及对自己的评价，应当力求客观公正，包括行文中所表现出的语气，要做到八个字：诚恳、谦虚、自信、礼貌。总之，既不能妄自尊大，也不能妄自菲薄，把握好分寸非常重要。特别要避免夸夸其谈，在简历中，千万不要简单地列举所干过的职务，而应强调都干了些什么。一定要使用有分量的词来强调能干某项工作的特别技能，以及所取得的成就和证书。有时适当坦陈自己经验等方面的某些不足，反而更能赢得好感。

6. 真实诚信

简历最基本、最首要的要求就是真实。诚实的记录和描述，能够首先使阅读者产生信任感，而任何用人单位对求职应聘者最基本的要求就是诚实。有一些求职者，为了让用人单位对自己有一个好印象，往往会给自己的简历造假。目前在简历上造假比较典型的有：假成绩、假证书、假经历。这些造假者，也可能短期内未被识破，但总归有水落石出的那一天，到那时，失去的将会更多。所以，与其费尽心机，不如老老实实，只要有真才实学，总会有属于自己的机会。

7. 消灭错误

简历是求职者的脸面，用人单位通常会以简历为窗口判断是否向求职者发出面试通知。一份高水准的简历就是把简历中的个性描述与全文的形式、内容统一起来。一份简历中常常出现错别字的人素质肯定不够高。所以，制作完简历后，要反复阅读校对，同时行文也要注意准确、规范，最好使用短语表意，以使简历短小精悍，通俗易懂。

8. 制作精致

一份好的简历，除了以上对内容方面的要求以外，版面设计和制作也是一个非常重要的因素，是真正的"第一印象"。可以使用不同的文字、字形、字号，但要避免求新求异，字体的选择最好能具有专业水准。

要条理清楚，标识分明，段落不要过长，字体大小适中，排版端庄美观，疏密得当。还要注意版面不要太花哨，要有类似公函的风格，能体现出求职者的基本职业素养。

9. 形象展示

照片应贴免冠半身正面照片，要精心拍照，以彩照为佳。在发式、穿着、打扮上要视工作性质而定。

10. 自己动手

尽管能找到很多优秀简历的范例，但最重要的是简历代表求职者自己，而不是别人。在简历中展现自己的技能，并用所取得的成果证明它们。制作简历时不必拘泥格式，要时刻记住简历是自己的简历，不管写什么，只要看着合情合理就行。

三、成功简历制作技巧

(一)应避免的九种俗套表达方式

为使自己的简历脱颖而出，引起用人单位主管的注意和重视，建议避免以下九种俗套的表达方式：

1. 我对……非常感兴趣。如果你没有兴趣，当然不会应聘。

2. 随信附上履历，供您参考。履历不是给对方参考的，又是做什么的呢？因此"供您参考"可以完全没必要写。

3. 我认为、我觉得……牵扯个人感受、情感的语句，与公事无关，少说为妙。

4. 我精力充沛。难道有人会说：我天性懒惰吗？此类问题，最好用实例说明，可以说："在公司业务繁忙时，我可以连续工作7天，每天工作12小时。"

5. 请查收履历。如果你没有把履历藏起来，不必写让对方查收履历。

6. 薪金待遇可以协商。薪金问题，回避为宜，这个问题留待面试之后再说。

7. 期待您的答复。把主动权控制在你的手中，告诉对方你会与他联系，要主动出击，不要守株待兔。

8. 请接受我的履历。如果对方正在读你的履历，难道他还有其他选择吗？

9. 我的专长可应用于……要用事例说明你的专长在对方的空缺职位上大有用武之地。

(二)如何让简历打动人事主管的心

有太多的简历都反映出求职者一种天真的想法，他们希望用人单位经理都是理性的读者，他们都有一颗宽容的心，公正无私以及又大量的空闲时间。

完整阅读两页单行空格的打印简历需要2～5分钟，即使快速浏览也要40秒左右。在这40秒时间里，必须使用人单位经理有继续看下去的"理由"，否则，他们就要准备看下一份了。

简历中的行间距要宽，标题要用粗体，段落首行要缩进，或者使用粗圆点之类的任何标记，只要它能迅速引导人事经理的视线，指向那些可能吸引他的内容。应当避免使用花哨的字体、浮华的格式或者其他惹人注意的特殊视觉效果。它们有损于简历的内容，并且使对方不想再看下去。

【课程资源】链接1：简历精选模板

【扩展】链接2：英文简历进阶

第二节　如何撰写求职信

【项目导入】

尊敬的先生/小姐：

您好！我是一名即将毕业的广州城建职业学院专科生，非常高兴在我们学校的"工作成"网站看到中国移动的招聘信息，如果能在自己的家乡加入移动，对我这个喜欢移动的广州人来说是绝妙的。

但是您一定有疑虑，因为我这个学旅游酒店管理的人却想应聘市场营销！关于这个问题，我想进行如下说明：

1. 在学科知识上我并不逊于市场营销专业，我们的专业除了学习市场营销的一系列课程外，还专注于消费者心理的研究，正如移动所说："沟通从心开始"，把握消费者心里对于营销策划更重要。另外，我还广泛阅读了从《定位》到《忠诚的价值》等众多营销论著。

2. 市场营销中许多具有艺术性、技巧性和因地制宜的东西，都不是可以从书上学到的，大卫·奥格威在成为广告教父之前是一个被牛津退学的郁闷厨子，策划狂人史玉柱也不过是一个整天计算数学方程式的学生，在这点上，我已经证明了我的天赋，我的营销案例分析课程是全院最高分96分，而且从简历中您能看到，我曾经成功地参与了数十家企业的策划活动。

在广州移动的业务当中，我很中意移动秘书服务，我觉得这是一个设计得非常好的增值服务，工作人员以及像我们正在找工作的大学生就非常需要此项服务。最关键的问题是如何推广给顾客！

假如我有幸能够加入移动，我会采取如下的方法进行推广：(1)在大学校园设立咨询台进行推广。联系学校就业指导中心，强调这项服务可以帮助大学生不错过任何一间企业的面试通知，让学校免费提供场地做宣传。(2)免费为顾客提供半个月的移动秘书服务。所谓免费操作，是指顾客不需要到营业厅办理，不需要自己打10086开通，也不需要设立密码，一切都和短信息一样，是自行开通的！顾客对于任何一项服务都是非常非常怕麻烦的，所以我们要把服务做到0麻烦！当顾客已经习惯这项服务时，我们就可以要求顾客打电话开通这项服务了！

当然，目前我对于移动的业务完全是门外汉，您可能会对我的幼稚哑然失笑，不过，我只是想让您了解我对通信业务的热情和喜爱！同时，我相信自己能够为广州移动的壮大添砖加瓦。感谢您的阅读，衷心期待您的回复。同时，祝您身体健康，一切顺意！

此致

敬礼

刘××

20××年10月6日

一、求职信的概念

问：老师，求职信一定要提交吗？

答：求职信也称应征函，是应聘者主动表示自己对这份工作热衷的一种表现，是求职过程中附带的，但具有争取面试机会的一种关键的半正式沟通方式。

写求职信的目的在于争取一次面试机会，而且写作针对的对象是一个公司或公司里某个职位，因此求职信是一种正式文件。应聘者也可以不写求职信。如果不写，没有人会认为应聘文件不完整。如果写了，是表示自己对这份工作的认真态度，是和受信者之间的额外沟通。融合这两层意义，所以求职信有半正式的沟通的性质。

问：老师，求职信跟简历有什么区别？

对比项目	求职信	简历
1. 格式	带有称谓及落款的信函	标题式的叙述文稿
2. 版本	度身定做，一稿独投；注明收信单位；对招聘单位近期重大事件的认识	通用版本（微调），一稿多投
3. 侧重点	强调自己未来能为招聘单位做的贡献	侧重对过去业绩和已有能力的描述
4. 具体性	重描述轻事实（全面描述自我能力）	重事实轻描述（在校、社会经历）
5. 必要性	不一定提交	必须提交

二、求职信的重要性

找工作的过程中，第一关往往都是投递简历，除去现在有的公司采用网上系统测试的方法，大多数企业采取的仍然是传统的递交简历的方式。如何才能让自己在茫茫人海之中被 HR 的慧眼相中，在万千简历中脱颖而出？一封好的求职信可以帮你迈出胜利的第一步！

很多求职者认为求职信是没有必要的，只要自己的学历和经验符合雇主的要求，面试的机会唾手可得，但是在某 HR 机构最近对 100 多家公司人力资源部经理的采访调查中发现，大约 76％被调查的人事经理表示非常重视求职信，18％的人事经理表示将求职信作为重要参考，只有 6％的人事经理是根本不看求职信。

在每年的招聘期当中，招聘人员基本上都要面对成百上千的求职者，求职信中展现的内容已经成为他们选择看或不看该应聘者简历的一个标准。

三、求职信的格式

结合前面的案例导入，求职信的格式由抬头、正文、结尾、署名四部分组成。

正文的开头应开宗明义，自报家门，直截了当地说明求职意图，使信的主旨明确、醒目，能引起对方注意。如"我是一名即将毕业的广州城建职业学院专科生，非常高兴在我们学校的'工作城'网站看到中国移动广州分公司的招聘信息，如果能在自己的家乡加入移动，对我这个喜欢移动的广州人来说是绝妙的"，一目了然，要言不烦。切忌在开头虚与委蛇，客套问候，给对方留下矜持或莫名其妙之感。另外，开头表达力求简洁，吸引阅读者。切忌离题万里，让阅读者产生厌恶情绪。

正文部分是求职信的重点内容。一般写法是先讲自己求职的理由、目标。说明你愿意来所选单位效力的理由，理由要合乎情理、合乎实际，做到充足、可信。目标要具体明确。接着要重点介绍自己应聘、应征或寻求工作的条件。注意要突出自己的重要成绩、特长、优势，要有的放矢，阐明你对该单位的特殊价值，重申简历中已经提到的那些主要成就。在信中，你可以更详细地介绍某一专长和成绩；对于大学毕业生来讲，也可以多提一下你的具体几个有代表性的工作经历，但要具有吸引力和新鲜感。总之，根据自己的求职目标，主体部分只要做到告知情况，突出重点，言简意赅，语气自然就行了。

求职信的结尾，主要是进一步强调求职的愿望。就其愿望而言，希望能给予考虑，给予明确答复；或者请求同意，前往面谈；或希望试用，以供单位进一步考察，等等。无论如何表述，都要注意用语恰当、得体、掌握分寸，以免造成不良印象，或授人以柄，带来麻烦。

四、求职信的内容要求

一份合格的求职信，能够给用人单位留下深刻印象，让求职者在用人单位眼中树立良好的形象；相反，一份粗制滥造的求职信，同样给用人单位留下难忘的印象，不过，求职肯定是无望的。因此，求职信写得好坏，是用人单位决定是否录用你的重要依据，切不可草率了事，一定力求能在纸面上产生一个十分有效的"形象"。一般来讲，求职信应包括下面几项主要内容：

(一)求职目标

求职信写作的最终目的是要实现求职者所追求的目标，因此，这一点必须明确，不能含糊其辞，模棱两可。什么是求职目标？案例导入的求职者在第二段中就清晰表明自己要应聘的是"市场营销"的职位，更在第五段中用模拟工作的方法来展现自己对该职位的理解。所谓求职目标就是要讲明求职者要到什么单位任职，任什么职。要写好这一点，最好在明确目标之前，应对求职的单位、想干的工作、想任的职务有比较深入的了解。只有这样，才能在求职信中有的放矢，提高"命中率"。如果是初次谋职，不妨先预定出自己的理想目标和满意目标，乃至最低目标，再根据具体情况及实现目标的可能性，对目标作灵活调整。这样，就可以找到比较适合的工作或职位。

(二)求职理由

在明确求职目标的前提下，求职信中必须充分地阐明自己之所以选中谋求这一目标的理由。理由是否真实、充足，是决定你能否被录用的关键，所以一定要既实事求是，又机智灵活。所谓实事求是，就是要从符合自己的专业、特长、未来发展出发，同时也从满足用人单位需求入手来说明理由。所谓机智灵活，就是要避免讲一些可能引起对方反感的话语，适当迎合对方的优越、自豪、自尊的情绪，争取收到"正效应"。假如你要到颇有名望的公司求职，案例中，求职者把自己最大的优点呈现出来，既然是校园招聘，最有利的证据就是自己的学分,而且是比别的同学都高的学分。事实上,该职业对专业本身并无限制,但刘同学主动地"自爆其短",说明自己的专业不是市场营销,实际上是想以先抑后扬的手法起到"后来居上"的效果,意思是,你看,我专业不对口。但我的知识结合和那些专业对口的学生相比丝毫也不逊色,而这则变相地说明了刘同学有明确的求职理由,就是学习能力更强。

求职信中则应表示对该公司"唯才是举"、"知人善任"、"人尽其才"的管理作风表示钦佩,绝不能大谈什么薪金、福利之类的"理由";相反,在一个比较困难的公司求职,则应表示对该公司的关切,有一试身手起死回生的决心和方略。

(三)求职条件

求职条件是求职的关键。热切的求职愿望,真挚的求职动机,都不能取代必需的求职条件。一旦条件不能满足用人单位的要求,求职就只能成为泡影了。因此,在求职信中,必须特别重视这一内容的写作。要针对自己求职的目标,扬长避短,具体陈述自己的主要成绩、专业优势、技术特长、年龄优势,还可以讲明自己的有关爱好、业余兴趣,也不妨提及自己已取得的成果及所受奖励,对某些问题和难题的看法,解决办法或方案等。对于应届大学毕业生来讲,也可写进与求职有关的其他有利条件,如参加过哪些有成就的社会工作等。

案例中,刘同学以用模拟工作的方法来展现自己对该职位的理解,尽管方案未必能够行得通,但是充分地展现了自己对移动的关注和热诚。总之,要力求"立体展示",突出优势,引起用人单位的注意和考虑,促进求职愿望的实现。当然,应该注意在陈述自己的求职条件时要实事求是,恰如其分。既不夸夸其谈、漫无边际,也不卑怯谦恭、唯唯诺诺,这样做都不会起到好效果,甚至适得其反。

五、求职信的撰写技巧

成功的求职信应该表明自己乐意同将来的同事合作,并愿意为事业而奉献自己的聪明才智。要写好一封令人满意的求职信,必须注意以下几点:

(一)字迹整洁,文字通顺

古人云:"字如其人,文如其人。"如果你的文章流利,字又写得漂亮,这首先从门面上就压倒其他竞争对手,并且能够把你的工作态度、精神状况、性格特征介绍给对方,加上你的求职条件,就会使你在众多的求职者中取胜。现在的求职资料都是用打印机打出来的,为了达到你的求职目的,就应该将你的求职信的整体布局得干净整洁,让人一目了然,赏心悦目。

(二)简明扼要,有条理

用简练的语言把你的求职想法以及个人特点表达出来,切忌堆砌辞藻。因为求职信的读者大都是单位负责人,他们不会把很多时间浪费在阅读冗长的文章上。求职信不是你显示文学才华的地方,最好用平实、稳重的语气来写。有些大学毕业生,总想卖弄文采,想办法堆砌华丽时髦的辞藻,结果弄巧成拙,使人反感。因此,写作求职信要开门见山，简明扼要，切忌套话连篇，浮词满纸。求职信不在于长，而在于精，精在内容集中、明确、语言凝练明快、篇幅短小精悍上。

（三）要有自信

先想好自我推销的计划再下笔。不论你是从报纸上看到的招聘广告，还是从亲友那里得来的信息，都要说明自己的立场，以便能让收信者印象深刻。写开场白之前一定要深思熟虑，如果气势不足，一开始自然就没有吸引力。应按写一则新闻导语或是拟广告词的态度来对待。

（四）富有个性，不落俗套

书写一封求职信，正如精心策划一则广告，不拘泥于通俗写法，立意新颖，以独特的语言及多元化的思考方式，给对方造成强烈的印象，引人注意，并挑起兴趣。一封求职信，无论内容多么完备，如果吸引不了对方的注意，则一切枉然；对方如果对你的陈述不感兴趣，则前功尽弃。

（五）求职目标实事求是

一个人对求职目标的确定也并不是一件容易的事情，一定要符合人才市场的供求规律和竞争法则。在我国实行社会主义市场经济的今天，人才在某种程度上来讲，也可以被看成是"商品"。市场的供求规律无时无刻不在影响着商品的价格。供不应求时，价格高于价值，也就是说，这是人才的卖方市场；供大于求时，价格就低于价值，是人才的买方市场。了解了这一规律，你进入就业市场的时候，就不会一厢情愿地只凭你的学历，时刻想着应该得到什么样的工作，而只有去适应市场的运行机制和竞争法则。至于你能"卖"到什么样的价格，要凭市场行情而定。在大学生多如牛毛的今天，你要价太高，势必无人问津。最明智的选择是顺应市场，调价处理。同样道理，如果你学的是社会冷门专业，即使是博士生，恐怕也只能是找到一个本科生的职位。同时，市场竞争法则也制约着你对职业的选择。

求职的竞争从本质上讲，是人的才能、素质的竞争。参与竞争前，你应先对自己有一个明确的估价，确定一下自己是哪个档次上的，然后再确定向哪个水平的职位挑战。只有这样，你才能在符合市场供求规律和竞争法则的前提下，摆正自己的位置，确定合理的目标，也才能使你的求职信有的放矢，提高成功率。

（六）自我推销与谦虚适度

写求职信就是推销自己，就要强调你自己的成就，强调你对所选单位的价值，这就少不了自我介绍一番，但是一定要讲究技巧。比如，你信中要表达"有能力开创企业的新局面"，让人听起来就很刺耳。应用点技巧来表达，可以说："我可以用所学的知识，建立一套新的管理计划，以提高企业的生产率"，"可以为企业搞一些形象设计"等等。

对于中国人来讲，谦虚是一种美德。一个谦虚的人，可以使对方产生好感。但对于求职者来说，过分的谦虚，同样会使人觉得你什么也不行。谦虚不是自我否定，是实事求是、恰如其分地表现自己。所以，写求职信应遵循"适度推销"的原则。但要视具体情况而定。由于文化上的差异，对外资企业可多一些自吹，对国内企业应多一些谦虚。

(七)少用简写词语，慎重使用"我"的字句

平时你与人交谈时，可能习惯简称自己的学校或所学的学科专业，但在求职信上最好不要用简称，因为用人单位的领导不一定都了解你的学校或专业的简写，往往容易使他们因不明白而产生误解。如"广州城建"，究竟是指"广州城建职业学院"还是指"广州城建集团"呢。专业的简称有时就更让人莫名其妙。如"建管系"，究竟是指"建筑工程管理系"还是指"建设管理系"呢。另外，多处简写有时还会使人觉得你做事不能脱离学生本色，或认为你态度不够慎重，从而影响录用。此外，在求职信中需要用"我觉得"、"我看"、"我想"、"我认为"等语气来表达自己的观点时，一定要慎重，否则会给用人单位留下你自高自大，思想不成熟的感觉。

(八)突出重点

求职信要突出那些能引起对方兴趣、有助于获得工作的内容，主要包括专业知识、工作经验、自身特长和个性特点等。有一点要特别注意，即在介绍专业知识和学历时，切忌过分强调自己的学习成绩。许多人，特别是刚出校园的学生容易产生一种错觉，以为社会上也和学校一样，重视学习成绩，认为只要学习成绩优秀就会谋到一份好职业，甚至为自己全优成绩而沾沾自喜。这是不成熟的表现，很容易导致求职失败。因为以自己的学习而夸夸其谈，只能给人以幼稚和书生气十足的感觉。而用人单位重视的是经验和实际能力，所以要重点突出工作经验和能力。

(九)建立联系，争取面试，莫提薪水

在求职信中，不要提薪水的具体数目。求职信所要达到的目标是建立联系，争取面谈的机会。此时谈钱为时尚早，以后会有更适当的场合，更何况薪水的数目并不是你选择职业的主要因素。如果同时有两个职位，其中低薪的那个职位更有利于今后发展，那么应当毫不犹豫地选择它。这种例子在应聘者中比比皆是。在求职信的最后，要特别注意提醒聘人单位留意你附加的简历，并请求给你回音，以争取能够建立下一步的联系，获得面试的机会。

(十)以情动人，以诚感人

写求职信也要有感情色彩，语言有情，会更有助于交流思想，传递信息，感动对方。那么写求职信要怎样做到以"情"动人呢？关键在于摸透对方的心理，然后根据你与对方的关系采取相应的对策。如果求职单位在你的家乡，你可以充分表达为建设家乡而贡献自己聪明才智的志向；如果求职单位在贫困地区，你就要充分表达为改变贫困地区面貌而奋斗的决心；如果是教学单位，你就要充分表达献身教育事业的理想……总之，你要设法引起对方的共鸣，或者得到对方的赞许。这样对方会自动地伸出友谊之手，给你以热情的帮助。

写求职信在注重以情动人的同时，还要以"诚"感人，以诚取信。只有诚于中才能形于外。只有"诚"才能取信于人，令人喜欢。人们常说"真诚能感动上帝"，就是这个道理。

(十一)求职信寄(发)出前的检查

求职信关系自己的生计与事业发展，不仅要精心撰写，反复修改，而且在投寄出或

托人代交之前要反复检查。检查的项目大体有下列各项：

信封是否标准，地址与落款是否清楚？

收信人的姓名、职位或称呼是否正确？

是否写清楚了自己所要说明的内容？

是否提供了证明自己符合有关条件与资格的数据资料或回答？

了解征聘广告所提的要求？

信中语气是否显示出自己的自信而并非吹嘘？

是否没有提及工资方面的要求？

是否写上了自己的兴趣爱好？

是否写明了可以见面的时间及联系方法？

是否说明了附有简历？

是否在求职信结尾部分暗示或明确表明了自己的希望？

信的内容是否简短而有说服力？

是否署名并告诉了对方反馈信息的地址电话？

是否留有副本以供面试时参考？

是否把求职信给朋友或有经验的人看过并征求意见？

是否记下了发信的日期，以便及时询问？

【拓展】链接3：英文求职信的写作格式及范例

第三节 其他求职材料

【项目导入】

有了简历和求职信，我的求职材料还欠缺什么呢？

为了能在众多的求职者中脱颖而出，加深用人单位对你的印象，除了准备求职信、简历以外，毕业生还应根据自身的特点和实际情况，提供其他材料为求职服务。

一、各类证书

除了准备毕业证书、学位证书以外，还包括：

1. 通用型证书

计算机等级证书、英语等级证书等通用型证书。

2. 职业资格证书

如：人力资源资格证、商务策划资格证书、物流师资格证书、报关员证书、外贸单证员证书、证券从业资格证书、会计从业资格证书、助理会计师、模具设计员、施工员、监理员、造价员、质安员等，这类资格证书范围最广、种类最多。

3. 获奖证书

指在校期间所获得的各种奖励证书，如三好学生、优秀学生干部、优秀团员、各种积极分子、奖学金以及参加各级各样竞赛所获得的证书等。

4. 其他证书

社会工作需要的驾驶证等。

二、推荐信或评语

一封推荐信能明白地写上你的品格优点，而口头推荐却使你很难知道推荐人到底为你说了些什么。推荐信可以附在简历之后，或者与你的证明人材料一块单独交给用人单位。一封推荐信要比你自己扭捏羞涩中的夸夸其谈更能展示你的才能。

三、证件或证明等材料

包括身份证、学生证、户口簿、成绩证明（成绩单）、健康证明、在校期间所发表的各种各样作品的原件或复印件等。这些材料也可以根据需要等到面试时再递交给用人单位。

四、照片

求职前准备好近期的照片，包括冲洗版和电子版。

第九章

面试技巧

知识目标

了解面试的概念、意义和分类。

熟悉面试的整过程。

掌握求职面试的基本礼仪。

掌握面试应答技巧。

能力目标

能够根据面试通知做好面试前的准备。

能够根据面试的技巧和方法获得甄选机会。

第一节　面试前的准备

从你把简历挂出去的那一天开始，面试邀约电话开始接踵而来。当面临一场面试的时候，估计绝大多数人会有两种截然不同的反应，一种是"面试该怎么准备？"，还有一种"有必要准备吗，看现场发挥"。多数人的面试经验还没有丰富到可以"现场发挥"的地步。绝大多数时候"准备比资历更重要"。下面，我们看看面试前需要准备的具体事项有哪些。

一、确认面试

(一)接到面试邀约电话，需要确认的几个问题

面试时间、面试形式(有笔试？单面、群面？)

应聘岗位、面试流程(几轮面试? 面试官职务?)

要求携带的证件材料。

面试地点、路线、交通信息等。

(二)筛选面试公司,以下的面试邀约最好谨慎参加

公司行业属于夕阳行业。

电话一上来直接邀约面试不做任何其他沟通。(不问你是否方便,不问你是否还在求职,不问你是否有兴趣)。

收到面试邀请邮件、短信的那一刻,除了浏览面试安排之外,记得回复一下 HR,主动的确认回复是良好沟通的开始。

二、面试准备

1. 自带打印简历一份。

2. 自带笔一支,以备随时填写正式的表格。

3. 笔记本一个,面试时记录或计算可能用得到。

4. 身份证、学历证书、荣誉证书、工作成果的证明、作品、专利证明等。

5. HR 联系方式、行车线路图、面试地址。

6. 公文包一个,放置以上物品。

三、心态准备

7. 尊重与重视。做好充分准备,表现对面试官与公司足够的尊重与重视,表达出对职位足够的兴趣。

8. 自信与展示。充分展示自己的经验与价值。面试的时候无需半点谦虚。

9. 放松与准备。准备不仅比资历重要,而且充分的准备还能减少紧张情绪。

四、面试着装

10. 打造自己良好的职业形象。在很短的时间里,尽量在各个环节为自己加分。根据自己应聘的公司性质、职位类别,行业特点来选择合适的着装。

11. 如果是商务、职能类职位、高管类职位,最好准备一套稍微正式的正装(未必要扎领带)。即使一般的岗位面试,也最好不要太休闲、花哨的穿戴方式。着装尽量表现出对面试官和本次面试的尊重和重视。

五、行程安排

在整个面试过程中,面试官和应聘者实际上是一种典型的"弱关系"。相互的信任关系很脆弱,一次迟到会给你的后续面试评价减分不少。提前安排好时间,查好行车路线。提前 15 分钟到达面试地点,多数公司要求填应聘登记表。不建议提前太早到达面试的公司,因为不期而至的早到,往往会打断 HR 的时间安排。

万一遇到堵车等原因导致面试迟到,记得一定要在约定面试时间之前 5～10 分钟给

HR 打电话，告知面试可能会迟到，并告知原因及可能到达的时间。千万不要等面试时间过了之后，HR 主动电话追问你迟到原因。

六、知己知彼

(一)知己，清楚自己的职业发展

自我分析：个人的职业优劣势分析，初判与应聘职位的匹配程度。

职业规划：考虑未来长短期规划，与应聘职位的契合程度。

职业期望：希望得到什么？钱多事少的工作毕竟没有那么容易找到，对薪水，平台，行业，职位，家庭平衡等影响你做出求之决定的因素按照重要程度进行排序。

细读简历：面试官发问的问题基本上都来自于你的简历。尤其是涉及一些业绩成果、获奖信息等。

自我介绍：准备一段自我介绍，绝大多数公司的面试都是以自我介绍开头的。

(二)知彼，研究公司的相关情况

公司业务，行业趋势，产品类别，竞争对手。

公司的优势，劣势，机会，威胁。

公司的企业文化和价值观。

了解职位的职责(需要解决什么问题)。

职位胜任力要求(需要一个什么样的人选)。

职业未来发展路径(未来的机会)。

(三)专业知识准备

你所从事的工作必须要用到的技术、技能。比如应聘招聘经理，一定要掌握的面试技巧、招聘渠道等。

你简历中提到的用过的工具、技术知识，如果时间久了，一定要复习。

应聘职位中提到的特定经验、工具、知识。

不管你从事的是建筑类、财会类、IT 类、机电类等，一定要在面试前复习一下面试时可能会用到的专业技术或知识。对大学课程的内容，也要浏览一遍，要强化与求职单位业务相关的专业知识，因为大多数单位的笔试题目不分专业，并越来越强调综合性。

七、面试结束后

当听到面试官问你"你还有什么其他问题吗？"的时候，你以为面试就这么结束了。其实，这个问题是个分量很重的问题，面试官还在通过这个问题进一步评估你的应聘动机，因为"你问什么问题，就说明你关注什么"。

如果你回答"没有问题了"，面试官就会觉得你对这个职位基本上没有兴趣，进而怀疑你的求职动机。如果你问"这个职位薪资待遇如何"，面试官就会认为你是一个只关注"钱"的人选，没有任何公司愿意聘用一个人只关注"钱"的员工。

建议提前准备好在这个环节需要提问的问题。那么到底该问什么，不该问什么？

(一)建议问

公司对该职位人选的期望是什么？

我所应聘职位未来的职业晋升渠道？

公司对该职位的考核方式？

(二)不合适问

薪资福利待遇无疑是你最关注的问题，但最好不要在这个环节直接问职位的薪水、社保公积金等细节问题。尤其是不要问用人部门面试官关于薪资福利的问题。总之，面试官没有主动提及的话，自己千万别主动问。

不问"好高骛远"的问题。如果你应聘一个销售代表的问题，最好不要问"公司某个产品未来的销售策略"之类好高骛远的问题。

不问与应聘岗位无关的问题。尤其是类似"公司真的准备要进行私有化吗"的八卦问题。

【拓展阅读】

面试成败案例
——原来你是这样被"刷掉"的

面对众多的笔试、面试、实习、试用，面对人力资源经理"刁钻古怪"的问题和"难以琢磨"的脾气，不少即将走出校门、踏入社会的准职场人在找工作的初期备受打击，究竟是哪些细节让你被"刷"。

原因一：不切实际

夏某，男，专业：工科

面试岗位：机械工程师

小夏在招聘会上，主考官对他非常满意，于是开始谈最后的薪资。小夏觉得今年找工作的情况那么严峻，自己能找到一份就不错了，怎么还能讨价还价呢？于是他回答："无所谓，都可以！"主考官马上阴沉着脸，请他回去等通知，就再也没有了消息。

点评：薪资是你对自己水平的一个衡量标准。一个连自己薪资都无所谓的人，还能期望他对以后的工作和公司有干劲吗？

原因二：不自信

王某，女，24岁，专业：法律

面试岗位：招商顾问

在招聘会上，小王看上了一个日商投资的外贸公司。"我们招的是专科学历，你是本科，怎么会来应聘这个岗位？"小王支支吾吾地回答："我觉得你们公司挺好的，也比较适合我的专业。"小王忐忑地答完了所有问题后，主考官面带微笑地告诉她："以后再去面试要自信点……"

点评：缺乏自信会让人产生你学习能力差、推诿塞责的联想，肯定不受用人单位欢迎。

原因三：抢风头

李某，男，23 岁，专业：国际贸易

应聘岗位：营销企划

参加学校里的招聘会时，小李杀入了一家国内知名企业的面试现场，据说投简历的就有数百人，最后杀进面试的只有 30 多人，因此小李觉得要脱颖而出就必须表现得更积极。在面试时，别人还没说话，小李就不停地抢着回答，面试下来有 2/3 的问题都是小李回答的。一个星期后收到通知，小李被客气地告知不需要参加复试了。

点评：自信和骄傲有时就在一线之间，骄傲的人没有团队合作的概念，用人单位绝不会喜欢一个单打独斗的独行侠。

原因四：学生气

杜某，女，23 岁，专业：会计学

面试岗位：外事

小杜接到了自己心仪已久的那家知名高薪企业的面试通知。"根据你的性格特点，我们想把你安排在外事部门，不过户口方面可能还需要再争取。"小杜左思右想，轻轻咬着下唇说："要不，我跟爸爸妈妈商量一下。"主考官突然愣了一下说："你这样会显得没有主见。"

点评：凡事依靠父母的是学生，而非职场中人。

向央视主播学"四式"求职面试法

踏进中央电视台就意味着成功——中央电视台的主持人一夜之间就能成名，往往拥有不菲的身价！如此名利双收，怎不让广大求职者眼馋美慕呢？人们不禁会问：这些主持人一定有求职应聘面试的高招吧？的确如此。在此，精选毕福剑的举手式，李咏的进行式，熊邦欣的过去式，周涛的将来式这"四式"成功求职面试法，相信求职的人们能够从中举一反三、收到裨益。

A. 举手式（武术术语，动手之前的姿势，从该姿势可以看出何门何派，借指求职者在求职面试前的心理状态）

代表人物：毕福剑——中央电视台著名主持人，金牌栏目有《星光大道》《暑期七天乐》等。

成功案例：大智若愚，轻松应聘。

20 世纪 80 年代，毕福剑从部队退伍到地方后，曾有一段时间在家待业。一天，他在街头看到北京广播学院导演系招生的广告，便抱着"玩一把"的心态花四元钱报了名，没想到近千名应试者只有他笑到最后！拿到录取通知书的当天，毕福剑感叹地说："我做梦也想不到这么幸运的事会落到我的头上。当初我若知道最终只招一人，打死我也不敢报名啊！"北京广播学院毕业后，毕福剑被分配到中央电视台工作。试想：如果毕福剑事前知道北京广播学院只招一人，他敢去报名吗？如果毕福剑没有北京广播学院的过硬文凭，他能分到中央电视台工作吗？所以说，越是重要的应试越要大智若愚的轻松心态。

事后诸葛：毕福剑成功的案例告诉职场的人们：在重要的应聘面试前，有些情况是不能去了解打听的，有时模糊一些，粗放一些，就是我们所说的大智若愚一些，往往能减轻心理压力，从而增加应聘面试的成功概率。不信？你试试！

B. 进行式（面试进行时的随机应变）

代表人物：李咏——中央电视台著名主持人，因主持《非常6＋1》《幸运52》而享誉全国，多次主持中央电视台春节文艺晚会。

成功案例：答题出错，自圆其说。

1991年7月李咏刚从北京广播学院毕业，就参加了中央电视台的招聘考试。面试那天，中央电视台把内部的闭路电视开通，台里所有的人都能看到面试考场的画面；考场的台下也黑压压的全是人，初出茅庐的李咏有点儿慌。他及时调整自己的心态，随着面试的开始进行，李咏逐渐适应了这种场面。当时中东正进行海湾战争，考官就问海湾都有哪些国家。李咏搜肠刮肚说了一些，唯独少了伊拉克，台下马上就有人质问，李咏想都没想，脱口而出："联合国正制裁呢，那是'敌'国呀！"一句话，台下的人全乐了，李咏由此给考官留下了深刻的印象，遂顺利地进入了中央电视台，为今后成就事业奠定了坚实的基础。

事后诸葛：其实，李咏的辩解可说是答非所问、风马牛不相及，为什么效果却出奇的好呢？这是因为中央电视台招的是主持人，不是地理学家。考官要的就是应聘者处理危机时的镇静自若、答辩时的反应敏捷以及潇洒的台风，哪管你答对答错呢？所以，应聘者在面试遇到危机时，要镇定自若，尽自己的最大努力见招化招，不要太计较答对答错。因为，也许面试题有时根本就没有正确答案；或不看你的答案，而看你答题时的表现呢！

C. 过去式（即使招聘"结束"了，也仍然不放弃）

代表人物：熊邦欣——中央电视台第九频道全球体育新闻英语主播，主要担任用英语向全世界转播奥运会的历史重任。

成功案例：看似结束，实没结束。

2006年下半年，在加拿大担任电台主播的熊邦欣得知中央电视台正在招考英语主持人，一向热爱祖国、向往北京的她，毅然辞去待遇丰厚的工作，不远万里从加拿大来到北京报考，谁知招聘工作已经结束了。失望的她没有放弃，通过熟人打听到中央电视台还没有最后确定人选，便将自己在加拿大多伦多电台工作的片段，制成一张DVD，连同有关材料寄给中央电视台，不久便收到中央电视台的面试通知；在加拿大出生的她英语功底扎实，又有电台工作的经历，这些让她顺利地得到中央电视台的正式录用通知，幸运地成为中央电视台第九频道全球转播运动会的新闻主播。

事后诸葛：从真正意义上来讲，一次招聘活动，应当是确定了最佳人选才算结束。熊邦欣没有赶上面试、复试，仍然没有放弃，通过熟人打听该职位有没有最终确定人选；一了解到还没有确定人选的信息，便果断出击，并一击而中。熊邦欣的成功告诉求职的人们：在任何一次求职应聘中，只有得知招聘单位没有确定最终人选，而你也认为自己确有一定的竞争实力，即使你没有赶上报考、面试时间（甚至于初试、复试被淘汰），仍然不要放弃，通过各种手段来予以弥补，或许也能"柳暗花明又一村"了。

D. 将来式(单位没有空缺，创造等待空缺的机会。反过来说，如果单位允许你等待，这就说明你有机会)

代表人物：周涛——中央电视台著名主持人，曾主持《综艺大观》《真情无限》等栏目，多次主持中央电视台春节文艺晚会。

成功案例：无中生有，求得"待机"。

周涛大学毕业后到某市电视台求职，由于种种原因遭到了拒绝，但她并没有灰心丧气，而是施了一个"苦肉计"——要求留在传达室扫地、打水、送报纸打杂。看到一个名牌大学的毕业生在自己名下屈才，电视台领导不忍心，于是破格让周涛上镜试播，有备而来的周涛当然不会放过这个千载难逢展示自己才华的好机会，她使出自己的看家本领，把节目做得非常精彩、出色，不但征服了观众，还得到了领导和同行的赞赏。从此便一发而不可收，周涛由勤杂工变成了主持人，后来又调到中央电视台，成了全国著名的金牌主持。

事后诸葛：因为单位没有招聘计划而使自己的求职意愿难以实现的时候，不要立即走开；要像周涛那样，适当降低自己的求职要求，往往可以得到大树的"荫凉"。因为在一个自己看好的、有发展潜力的公司工作，即使是从最底层干起，也是有发展前途的。俗话说的"舍不得孩子套不住狼"就是这个道理。所以，求职中应学会以退为进，有时候要放弃眼前、局部利益，尽管从当时来看似乎有点儿吃亏，但从长远来说，这样的放弃是值得的。

第二节　求职礼仪

应聘是正式场合，应穿着适合这一场合的衣服，作为参加应聘的大学生，穿着打扮应给人"信得过"的印象，符合着装大方，精神饱满，有青年人朝气的特点。作为一个年轻人，穿着仪表首先要体现青春和朝气，展示于社会的第一印象应该是大方、整洁。应试当天的穿着打扮对录取与否有着举足轻重的影响。

一、求职的服饰礼仪

(一)发式

干净整洁不仅仅是指衣服，头发的整洁也很重要，如果顶着一头乱蓬蓬的头发去参加面试难免有碍观瞻，会让面试官认为你不善于打理自己、不善于管理时间，这样的印象对你的面试无疑是不利的。

男性理好头发，剃好胡须，如果男生使用发胶，需要注意临出发前，一定要用梳子把固结成缕的头发梳开。如果男性面试者想简简单单理个发就行了，如果刚理过发后，羞于上街，那就应该早几天理发。

女性的头发要清爽，在面试这样的场合，大方自然才是真。所以，不要弄什么爆炸式的发型，这种膨胀着的带有威胁意味的头发，会使面试官对你有着本能的排斥；高挽的头髻也不可取，它会让面试官倾向于以家庭型女性来评判，这无疑是对你求职的否定；

披肩的长发已渐渐被接受，但应稍加约束一下，不要让它太随意。

（二）着装

一般而言，面试官评判面试者服装的标准是：协调中显示着人的气质与风度；稳重中透露出人的可信赖程度；独特中彰显着人的个性。面试前还要注意一下自己的衣服是否平整，最好是熨烫过的衣服，如果学校里没有条件熨衣服，可以在面试前一夜把衣服挂起来，这样也可以保持衣服的平整。

男生穿西装时，避免穿着过于旧的西装，颜色以素净为佳。衬衫以白色比较好。尽量选择颜色明亮的领带，但太过鲜艳显得花哨。领带不平整给人一种衣冠不整的观感，尽可能别上领带夹。以穿着熨烫笔挺的长裤为好，忌裤腿太短、裤腿管太大。皮鞋应以黑色为佳，并配以深色袜子，忌配运动式皮鞋、白色袜子。

女生面试时尽量选择带领子、袖子的服装，注意着装整洁，穿着应有白领丽人的气息，套装是最合宜的装扮。裙装不宜过短。应穿着高跟鞋，最好避免平底鞋，千万不要穿拖鞋。服装要遵守三色原则，即全身颜色不多于3种，服装颜色以淡雅或同色系的搭配为宜，颜色切勿过于花哨，样式亦不宜暴露。

（三）面部化妆

在面试中，脸部的妆容一定要淡而自然，尤其拒绝浓妆，因为它使人的脸部不自然，它破坏了人脸上的表情，而一张脸最生动的地方就在于它细微生动感人的情绪表达。不要让面试官必须先努力看透厚厚的化妆，才能捕捉到你的表情。面试技巧其中一条就是：面试前最好略略将面颊修饰打扮一下，让自己看上去健康、精神焕发就已足够。

（四）饰物和手袋

饰物要大方得体，不宜过多，不戴叮吟作响的手链，不佩戴过长的吊挂式耳环，同时最好不要戴戒指。手袋（包）的风格也要持重，不携带体育用包或叮当作响的发光的包。选择手袋（包）要考虑到衣服的颜色，白色或黑色手袋可配任何颜色的衣服，身材高大的女士，不宜用太小的包；反之，娇小玲珑的女士不宜用太大的包。

二、求职的仪态礼仪

眼睛是心灵的窗户，面试中目光礼仪很重要。面试场合应采取社交凝视，注视部位在对方的双眼与唇心之间区域。应聘者目光应坦然自信，与考官谈话不妨面带诚恳的微笑正视他。微笑是令人愉快的面部表情，可以营造和睦、友好的氛围，增强亲和力，可为面试加分。面试时，应试者应当与主考官保持目光接触，以表示对主考官的尊重。

目光接触技巧：盯住主考官的鼻梁处，每次15秒左右，然后自然地转向其他地方，然后隔30秒左右，再望向主考官的双眼鼻梁处。切忌目光犹疑，躲避闪烁，这是缺乏自信的表现。

站姿：站立时要挺拔、优雅；头正，下颌微收，双目平视前方，面容平和自然，面

带微笑；两肩平放，气下沉，自然呼吸；两臂放松，自然下垂于体侧，虎口向前，手指自然弯曲；挺胸、收腹、立腰；两腿并拢直立、夹紧，两脚跟相靠，两脚的脚尖打开，身体重心均匀放于脚掌，脚弓向上。

站立时避免探脖、斜肩、驼背、挺腹、撅臀、耸肩、双腿弯曲或不停颤抖等不雅动作。也不要将手插入裤袋或交叉在胸前，更不能下意识地做摆弄衣角等小动作，那样会显得拘谨，给人缺乏自信的感觉。另外，站立交谈时，身体不要倚门、靠墙、靠柱，双手可随说话内容做一些手势，但不可手舞足蹈。

坐姿：从座位的左侧入座，轻稳坐下；入座时要轻、要稳，女士入座前要先整理衣裙下摆；双目平视，嘴唇微闭，下颌微收；双肩平正放松，两臂自然弯曲平放在腿上，也可以掌心向下放在椅子或沙发扶手上；坐姿要求挺胸、提臀、立腰；上体自然挺直；双膝自然并拢，双脚尖向正前方或交叠；男士双脚可平行打开。

坐时勿弯腰驼背。就座时应避免不雅体态，不要动作太大，不要低头，不要大弯腰。需要注意的是，如果与考官一起入座时要让考官先入座，入座后坐满椅子的 2/3 轻靠椅背。侧身与他人交谈时，应尽量把上身侧向对方。

走姿：行走时要头正肩平，目视前方，挺胸收腹，重心前倾，臂摆幅度小，步速平稳，步幅适度，表情与步履自然。避免身体前俯后仰、走八字步、步幅太大或太小；身体切勿乱摇摆，以免给人轻佻、缺少教养的感觉。

三、求职面试过程礼仪

(一)求职面试前的礼仪

1. 应聘时不要结伴而行，任何情况下都要注意进房先敲门。

2. 微笑示人、招呼问好、受请入座、莫先伸手、递物大方，

3. 待人态度从容，眼睛平视，面带微笑，不卑不亢。

4. 说话清晰，音量适中，忌不拘小节，无犹豫不决。

5. 神情专注，切忌边说话边整理头发。

6. 手势不宜过多，需要时适度配合。

7. 进入面谈办公室前，可以嚼一片口香糖，消除口气，缓和稳定紧张的情绪。

(二)求职面试中的礼仪

在面试对话过程中，要注意相应的原则和礼节规范，务必要使自己的谈吐表现得文明礼貌，言辞标准，语言连贯，内容简洁。

自我介绍忌拖沓，要有分寸，切忌以背诵朗读的口吻把求职材料上写得清清楚楚的内容再说一遍，那样只会令主考官觉得乏味。应根据你所应聘的岗位重点地介绍与之相关的学历、经历、能力及个性特征等，且要言之有物。举止行为的禁忌，一边说话，一边玩弄手指；支支吾吾的小声说话，眼神飘忽不定，夸张的肢体动作，不停地看表等。

在面试时不可以做一些不良习惯的小动作，比如折纸、转笔，这样会显得很不严肃，分散对方注意力。不要做些玩弄领带、掏耳朵、挖鼻孔、抚弄头发、掰关节、玩弄文具

等多余的动作；用手捂嘴说话是一种紧张的表现，应尽量避免；禁止腿神经质般的不住晃动翘起等。一些不良习惯行为动作，出现在面谈过程中，是不礼貌的，它们会被主考官作为评判的内容，进而影响你的录用。

求职应聘是一种检测性的被动交谈，事前应有充分准备，不要出现面试恐惧症。对于主考官可能提出的各种各样难以回答的问题，应聘者要做到临阵不慌，用冷静的心态、理智的语言、正确的思维予以恰当的回答。在面试中，如果遇到实在不会答或不懂的问题，就应坦诚相告。

(三)求职面试结束后的礼仪

1. 礼貌地与主考官握手并致谢。
2. 轻声起立并将坐椅轻手推至原位置。
3. 出公司大门时对接待小姐表示感谢。

面试时，要特别注意对方结束面谈的暗示，适时礼貌告辞。即使面试失败，也要面带微笑地向主考官致谢。实际上，面试结束并不意味着求职过程的完结，也不意味着求职者就可以袖手旁观以待聘用通知的到来。许多求职者只留意应聘面试时的礼仪，而忽略了应聘后的善后工作。求职者不应该翘首以待聘用通知的到来，有些事你还需要继续做。

表示感谢。为了加深招聘人员对你的印象，增加求职成功的可能性，面试后两天内，你最好给招聘人员打个电话或写封信表示谢意。打电话最得体的时间应该是对方方便的时间。感谢电话要简短，最好不要超过3分钟，电话里不要询问面试结果。通话也要注意控制音量。面试感谢信包括电子邮件和书面感谢信。感谢信内容要简洁，最好不要超过一页纸，在书写方式上有手写和打字两种。感谢信的开头应提你的姓名及简单情况，以及面试的时间，并对主考官表示感谢。中间部分要重申你对该公司、该职位的兴趣，或增加一些对求职成功有用的新内容。结尾可以表示你对能得到这份工作的迫切心情，以及为公司的发展壮大做贡献的决心。

四、做好再次冲刺的思想准备

面试回来后调整心态，在应聘中不可能个个都是成功者，万一你在竞争中失败了，也不要气馁。这一次失败了，还有下一次，就业机会不止一个，关键是必须总结经验教训，找出失败的原因，并针对这些不足重新做准备，"吃一堑，长一智"，谋求"东山再起"，全身心地投入面对第二家的面试。在未有最终结果之前，仍未算成功，你都不应放弃其他机会。

礼仪是无声的"语言"，是衡量个人形象的重要标准。作为大学毕业生，面试中礼仪其实占了很大的比重。参加面试，要掌握必要的基本礼仪，学会推销自己，为成功求职铺平道路。只有这样，才能发挥自己的竞争优势，在求职中取胜。也有利于工作后处理好各种人际关系，为今后的工作顺利开展奠定基础。

【拓展阅读】

一、站姿视频：

http://www.iqiyi.com/w_19s6kbr35p.html

二、走姿视频：

https://www.iqiyi.com/v_19rqzflrj0.html#curid=1300815600_79b4c527c4d4514728bcf7e7b19b4d1f

三、面部表情管理：

https://www.iqiyi.com/v_19rqzflrdg.html#curid=1300815800_7b2ec493e4000d0fba98013c786fc899

四、整体形象控制（含坐姿）视频：

https://www.iqiyi.com/v_19rqzflidw.html#curid=1300819000_b5f776034004e402e60bd374e76cbd5e

第三节 面试的基本技巧

一、面试的基本技巧

（一）聆听技巧

"聆听"也是一种很重要的礼节。不会听，也就无法回答好主考官的问题。好的交谈是建立在"聆听"基础上的。聆听就是要对对方说的话表示出有兴趣。在面试过程中，主考官的每一句话都可以说是非常重要的。求职者要集中精力认真地去听。面试的目的是为了让对方了解求职者，信任并接受自己，不能对不感兴趣的问题表现出心不在焉或不耐烦的样子，也不要因对方叙述的平淡而漫不经心，更不要在别人讲不清楚时，流露出烦躁或不满意的神情，更不要在对方讲不同看法时，听不进去，反驳或争执。在聆听对方谈话时，要自然流露出敬意，这才是一个有教养、懂礼仪的人的表现。

一个好的聆听者会做到以下几点：

1. 记住说话者的名字；

2. 用目光注视说话者，保持微笑，恰当地频频点头；

3. 身体微微倾向说话者，表示对说话者的重视；

4. 了解说话者谈话的主要内容；

5. 适当地做出一些反应，如点头、会意地微笑、提出相关的问题；

6. 不离开对方所讲的话题，巧妙地通过应答，把对方讲话的内容引向所需的方向和层次。

（二）交谈技巧

交谈是通过语言完成人际间沟通的方式，面试官会通过交谈捕捉求职者自然流露的信息，进而推断出求职者是否有真才实学，是否具备良好的应变能力、推理能力和判断能力，以及为人处世的态度。因此掌握交谈的技巧无疑是重要的。所以一个面试者应注意以下几点：

1. 做好交谈内容的准备。要考虑如何回答对方可能向你提出的问题，也要准备好如何向对方发问。

2. 谈话应顺其自然。不要误解话题，不要过于固执，不要独占话题，不要插话，不要说奉承话，不要浪费口舌。

3. 留意对方反应。交谈中很重要的一点是把握谈话的气氛和时机，这就需要随时注意观察对方的反应。如果对方的眼神或表情显示对你所涉及的某个话题已失去了兴趣，应该尽快找一两句话将话题收住。

4. 有良好的语言习惯。不仅是表达流利，用词得当，同样重要的还有说话方式。发音清晰：有些人个别音素发音不准，如果影响讲话整体质量的，应少用或不用含有这个音素的字或词。

(三)问答技巧

在求职过程中，招聘单位总会想尽一切新手段、新办法、新问题来考查应聘者，从中挑选雇主真正需要的人，针对面试的具体问题，面试者在回答中通常要注意以下几点：

1. 把握重点，条理清楚。一般情况下回答问题要结论在先，议论在后，先将中心意思表达清楚，然后再做叙述。

2. 讲清原委，避免抽象。招聘者提问是想了解求职者的具体情况，切不可简单地仅以"是"或"否"作答，有的需要解释原因，有的则需要说明程度。

3. 确认提问，切忌答非所问。面试中，招聘者提出的问题过大，以致不知从何答起，或求职者对问题的意思不明白是常有的事。"你问的是不是这样一个问题……"将问题复述一遍，确认其内容，才会有的放矢，不致南辕北辙、答非所问。

4. 讲完事实以后适时沉默。保持最佳状态，好好思考你的回答。

5. 冷静对待，宠辱不惊。招聘者中不乏刁钻古怪之人，可能故意挑衅，令人难堪。这不是"不怀好意"，而是一种战术提问，让你不明其意。故意提出不礼貌或令人难堪的问题，其意在于"重创"应试者，考察你的"适应性"和"应变性"。你若反唇相讥，恶语相对，就大错特错了。

6. 要知之为知之，不知为不知。面试中常会遇到一些不熟悉、曾经熟悉但现在忘了或根本不懂的问题，特别像专业知识这样的问题。面临这种情况，回避问题是失策，牵强附会更是拙劣，诚恳坦率地承认自己的不足之处，反倒会赢得招聘者的信任和好感。

(四)观察技巧

在面试中，单位和求职者直接见面，形成了一个人际互动的局面，求职者学会如何看懂对方的"脸色"，也是求职过程中不可忽视的一项能力。因为面试官在与求职者交谈的过程中，他的脸色、神态和举止也相应地表达了他的想法和意图。

有时候，求职者在面试中介绍自身的某项特长，面试官却不时地移开目光，那么他很可能对求职者的介绍并没有特别在意或没有兴趣，求职者应当尽快跳过，看是否还有值得向他介绍的其他信息。有时，面试官一再询问求职者是否拥有英语六级、计算机或其他门类等级证书等，很显然，该公司着重想招聘的是复合型的人才，求职者应该把获得的证书一个不少地展示出来，把自身的特长一一介绍出来。

二、面试回答与提问思路

了解面试中常见的几个的问题，并进行回答练习，会有助于你更有效地在面试中发挥自己的真实水平。

(一)面试常见问题回答思路

1. 介绍一下自己，好吗？

解答提示：这是一个看起来比较随便的设问，主考官为了使你消除紧张心理，通常把它作为第一个问题提出。这个问题看似随便，但回答时千万不可从你出生平铺直叙地介绍到大学。因为主考官并不想了解你的生平经历，况且这些东西一翻简历就会搞清楚。对考官来说，重要的是通过你的回答来判断你的概括能力和表达能力。一般来说，回答这个问题应把重点放在你的优势及主要成绩上。

2. 你了解我们单位吗？

解答提示：考官是想了解考生对其单位的关注程度。有的可能是在暗示你，本单位福利待遇不高，工作比较辛苦忙累，想试探你是否有思想准备。对这个问题的回答应坦率，知之为知之，不知为不知。免得东拉西扯，胡乱猜测，闹出笑话。因为对用人单位来说，这不是最重要的。重要的是直接回答这个问题之后，应表明考生对福利、条件并不看重，只要有工作可干，并不挑肥拣瘦的态度。

3. 为什么你选读此专业？

解答提示：这个问题主要是考察你对专业的热爱程度，以及将来你从事该项工作的态度。有的人可能入学时就向往并热爱所学专业，而有的人则是通过大学学习逐渐爱上这一行的。这两种情况都可据实回答，无需加工修饰。因为用人单位要知道你现在的态度，并不关心你高考时的志愿。

4. 你学过的科目与我们的工作有什么关系？

解答提示：回答时，要简要地把你学过的重点课程，特别是与用人单位需要的专业知识的关系讲清楚。介绍自己专业成绩的同时，说明到单位后可以利用学过的哪些知识来为单位服务。这时要避免拔高、吹嘘。别忘了承认你存在实践经验不足，还需要进一步在工作中锻炼的弱点。

5. 你喜欢你的学校吗？你的老师怎样？

解答提示：一般而言，对这个问题要持积极肯定的态度。一个不爱母校、不尊敬老师的考生不会受欢迎。

6. 你有什么特长、爱好？

解答提示：对这个问题要据实回答，不可无中生有，也不可过分谦虚。因为一个爱好广泛、多才多艺的考生备受用人单位的青睐。

7. 你为什么愿意到本单位工作？

解答提示：回答这个问题时，应多从工作性质、工作环境如何有利于自己专业发展，从干一番事业、为单位多做贡献的角度来叙述。你的兴趣爱好与用人单位性质相宜的也可以谈。但决不要讲"工资高""福利好"等，那样用人单位会感到你择业动机不纯。

8. 你有什么优缺点？

解答提示：这是一个常常被问及并且较难回答的问题。即使能客观评价自己也很困难。往往谈优点多了怕用人单位觉得你自傲；谈缺点多了更怕用人单位舍你而去。其实这些担心都是多余的。如实讲述自己的优缺点，并不会减少录用的机会。假如你有致命的弱点，即使你不讲，用人单位也会了解。对你来说，回答问题时的态度，比回答的内容更重要。这个问题可以从为人处世、学习成绩、工作及社会活动能力等诸方面来回答。最后别忘了说一句：由于客观原因，自我评价可能不很完备准确，若有可能，您仍可再通过学校组织了解。

9. 你对加班、周末、假期工作怎么看？

解答提示：回答这个问题的主题是：我能够全力以赴地工作。还没打算结婚，以及家庭没有拖累、负担等都可以。

10. 你是不是打算继续学习？

解答提示：有的用人单位希望你将来进一步深造，而另一些用人单位则希望你坚守工作岗位。无论如何，回答这一问题时，可以表明你愿意进一步深造的愿望。同时说明，如果工作需要，也愿意放弃进一步深造的机会。

(二)向面试官提问的思路

如果面试时若面试官问自己有没有问题，此时可以适当问一些问题，并且应该把提问的重点放在招聘者的需求以及你如何能满足这些需求上。所提问题必须是紧扣工作任务、紧扣职责的。求职者可以询问诸如以下的问题：

应聘职位所涉及的责任以及所面临的挑战；

在这一职位上应该取得怎样的成果；

该职位与所属部门的关系以及部门与公司的关系；

该职位具有代表性的工作任务是什么。

思考和评价

1. 面试的基本问题有哪些，回答思路一般是什么。
2. 如何做好面试的善后工作。
3. 小组拍摄模拟面试视频。

第十章

调适求职心理

知识目标

了解大学生择业中常见的心理误区和心理障碍。

掌握大学生择业中常见心理问题的调适方法。

能力目标

能够根据大学生的择业心理进行分析，找出根源所在。

能够客观的认识自我。

能够运用恰当的心理训练来调节自己。

能够利用恰当的方法来使自己保持良好的就业心态。

能够通过多方面的学习来增强自身就业竞争力。

能够根据社会环境转变自身的就业观念。

第一节　大学毕业生择业心态分析

【项目导入】

我叫王××，是一名工商管理专业应届大学专科毕业生，在校一年，自觉学有所成，然而却在求职上处处碰壁。我看中的公司，人家却看不中我；公司看中我的，我却看不中人家。还有一个月就要毕业了，我还未与一家单位签约。时下，我处在焦虑、忧郁、自卑、不满、无法决断的状态，内心十分矛盾、痛苦。我该怎么办？

【点评】求职择业不仅是学生能力的比拼，还是对学生心理素质的考验，该学生由于缺乏良好的求职心理准备，导致求职失败。调查显示，目前大学生因专业选择、职业选择而引发的心理障碍，已跃居大学生心理问题的第四位（前三位分别是学习压力、情感困惑和人际关系）。良好的心理素质不仅可以使高校毕业生在求职期间，正确看待挫折，保持良好的心态，适时调整就业目标和方向，促进其顺利就业，而且可以使其在求职后能顺利的适应职业及环境，尽快发挥自己的才能，促进职业能力更快更好的发展。因此，良好的求职心理，是打开就业成功之门的关键。

一、毕业生择业心理误区和心理障碍

（一）常见的择业心理误区

1. 期望过高

毕业生择业的目标和本人具备的实力相当或接近有利于增强其自信心，从而使自己在择业中处于优势。这就要求毕业生避免就业定位的理想主义色彩，适当地调整就业期望值，才能确保顺利就业。

【案例】来自我院 16 届的大专毕业生小张，学习成绩优秀，是学生干部，但直到当年 6 月底领取毕业证时还没落实就业单位。曾经有一家公司答应招聘他，可他不愿意去。"那个老国企，一个月才挣 2000 多块钱，在广东怎么够花？""如果广州实在留不下来，就去深圳、珠海，我绝不回老家！"。

【分析】这位毕业生过高地估计了自己，认为自己学习成绩优秀，当过学生干部，有一定的工作能力，走上社会将无所不能。因此，他们在择业时容易产生盲目乐观、期望过高的心理，希望找到收入丰厚、社会地位高、福利待遇优、地理位置好、风险小、工作轻松、个人有较大发展前途的所谓好职业。结果导致失败。期望值太高的另一个方面就是对自己的估计值太高，不顾自身条件的限制，眼睛死盯着"好单位"，宁愿待在"上面"无所事事，也不愿到基层较适合自己的地方去施展才华。事实表明，择业期望值过高容易使人陷入困境，使自己难以找到称心如意的职业而屡屡失败。要客观地评价自己，客观地看待形势，客观地进行选择才是上策。俗话说得好"知人者智，自知者明。自知者自胜，自胜者自强"。

2. 盲目攀比

【案例】广州某大学生就业指导中心的老师说："学生们不愿下基层，看不上小企业。一些学生对'蓝领'不屑一顾，学机械的不愿下车间，学建筑的不愿跑工地，学管理的不愿跑市场，大家都想待在大城市，在好单位。看到其他同学在省会城市找到工作了，就拼命往里钻。"

【分析】一些学生讲"级别"，觉得在校园期间我成绩比你好，荣誉比你多，"官职"比你大，理所当然工作也应比你好。却不知用人单位并非以此作为评判人才的唯一标准，这些热衷于攀比的"高材生"最终只能在"高处不胜寒"的日子中体会孤苦和冷清。

很多同学希望在未来的工作岗位上做出一番事业，实现自己的人生价值。但他们往往缺乏艰苦创业的心理准备，希望一毕业就进入大企业好单位，在较短时间里一举成名，沉溺在对未来的设想中，却不能从小事做起，从基层做起，从现在做起。殊不知，万丈高楼平地起，没有日积月累的经验的沉淀，怎么可能会成功。有的大学生在择业时，相互攀比，首先考虑的是单位效益。工资多少，有否住房，至于这个单位是否与自己专业对口，自己的能力、兴趣、性格是否符合岗位的要求则排在其后，关键是能否赚钱。原已落实了工作单位的，一听别人选择了比自己知名度高、效益好的单位就心理不平衡，有的同学索性解除了原已签约的工作单位，又重新回到选择职业的队伍。这种互相攀比、见异思迁、这山望着那山高的不切合实际的择业心理，对求职择业很不利。

3. 缺乏自信

【案例】我院的毕业生王某经过三年的大学生活，具备了一定的专业知识，面对激烈的竞争，王某总是感觉自己这也不行，那也不如别人，眼看同寝室的同学都走上了工作岗位，自己也挺着急。这种心理状态使得自己缺乏竞争勇气，缺乏自信心，走进人才市场就心里发慌；参加招聘面试，心里忐忑不安。最后发展到干脆不去工作，依赖亲戚介绍。

【分析】有的毕业生对于求职一事总是忧心忡忡，担心失败，明明是自己理想中的工作，可一看到求职者众多，就打起退堂鼓来，连尝试的勇气也没有，明知求职者要靠自己去"推销"，可就是没有勇气跨进招聘单位的大门。有的毕业生依赖家长，依赖亲朋好友，在洽谈会上，由父母或亲朋好友代替自己同用人单位洽谈，把自己的命运交给别人来决定。有的毕业生一到招聘者面前，就面红耳赤，手足无措，回答招聘者的询问也惊慌失措，语无伦次。凡此种种都是缺乏自信。在激烈的择业竞争中，这种心理问题是走向成功的大敌。

4. 孤傲自负

【案例】小陈，我院17届毕业生，是家里的独子，在校任学生会学习部长，大二时加入党组织，在校期间获过几次三好学生、优秀学生干部、奖学金，但他一切以自我为中心，个人主义作风严重，行为上自私自利。由于他在校园里一帆风顺，便以为自己无所不能，傲慢自大，目空一切，他向用人主管单位要求进大城市、好单位，而且开口就问工资、补贴等，引起用人单位极度反感，造成择业失败。

【分析】20世纪80年代初，由于社会、家庭等的作用，当代大学生被捧为"天之骄子"、"国家的栋梁"，致使在竞争激烈的今天，大学生在自我认识上仍然出现偏差。他们自认为文化素质高，思想活跃，知识面广，无形中产生了优越感。因此，在就业时往往脱离实际，自我设计着未来，梦想将来在科研单位当科学家，在高校当教授，在机关当政治家，或出国留学等。就业时傲气十足，看不上这个职位，瞧不起那个单位，鸡蛋里挑骨头，似乎没有满意的工作。孤傲导致脱离实际，使自己的就业目标与现实产生很大的反差，一旦就业受挫，梦想变成泡影时，心理上出现孤独失落等现象。

（二）常见的心理障碍

1. 焦虑

焦虑是由心理冲突或挫折而引起的，是紧张、不安、焦急、忧虑、恐惧等感受交织成的情绪状态。绝大多数大学生在择业过程中，都会或多或少地出现焦虑。优秀学生焦虑的问题是能否找到实现人生价值的理想单位；学业成绩不理想的学生焦虑没有单位选中自己怎么办；来自边远地区的同学为不想回本地区而焦虑；恋人们为不能继续在一起而焦虑；女同学为用人单位"只要男性"而焦虑；还有一些大学生优柔寡断，竟因不知自己毕业后向何处去而焦虑。

大学生的上述焦虑状态一般并不会对未来职业产生影响。一般来说，适度的焦虑会使学生产生压力，这种压力可以增强人的进取心，从而产生奋发有为的精神。但是，如果焦虑不能得到及时的缓解，就有可能向病态发展，表现出情绪紧张、心情紊乱、注意力不能集中、身心疲倦、头昏目眩、心悸、失眠等症状。这种焦虑，使大学生毕业时精神上负担沉重、紧张烦躁、萎靡不振；学习上得过且过、穷于应付、反应迟钝；生活中意志消沉、长吁短叹、食不安味，卧不安席。有些学生在屡遭挫折之后，甚至产生了恐惧感，一提择业就心理紧张。此时，焦虑不但干扰了大学生的正常的生活、学习和娱乐；过度的焦虑，会使人失去应有的判断能力和自制能力，还成为择业的绊脚石。

2. 自负

自负心理是过高地估计个人的能力，失去自知之明。一部分学生自认为是"天之骄子"，什么都懂，什么都会，应得到优待，于是在择业过程中，总是抱有洋洋自得、自负自傲的心理。面试时，夸夸其谈，海阔天空，给用人单位留下浮躁、不踏实的印象，用人单位难以接受。在自负心理的支配下，部分大学生的择业观念不正确，心理定位偏高，只看到自己的优点，看不到自己的弱点，表现出非常强的优越感，往往不切实际地追求高工资、高名利的单位，而对一般的工作单位百般挑剔，甚至提出过高的要求。由于自负的大学生不能审时度势地认清自己，缺乏自知之明，其结果必然会高不成低不就，迟迟不能落实单位。看到别人都签了约，他们常常会牢骚满腹、怨天尤人，对社会、学校和他人都可能怀有不满情绪，但有时也会向相反方向发展，出现比较严重的自卑心理，从而不敢应聘求职。因而，自负心理是大学生择业的大敌。

3. 自卑

自卑心理表现为对自己的能力评价过低，看不起自己。这一消极有害的心理在不少大学生身上存在，严重影响他们的就业。一些性格比较内向，不善言辞，成绩平平，面对择业市场，常常产生自卑心理，不敢大胆推荐自己，认为自己竞争力不够。有些大学生不能客观地认识自己，在择业中他们缺乏自信心，勇气不足。例如：认为自己相貌不好，怕用人单位以貌取人，更害怕用人单位拒绝而无地自容。自卑心理源于他人对自己的不客观评价和自己对自己的消极暗示。反复地消极暗示可能导致认知功能的丧失，尤其是对于一些自我意识发展不健全的大学生，部分择业困难的女大学生以及性格内向或有生理缺陷的大学生来说，强烈的自卑心理会成为他们择业乃至生活的最大障碍。而且，自卑会使大学生在求职时怯于出头，羞于表现、依赖性强，其结果是这些学生不能很好地向求职单位展示自己的才华，常常会错失良机，使其求职成功率不高。

4. 怯懦

怯懦者害怕对冲突面，害怕别人不高兴，害怕害别人，害怕丢面子。所以在择业时，因怯懦，他们常常退避三尺，缩手缩脚，不敢自荐。在用人单位面前他们唯唯诺诺，不是语无伦次，就是面红耳赤、张口结舌。他们谨小慎微，生怕说错话，害怕回答问题不好而影响自己在用人单位代表心目中的形象。在公平的竞争机遇面前，由于怯懦，他们常常不能充分发挥自己的才能，以至于败下阵来，错失良机，于是产生悲观失望的情绪，导致自我评价和自信心的下降。

5. 依赖

在择业中，有的大学生对自己缺乏清醒的认识，择业信心不足，犹豫观望，择业依赖父母，依赖社会关系，依赖学校和老师。在人才市场上，父母代替子女、朋友代替自己与用人单位洽谈的场面屡见不鲜，好像不是大学生自己求职，而是父母亲属在求职。这些大学生缺乏自我选择决断能力，不能积极主动地去竞争，去推销自己。依赖心理是普遍存在的，但人们并没有给予足够的重视。

6. 冷漠

当一些大学生因在择业中受到挫折而感到无能为力，失去信心时，会出现不思进取、情绪低落、情感淡漠、沮丧失落、意志麻木等反应。他们自认为看破了红尘，决定听天由命，任凭自然发落。冷漠是遇到挫折后的一种消极的心理反应，是逃避现实，缺乏斗志的表现。这种心理是与就业的竞争机制不相适应的。

从以上种种反应可以看出，大学生在求职择业中产生的心理障碍，具有适应性障碍的特征。主要是因大学生面对求职环境的应对不良而引起，故有的焦虑急躁，有的自卑怯懦，有的冷漠逃避，有的孤傲目空一切，有的全身不适，有的食欲缺乏，这都说明，他们对求职环境缺乏一种良好的适应。但这种现象只属于发展过程中的适应不良，只要大学生主动适应就业环境，各方面引导得法，这些心理障碍就会随着时间的推移而逐渐消失，大多数不会形成心理疾患。

二、毕业生择业心理分析

以上大学毕业生择业心理误区和心理障碍的形成是多方面的，只要在了解和分析这些现象形成与存在的根源后对症下药，问题便能迎刃而解。大致分析如下：

(一)依赖他人，自主择业能力差

【案例】去年12月，在我院举办的小型招聘会上，毕业生小张的父母亲在招聘会尚未开始时，就早早地到会场打听单位的情况。招聘会开始很久以后，小张姗姗来迟，并由家长陪同前往用人单位摊位前面谈。面谈过程中，小张发言的时间还没有其父母多，结果谈了一家又一家，最终仍一无所获。

【分析】小张的问题出在择业过程中过分依赖他人，其实，依赖他人是难以选择到一份满意的工作的。现在的毕业生中，独生子女所占的比例越来越大，他们的生活一帆风顺，没有经历过什么波折，再加上父母亲的过分呵护，客观上也培养了他们的依赖心理。这些毕业生大多缺乏主见，自我意识模糊，在择业中常会茫然不知所措，自己独立进行择业决策的能力差，以致在人才市场上，父母代替子女，亲友代替本人与用人单位洽谈的场面屡见不鲜。难怪有用人单位对依赖性过强的毕业生说："你本人都要靠别人来推销，企业还能靠你来推销产品吗？"

就业制度的竞争，为毕业生提供了公平的竞争环境。竞争是毕业生渴望已久的，对能获得在一定范围内直接选择职业和单位的机会感到欣慰。竞争使毕业生精神振奋，意识到竞争意识已广泛渗透到社会生活的各个方面。在这个大环境中，一个人如果没有强烈的竞争意识，不参与竞争，就不可能成就一番事业。然而，竞争也使毕业生感到了压力，使少数人感到无所适从，他们赞成改革，然而又害怕竞争，在竞争面前顾虑重重，举棋不定。

(二)目标远大，不愿从基层做起

【案例】我院17届毕业生小王，直到当年3月他还未落实工作单位。小王去参加数控和模具的专场招聘会。刚好有一家模具厂要他，专业对口，这间模具厂不算太大，但在小王的家乡。然而，他本人的择业意向却是：单位地点必须在广州市。至于到广州的什么样单位、具体做什么工作都无关紧要，除此以外，其他什么单位都不予考虑。在这种心态下，结果自然难以如愿。

【分析】不少毕业生过于向往经济发达地区，尤其是沿海地区的中心城市，最低的期望也是回自己家乡所在地的中心城市。他们只注重经济文化发达、工作环境优越的一面，而忽视了人才济济、相对过剩的一面，择业期望值居高不下，甚至还有逐年上升的趋势，从而导致主观愿望与现实需求之间的巨大落差。像小王这样过分看重单位所在地的毕业生不在少数。很多毕业生希望结合自己的专业，大展宏图，发挥自己的聪明才智，实现自己的人生价值。然而，大量需要毕业生的西部边远贫困地区的基层单位却无人问津，而大中城市、沿海地区等都远远超过需求。有的毕业生只担心到西部边远贫困的基层去没有前途，经济收入少，生活艰苦，却不考虑自己未来事业的发展，和社会的需要。

(三)信心不足，缺乏把握自我能力

【案例】我院毕业生小刘学习成绩和其他方面条件都不错，在就业的初期满怀信心。但由于专业冷门等原因，找过几家单位都碰了壁，结果在后来的择业过程中表现越来越差，陷入恶性循环而不能自拔，以至于到了新的用人单位那里，只能被动地问人家："学某某专业的要不要"，其他什么话都不敢讲，最终未能落实就业单位。

【分析】小刘在择业遭受挫折后，一蹶不振，对自己评价过低，丧失了应有的自信心，择业时缺乏主动争取和利用机遇的心理准备，不敢主动、大胆地与用人单位交谈，也就不能很好地表达自己。越是躲躲闪闪、胆小、畏缩，越不容易获得用人单位的好感。这种心理严重妨碍了一部分毕业生正常的就业竞争，使得那些原本在某些方面比较出色的毕业生也陷入"不战自败"的困惑。

(四)孤傲自负导致求职失败

【案例】我院毕业生小林口才不错，在与用人单位代表面谈时自我感觉良好。一番海阔天空的高谈阔论以后，当对方问他的个人爱好是什么时，他竟得意洋洋地宣称是"游山玩水"，结果被用人单位毫不犹豫地拒之门外。

【分析】小林的失败是典型的自负心理造成的。自负在心理学上指过高地估计个人的能力，从而失去自知之明。在这种心理的支配下，不少毕业生在求职择业过程中，总是自以为是；自负自傲，自以为自己什么都懂，什么都会，夸夸其谈，胡吹海侃，结果留给用人单位的是浮躁、不踏实的印象。试想，有哪家单位肯要一个不知天高地厚、自命不凡的人？

(五)要求苛刻，令单位无法接受

【案例】会计专业某毕业生与某集团公司经过双选、面试考核，终于进入签约阶段，协议书首先由毕业生本人签署应聘意见，该生在"应聘意见"一栏中写下了以下6条要求：(1)从事财会工作；(2)每周工作五日，每日八小时工作制；(3)解决户口，提供单身住房；(4)住房公积金、劳动保险、养老保险等相关支出均由公司负担；(5)每半年调薪一次；(6)公司不限制个人发展(例如专升本、考研等)。单位鉴于以上条件不能完全答应，将协议书退回，并建议修改后再签。最终，该毕业生因坚持自己的意见而未能被录用。

【分析】该毕业生未被上述单位录用，根本原因在于所提要求过于苛刻。笔者曾与该集团人事部负责人取得联系，了解以上条件为什么不能完全答应，该负责人说，这位同学提出的6条要求，有些我们是可以满足，也应该做到的，比如：安排专业对口的工作，八小时工作制，解决户口，提供各种福利等。但有的款项就无法答应，比如，每半年调一次薪，这种要求恐怕任何单位都无法答应。又比如"公司不限制个人发展"一条，从毕业生角度来看，提出这样的要求可以理解，但从用人单位来讲，在不影响正常工作的前提下，我们鼓励个人提高自身素质，但如果服务期内想考研就考研，不受单位任何约束，单位肯定是不能答应的。尽管这位同学各方面条件都不错，但这种苛刻的条件我们是无法接受的。

🤔 思考和评价

1. 面试时应具有的积极心态有哪些？
2. 面试时不该具有的心态有哪些？
3. 面试时怎样克服怯场？

第二节 求职心理调适方法

【项目导入】

我院有个 15 级的毕业生，毕业后的第一份工作月薪是 2500 元，可是好景不长，他所在的公司半年后就倒闭了。在后来的求职中，他始终认定要找一份月薪不低于 2500 元的工作，多次求职未果。一天他跟着当菜农的父亲去卖菜，早市时父亲对儿子说："我们的菜是全市最好的，不能比别家价格低。"直到中午，因为菜价高还是问的多买的少。儿子急了，要父亲降价，父亲始终不答应。天快黑了，他们的菜经过一天的风吹日晒已毫无优势，最后被人以低价买走了。儿子埋怨父亲为什么不早点出手？父亲笑着说："是啊，那时候出手该多好，可早上总以为自己的菜应该值那个价，就像你现在总以为自己月薪必须 2500 元一样。"父亲的话让儿子深感震动！

【点评】人生其实就像卖菜一样，要想卖个好价钱是不容易的，有时候越想卖高价，越卖不出去，做人也一样不能自视太高，要善于把握时机。大学生在求职时，不要幻想和要求所选择的就业岗位或从事的工作是十全十美。每个人的一生都在不断地调整，终身从事一种职业是可能的，但终身在一个岗位上的可能性是越来越小了。特别是在毕业生就业形势紧张的时候，要有"生存危机"，应当考虑先解决"吃饭"问题，树立"先生存、后发展"的就业观，要在首先保证生存的基础上再考虑所选择的岗位是否适合自己、是否符合自己的兴趣、自己能否得到提高、将来发展潜力如何等，树立科学的就业观，适时调整自己的求职心理。

一、客观认识自我

（一）自我评价

就是面对各种矛盾和冲突，首先能冷静、理智地自我剖析。面对择业，毕业生除了要客观的分析就业环境外，最主要的，是要正确地认识自我和评价自我。应当明确自己今后的职业发展方向是什么，自己的兴趣爱好是什么，自己的性格气质是什么，自己最适合干什么工作，自己的优势和劣势是什么，等等。自我静思的关键是要真实、客观。只有通过理智、冷静的自我思考，才能对自己有一个可观的评价，才能使自己在择业过程中处于积极主动地位。

（二）社会比较

人不可能脱离社会而存在，将自己与社会上其他人做比较，特别是要通过与自己条件、地位类似的人比较来认识自己，而不是孤立地认识和评价自己；其次，要通过社会上其他人对自己的态度来认识自己；再次，要通过对自己参加社会活动结果的分析来评价和认识自己。即在客观上寻找评价的参照尺度来认识自己。如果一个人对自己的评价与所获得的各种比较信息基本一致，那就基本可以认为他的自我认识发展比较好，比较客观。如果不一致，差距太大甚至相反，那就表明他的自我认识发展不好，不够客观，缺乏自知之明。

(三)心理测验

心理测验是心理测试的一种工具和手段,是根据一定的法则对人的行为用数字或曲线加以确定的方法。心理测验的类型很多,主要包括四个方面,即智力测验、人格测验、能力测验和神经心理测验。许多心理学著作中对此都有详细的介绍。毕业生可以根据自己的需要选择使用,通过测量找到心理方面的主要问题是什么,然后有针对性地去纠正和调节。大家可以对照霍兰德职业偏好测验量表以及职业能力测验量表,加以分析。

二、保持良好心态

(一)自我调适的方法

1. 自我转化法

有些时候,不良情绪是不易控制的。这时可以采取迂回的办法,把自己的情感和精力转移到其他活动中去,如学习一种新知识、新技能,参加自己感兴趣的活动,利用假期去旅游等,使自己没有时间沉浸在不良情绪中,以求得心理平衡,保护自己。

2. 自我适度宣泄

因挫折造成焦虑和紧张时,消除不良情绪的最简单方法莫过于"宣泄"。切忌把不良情绪强压于心底,忧虑隐藏的越久,受到的伤害就越大。当挫折情绪已经带来巨大心理压力,而一时难以克服困难化解压力时,可以主动地把心理压力转化为适度的情绪反应,并通过适当方式发泄出来。较妥善的办法是向朋友等自己信任的人倾诉,一吐为快,甚至可以痛哭一场,把痛苦全部宣泄出来;也可以去打球、爬山、参加大运动量的活动。但是宣泄一定要注意场合、身份、气氛,注意适度,应是无破坏性的。

3. 自我慰藉法

自我慰藉法就是自我安慰法,实质上是自我辩解。毕业生择业中遇到困难和挫折,在经过最大努力仍无法改变状况时,要说服自己,适当让步,"退一步海阔天空",将不成功归因于客观条件和客观现实,同时要勇于承认并接受现实。这样,就能缓解因心理矛盾而引起的悲观失望等不良情绪,重新找回自信,树立继续努力的信心。

4. 放松练习

放松练习是一种通过练习学会在心理上和躯体上放松的方法。放松训练可帮助人们减轻或消除各种不良的身心反应,如焦虑、恐惧、紧张、心理冲突、入睡困难、血压增高、头痛等症状,且见效迅速。大学生在择业时如遇类似心理反应,可在有关人员指导下尝试进行放松练习。

另外,应对就业挫折,根据不同的情境还可采用诸如环境调节法、广交朋友法、自我暗示法、幽默疗法等来调节心理状态，克服焦虑、紧张、自卑、恐惧等不良就业情绪，保持坚定平和、积极向上、豁达乐观的就业心情。面对就业压力，出现紧张、焦虑等不良的情绪很正常的，但并不是必然的。现代心理学研究成果表明，人的情绪不是外在刺激直接作用的结果，而是经由个体内在认知评价后才得以产生的。因此，内在认知观点的调节可以影响情绪的产生。大学生可以通过调整自己的观点，变就业压力为学习动力，变悲观等待为乐观进取，在竞争中享受快乐，在挑战中感受幸福。

(二)快速心理按摩

每个人心态的失衡都是一个渐变的过程。在求职的过程中，如果你注意到自己心理上的小问题，及时地摆脱压力造成的扭曲，迅速摆正姿态，是很容易调整过来的，也不会出现积重难返的心理崩溃。有一些在十分钟之内就能快速减压的小方法，能让大家给自己的心理找到适合的按摩法，迅速调整自己。

1. 做深呼吸：闭上双眼，进行尽量长的深呼吸。此时要将全部意识集中在一呼一吸上。

2. 闭目冥想：在脑海里构思出宁静、安详的画面，譬如空气清新的草原，构思的越详细、越投入，就越能起到作用。

3. 轻松音乐：听一些轻松的音乐，比如古典钢琴曲或者其他一些节奏舒缓的新歌等，都可以让你更加平静、放松。

4. 短途散步：十几分钟的一次短途散步有助于吸入更多的氧气，提高你的兴致和情绪，一扫压力带来的阴霾。

5. 开怀一笑：想点儿让你开心一笑的事情或者笑话。笑不但可以降血压，还可以在血液里产生一种让你感觉安宁的物质。

三、恰当的心理训练

大学生就业除了必需的诸多专业知识储备，还应进行一些基本技能训练，如认知技能、沟通技能、成功与挫折的自我调控技能、时间管理技能、择业技能、求职书信技能与面试技巧等。有针对性地进行恰当的心理训练，可以有效提升大学毕业生求职能力，增加求职成功率。

1. 模拟面试法

模拟面试就是根据毕业生就业供需见面会的形式，组织学生进行模拟求职的一种实践活动。具体方法是组织学生按照求职的程序，填写好求职表，由教师到现场进行模拟的招聘工作，并在招聘工作结束后公布被"录取"的学生名单。一般经过模拟面试的毕业生，在真正求职时能表现出较稳定的心理素质，通常不容易发生怯场和临场发挥不好的现象。

2. "心理剧"或"角色扮演法"

由教师在课堂上布置，学生课后准备，然后在课堂上表演求职的场景。可以一对一地扮演求职者与招聘者，也可以由五六人同时组成求职者或招聘者。根据假定的情节进行训练，这种方法可以克服求职者自卑、胆怯、焦虑、紧张等方面的心理问题，纠正求职者在求职过程中容易出现的诸如仪表、礼节、姿势等方面存在的问题。

3. 通过毕业实习、到企业参观访问、参加社会服务等多项社会实践活动，使学生了解社会就业与职业的实际状况，减少猜测误解，完成就业前的必要训练。

四、增强自身竞争力

1. 树立正确的人生观和价值观

目前，青年价值观呈现多元化的趋势，大学生更应该注意对自己的价值取向进行评价，有意识地开展自我教育，形成发展自己的人生观和价值观。

首先，把社会的要求转化为自己的需要，把社会的发展、祖国的前途与个人的命运有机结合起来。大学生在服务社会奉献祖国的过程中，看到自己的人生价值和生活意义，进而培养自己的社会责任感和历史使命感，树立正确的人生观和价值观。

其次，处理好物质需要和精神需求、生理满足和心理愉悦的关系。个体都是身心有机体，既有物质方面的需要，也有精神方面的追求。因此，大学生不可以为了物质需要而忘却了精神追求，为了生理满足而忘却了心理愉悦，而必须把两者有机结合起来。美国心理学家马斯洛的需求层次理论表明，人都有物质和生理方面的需要，同时，也有精神和心理方面的需要，而物质和生理方面的需要一旦获得满足后，就会出现更为高级的精神和心理方面的需要；一个具有"高峰体验"，抑或自我实现的人，更多地体现为精神上的追求与心理上的满足。因此，大学生需要加强精神追求，构建心灵家园。

2. 不断学习，完善自我

大学生要想在激烈的就业竞争中立于不败之地，避免就业心理压力对自己的困扰，不断学习、努力钻研、刻苦自律、完善自我，是基本的道理和根本的出路。

首先，加强专业学习。不断地巩固专业理想，丰富专业知识，开阔专业视野，是大学生学习的主要任务。尽管大学生必须同时具备广博的科学文化知识和深厚的人文底蕴，但专业素质是大学生整体素质中的关键。专业素质是大学生求职择业乃至立足社会、服务社会的基本保证和根本依据。大学生专业素质的提高，不仅有利于大学生缓解就业心理压力，而且有利于大学生找到称心如意的工作。

其次，提高实践能力。针对高校重理论知识学习而轻实践能力培养的现实，大学生应该积极主动地走出校门，走进社会，开展社会调查，加强社会交往，来丰富自己的社会知识提高自己的实践能力。社会实践能力的提高，让大学生在就业过程中如虎添翼，也自然会缓解就业心理方面的压力。

五、转变就业观念

就业市场化、自主择业给大学生带来了机遇与实惠，但许多大学生对"市场"残酷的一面认识不足，对就业市场的客观实际了解不够。经过对就业市场、就业形势的客观了解与深刻体验后，我们必须明白现实情况就是如此，无论是抱怨还是气愤都没有用，这种就业情况不可能是一时半会儿就能改变的。与其成天怨天尤人，浪费了时间，影响了自己心情，还不如勇敢地承认和接受当前所面临的现实，彻底打破以往的美好想象，脚踏实地地寻求解决问题的好办法。

(一)适度的就业期望

在就业市场上的用人单位找不到人、大量的毕业生无处去的"错位"现象普遍存在，这是因为大学生的就业期望普遍较高的缘故。因此，要顺利就业就必须首先根据自己的实际情况和就业形势，调整自己的就业期望值。调整就业期望值不是对单位没有选择，只要有单位就去，而是要在职业生涯规划和职业发展观念的基础上重新确定自己的人生轨迹。这就是说要树立长远的职业发展观念，放弃过去那种择业就是"一次到位"，要求绝对安稳的观念。要知道现在再好的单位，将来也有下岗的可能，因此，在择业时要看得长远一些，学会规划自己整个人生的职业生涯。

(二)合理的就业定位

不同专业的毕业生在社会需求中有客观的定位，如果毕业生自我定位准确，要求的条件符合客观情况，并且对对方的要求越简单，求职将越容易实现。反之，条件越多、越高，实现起来就越难。例如，有的毕业生能力并无过人之处，却是非名牌企业不进，非在京单位不进，虽几经碰壁，然终究"痴心不改"，结果就只能长时间等待。求职过程是一个自我能力展现的过程，也是一个发现自我能力缺陷的过程。在这个过程中，求职者应该逐渐对自己的能力有更清醒的认识，并积极地进行定位调整。

思考和评价

1. 大学生求职过程中常见的心理问题有哪些？
2. 大学生心理调适的主要方法？

第十一章

毕业签约离校

第一节　就业相关资料填写说明和办理流程

一、就业资料的填写说明

(一)《广东省普通高等学校毕业生就业推荐表》填写说明

《广东省普通高等学校毕业生就业推荐表》(以下简称《推荐表》)是学校对毕业生在校期间情况的反映,是供毕业生向用人单位推荐就业时使用。为了保证《推荐表》的填写规范、清楚,并如实客观地反映毕业生各方面表现,为就业创造良好的条件,各二级学院要做好指导与督促工作,严格把关。填写的具体要求如下:

1. 用黑色钢笔或签字笔填写,字迹要清晰端正,不出现错别字和涂改。

2. 照片选用小一寸免冠彩照；

3. 推荐表封面："学校名称"一栏填写"广州城建职业学院"；"学校隶属"一栏填写"广东省教育厅"；"专业名称"一栏填写"所学专业全称"；"学历"一栏填写"大学专科"。

4."政治面貌"一般为党员、预备党员、团员或群众；"生源地区"为高考时户口所在地，写到县一级，注明××省××市××县；"在校期间参加社会工作情况"指参加过的校内外志愿者服务、兼职锻炼、专业实践、职业实践等；"在校期间奖惩情况"填写校、院级以上级别的奖励、处分情况。"外语水平"填写已通过的外语考试级别（没有通过考级的建议填写"一般"、"良好"等）；

5. 个人简历倒叙至小学。

6."自我鉴定"由毕业生填写，应从思想上、学习上、工作上及生活上等方面阐述，避免空洞，切忌拖泥带水，要简洁精练，不要写成求职信，要突出学业有关情况、成果、有关活动（如学生会工作、班集体工作、入党情况等）、所获荣誉、本人特长等，基本写满；

7."本人求职意愿"一栏由各二级学院指导毕业生填写，主要填写希望从事的职业、工作岗位、工作单位的性质等情况，填写就业范围要宽阔一点，期望值降低一些。

8."院系推荐意见"由各二级学院负责填写，首先要写"某某同学是我校某某专业某某届应届毕业生"，接着写毕业生德智体的表现，要突出学生的专长特长、在校的成果、今后的期望等，该栏由各二级学院就业工作小组组长签名后加盖二级学院公章。

9."学校意见"中"联系地址、联系人、联系电话"由各二级学院填写辅导员具体姓名和办公室联系电话，学校意见由各二级学院统一到招生就业处盖章。

10."成绩表"由各二级学院打印成绩表，加盖教务处公章后贴在"成绩表"页。

11. 在填写过程中，如不符合某些栏目内容的，一律在空格左上角位置填写"无。"，不能空白。注：《推荐表》为每毕业生一份，学生求职时一般使用《推荐表》的复印件。

(二)《高等学校毕业生登记表》填写说明

《高等学校毕业生登记表》是毕业生在校期间情况汇总，也是毕业生档案中一份重要材料，因此要求毕业生严肃认真地对待，保证填写地质量，各二级学院要做好指导与督促工作，严格把关。具体要求如下：

1. 用黑色钢笔或签字笔填写，字迹要清晰端正，不出现错别字和涂改。

2. 填写前要认真阅读"登记表"中的"填写说明"，按要求填写。照片用小一寸免冠彩照。

3."自我鉴定"内容要充实详细，包括本人在校期间德、智、体三方面主
要表现及自我评价，不能三言两语马虎应付。

4."班委鉴定"由辅导员牵头，组织班委填写。认真审核毕业生本人政治
面貌和英语程度，辅导员必须审稿把关，要概括地、实事求是地反映和评价该生在校期间德、智、体各面的表现，突出优点、特点，不足之处可用提希望的形式提出。

5."院系意见"一栏的内容是核实毕业生填写内容是否属实，并根据"班委鉴定"意见综合概括，由各二级学院毕业班辅导员填写并签名，加盖学院公章。

6. "学校意见"一栏不填写，各二级学院统一到招生就业处盖章并上交归档。

7. 在填写过程中，如不符合某些栏目内容的，一律在空格左上角位置填写"无。"，不能空白。

8. 请在《登记表》右上角填写 10 位数的学号。

二、毕业生资源信息核对

(一)毕业生资源信息核对注意事项

1. 对象：二年级学生

2. 时间：第四个学期的 3 月至 5 月

3. 核对主要项目：

①姓名；　　　　　　　②性别；　　　　　　　③生源地；

④身份证号码；　　　　⑤专业全称；　　　　　⑥家庭联系电话；

⑦学生本人手机号码；　⑧政治面貌；　　　　　⑨家庭详细地址；

⑩高考准考证号码；　　⑪学号。

注：生源地核对时，请查看校对收集的家庭户口本首页。生源地为毕业生入学前家庭户口所在地，以家庭户口本首页所显示辖区为准；若学生户口迁入学校且在学校就读期间家庭户口迁往异地，不包括迁往学校的，生源地为毕业生家庭新迁入所在地。

生源地归属举例说明：

例1：小明入学前户口在湛江市霞山区，即小明的生源地为湛江市霞山区；

例2：小周入学前户口所在地为佛山市，大二时举家迁往珠海市，新家庭户口所在地为珠海市，即小周的生源地为珠海市；

例3：小王入学时户口迁入学校，即小王的生源地为原入学前家庭户口所在地；

例4：小张高考户口所在地为佛山市，高中一直在广州就读并参加高考，即小张的生源地为佛山市；

例5：小陈高考户口所在地为中山市，大学读书期间在深圳购买商品房，即小陈的生源地为中山市。

4. 上报流程：

(1)招生就业处将毕业生资源信息反馈给各二级学院，由各二级学院以班为单位，打印毕业生资源信息列表，组织毕业生认真核对并签名确认。

(2)各二级学院将有修改资源信息的毕业生资料在电子版资料修改完毕，将此部分修改过的毕业生资源信息再次打印出来，组织此部分毕业生校对，签名确认。

(3)招生就业处通过"大学生就业在线院校应用系统"导入毕业生资源信息，向省就业指导中心上报。

(二)毕业生资格审查未通过的上报情况

1. 未通过资格审查办理流程

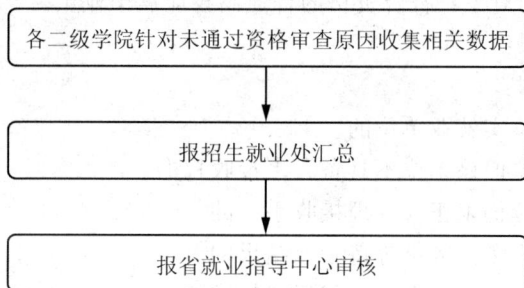

```
┌─────────────────────────────────────┐
│ 各二级学院针对未通过资格审查原因收集相关数据 │
└─────────────────────────────────────┘
                    │
                    ▼
┌─────────────────────────────────────┐
│           报招生就业处汇总            │
└─────────────────────────────────────┘
                    │
                    ▼
┌─────────────────────────────────────┐
│          报省就业指导中心审核          │
└─────────────────────────────────────┘
```

2. 未通过资格审查所需提供资料情况

(1)如因姓名、身份证录入错误的,不需提供材料,直接在"大学生就业在线院校应用系统"修改上报。

(2)因留级、休学和复学等原因未能通过资格审查的,须提供:教务处证明。

(3)因生源地错误未能通过资格审查的,须提供:

①招生录取名册复印件(加盖公章);

②学生身份证复印件;

③户口本复印件(首页和学生本页)。

(4)因更改姓名、身份证号码或姓名中有生僻字等情况未能通过资格审查的,须提供:

①招生录取名册复印件(加盖公章)。

②当地派出所证明(加盖公章);

③学生身份证复印件;

④户口本复印件(首页和学生本页)。

(5)因是其他学校转学的,需提供:广东省教育厅同意转学的批复文件复印件;

(6)因退学、开除、死亡等原因需要删除的,需提供:教务处证明

三、大学毕业生暂缓就业政策

(一)大学毕业生暂缓就业基本政策

省教育厅、公安厅根据省高校毕业生就业过程中遇到的实际情况联合发文,就有关高校毕业生户籍管理问题做出规定。

高校毕业生毕业离开学校时,还未落实接收单位的,可暂缓2年就业。暂缓就业学生的户口关系可继续保留在学校,档案由省高校毕业生就业指导中心托管。毕业生在暂缓就业期间内落实工作单位的,凭省高等学校毕业生就业主管部门签发的《就业报到证》和用人单位主管部门的接收证明办理户口迁移手续。暂缓就业的毕业生在暂缓期间仍未落

实工作单位的，纳入当年新一届毕业生就业方案，派遣回生源地毕业生主管部门，继续推荐就业，其户籍关系转回原户口迁出地公安派出所。

(二)申请暂缓就业的要求

1. 申请暂缓就业的对象：符合资格的普通高校应届毕业生。

2. 暂缓就业的期限：二年。

3. 暂缓就业的范围：

(1)毕业离校时未落实就业单位的。

(2)已落实就业单位但该单位不具备人事接收权的。

(3)派遣前接收单位仍未正式办理接收手续的。

(4)普通专插本或报考公务员等待录取结果的。

(5)自主创办的企业暂未获有关部门正式批准的。

外籍生、港澳台生、未取得毕业资格的学生及毕业前申请出国(出境)的学生不得申请暂缓就业。

(三)暂缓就业办理流程

1. 办理时间：毕业当年 5 月 6 到 27 日

2. 暂缓期限：两年(即毕业当年 7 月 1 日至两年后的 6 月 30 日)

3. 办理了暂缓就业的毕业生户口和党团关系暂留学校，档案由省就业指导中心集中保管。

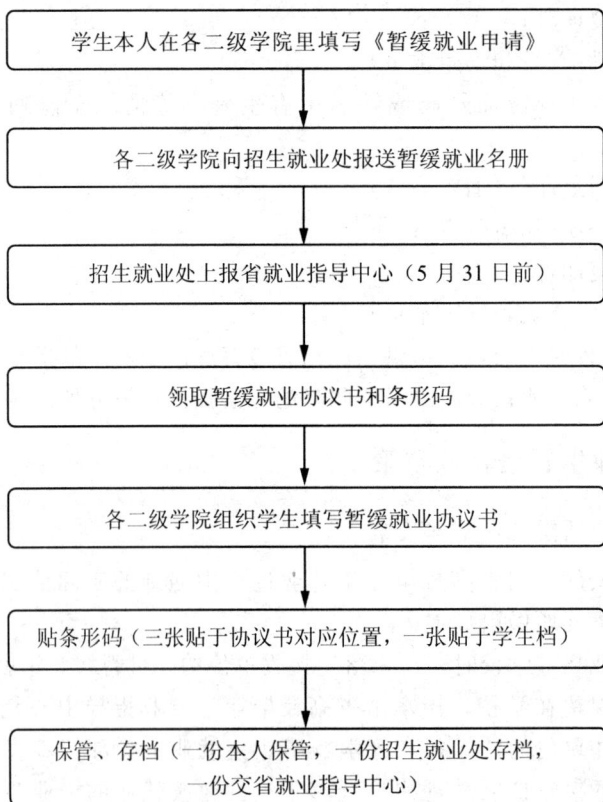

(四)取消暂缓就业流程

办理地点：省就业指导中心(广州市农林下路 72 号)

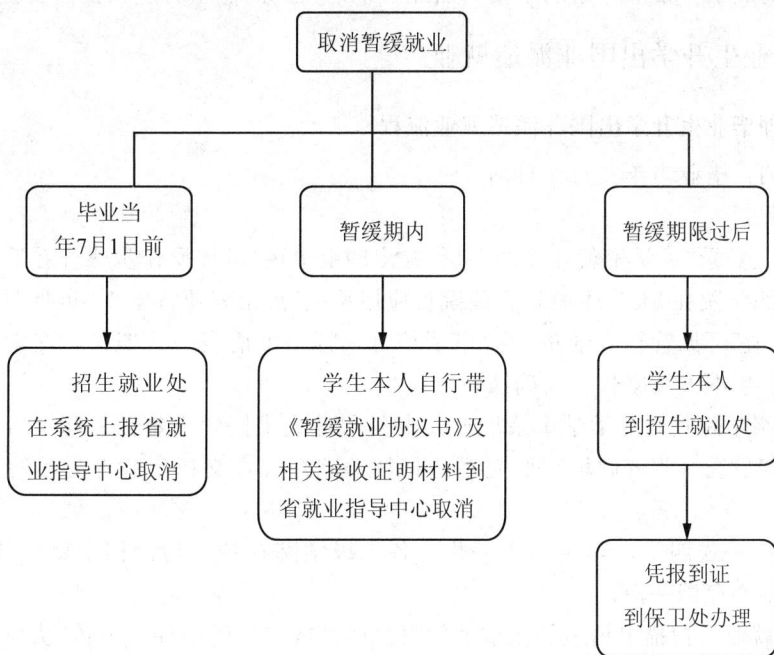

```
                    取消暂缓就业
          ┌──────────────┼──────────────┐
          │              │              │
      毕业当          暂缓期内       暂缓期限过后
    年7月1日前
          │              │              │
      招生就业处      学生本人自行带     学生本人
    在系统上报省就   《暂缓就业协议书》及  到招生就业处
    业指导中心取消    相关接收证明材料到        │
                   省就业指导中心取消     凭报到证
                                      到保卫处办理
```

(五)申请暂缓就业的利与弊

1. 申请暂缓就业有利之处

(1)在一定程度上免除了有就业愿望、但确实暂时无法落实单位的毕业生的后顾之忧，舒缓了严峻的就业现实给他们带来的身心上的压力和重负，使他们可以充分利用政策所提供的时间与空间，通过更多的尝试和锻炼，最终实现成功就业。

(2)准备升学(普通高校专插本、考研)和考公务员的毕业生，由于考试、录取(用)时间与毕业离校之间存在"时间差"，办理暂缓就业后可以方便学生集中精力复习，或等录用结果，而不必为户口、档案等分心。

(3)为有就业单位但尚未办理接收手续的毕业生，提供时间办理相关接收手续。或为正在接受用人单位考查、试用的毕业生，赢取充分"表现"的时间和机会。

2. 申请暂缓就业的不便之处

(1)毕业生在暂缓就业期间既不是在校学生，也不是社会人，身份比较尴尬；暂缓就业期间不计工龄，相比已经就业的毕业生，办理暂缓就业的学生在工龄时间计算上有所损失，同时会导致同级职称评定时间的推迟，从而影响未来工作中的薪资、福利等待遇。

(2)暂缓就业期间档案管理的省高校毕业生就业指导中心，不能出示《失业证》《未婚证》等相关证件或证明；

(3)暂缓就业期间，一旦找到就业单位办理入职手续时，需个人自行前往省高校毕业生就业指导中心取消暂缓就业协议，然后凭报到证回学校迁移户口及党团关系。会增加时间与金钱的成本，带来一定的不便。因此，申请"暂缓就业"时应根据需要慎重考虑。

四、毕业生升学出国非派遣就业

(一)办理毕业生升学出国非派遣就业流程

办理时间：毕业当年6月6日前

办理流程：

1. 毕业生登录"大学生就业在线"进行提出网上申请(具体操作步骤查看学生操作)；

2. 各二级学院在"大学生就业在线院校应用系统"点击就业方案下"审批非派遣申请"，选择"学生申请"可见管辖专业的学生申请信息，打印申请表一式四份，交学生核对无误后，分别由学生本人及家长签名确认；

3. 各二级学院收集升学学生录取通知书复印件或出国学生签证复印件等材料，连同申请表一式四份统一收齐后填写好院系意见加盖院系公章交招生就业处填写意见(6月6日前)；

4. 申请表一式四份，学生本人一份，各二级学院存档一份，招生就业处存档一份，省就业指导中心存档一份；

5. 招生就业处扫描申请表和录取通知书复印件或签证复印件，上传"大学生就业在线院校应用系统"报送省就业指导中心。

(二)毕业生申请升学出国非派遣就业登录大学生就业在线具体操作步骤

1. 登录 http://www.gradjob.com.cn/cms/index.html，点击"个人注册"。或直接进入 http://www.gradjob.com.cn/personalArea/register2.jsp；

2. 进入注册页面后，请点击红色字体后面"请激活"；

3. 进入"激活会员账号"，填写个人信息，同时设置登录密码；

4. 激活后返回主页面，使用身份证号和刚设置的密码登录；

5. 在"应届毕业生专用"中选择"出国、升学不参加就业申请"；

6. 选择升学或出国的申请；

7. 填写申请中的各项内容后，按提交。注意申请项目是否选择正确。

五、毕业生就业派遣

(一)毕业生就业流程

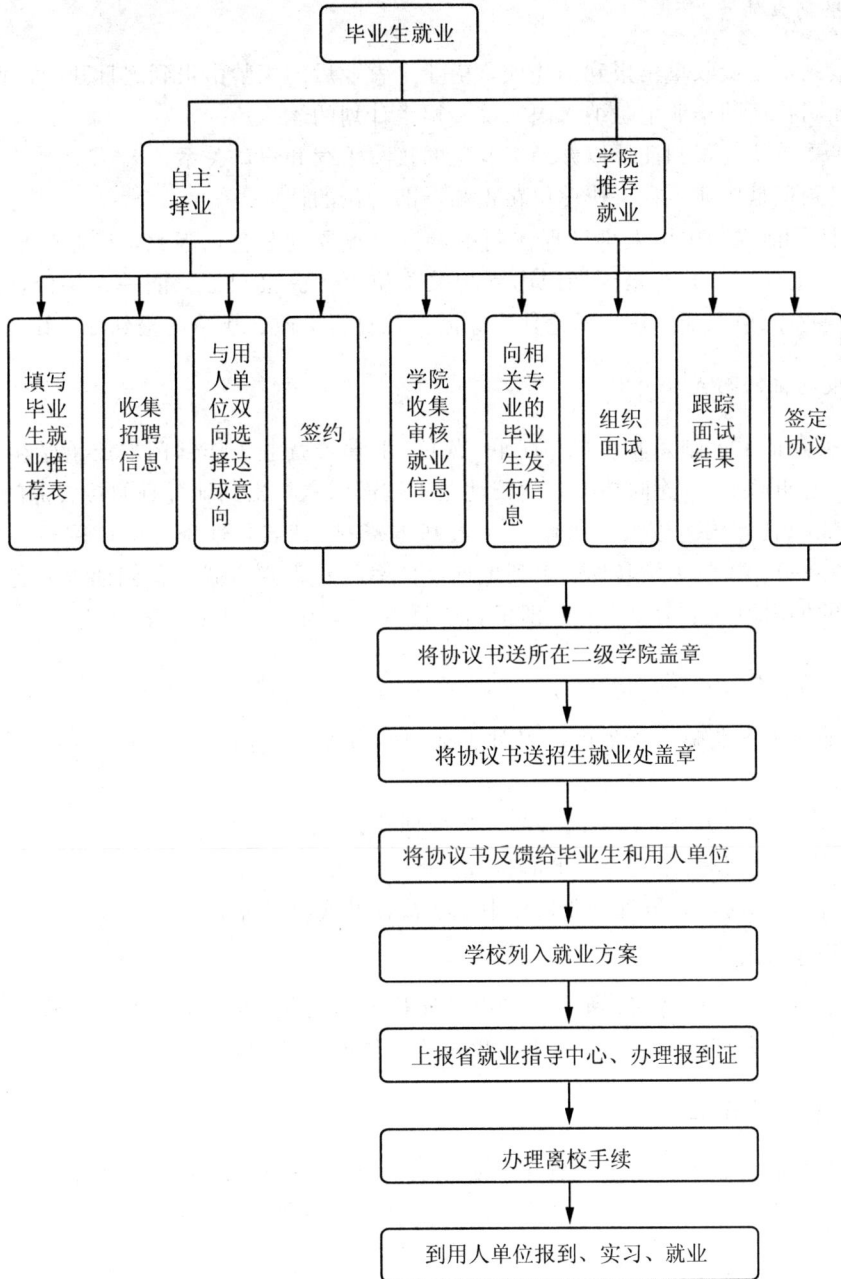

```
                          毕业生就业
                ┌──────────────┴──────────────┐
             自主择业                      学院推荐就业
    ┌─────┬─────┬─────┬─────┐   ┌─────┬─────┬─────┬─────┬─────┐
  填写毕  收集   与用人  签约    学院收  向相关  组织   跟踪   签定
  业生就  招聘   单位双         集审核  专业的  面试   面试   协议
  业推荐  信息   向选择         就业信  毕业生         结果
  表            达成意         息      发布信
               向                    息
```

将协议书送所在二级学院盖章

将协议书送招生就业处盖章

将协议书反馈给毕业生和用人单位

学校列入就业方案

上报省就业指导中心、办理报到证

办理离校手续

到用人单位报到、实习、就业

(二)报到证

报到证以前也称为"派遣证",其全称为《全国普通高等学校本专科毕业生(毕业研究生)就业报到证》，由教育部授权地方主管毕业生就业调配部门审核签发(特殊情况可由教育部直接签发)。报到证是毕业生就业派遣的书面依据，是毕业生人事关系正式从学校转移到就业单位的证明。

1. 报到证的作用

(1)报到证是接收单位报到的凭证，毕业生就业后的工龄由报到之日开始计算；
(2)证明持证的毕业生是纳入国家统一招生计划的学生；
(3)接受单位凭报到证予以办理毕业生的接收手续和户口关系；
(4)报到证是毕业生在工作单位转正和干部身份的证明。

报到证目前仍为中国人事管理体制中扮演着重要的角色，因此，毕业生们应注意保管好自己的报到证，并在报到期限内到相关单位报到。报到证只能一人一份，由其他部门印制或签发的报到证无效。不论什么原因，凡自行涂改、撕毁的报到证一律作废。

2. 报到证的形式和内容

一份报到证由正副两联组成：正联(蓝色)由学校就业工作部门发放给学生个人，副联(白色，也叫通知书)连同档案由学校就业工作部门寄至报到证开具的接收部门。

报到证的具体内容主要有：学生个人基本资料(姓名、性别、毕业院校、专业、学历、修业年限)、接收单位名称、报到地址、档案材料寄送方式、报到期限和备注等。毕业生报到的期限原则上为1个月，即报到期限为毕业当年7月1日至31日。

3. 报到证补办流程

报到证在报到期限内遗失的方可补办或出具证明，逾期不再受理，一切后果由毕业生本人承担。
(1)毕业生到遗失当地派出所报警，领取回执；
(2)由毕业生填写"派遣证明申请表"；
(3)学校招生就业处报省就业指导中心审核补办或出具证明。

(三)就业派遣

毕业生离校后，应持《报到证》和《户口迁移证》，到用人单位、人事主管部门或生源地就业主管部门办理报到手续，由上述单位或机构办理接收和落户手续。

1. 回生源地就业

已与生源地具体用人单位签订了就业协议，将派遣回生源地。报到证上开具的接收部门为生源地毕业生就业主管部门，备注栏注明具体的用人单位名称。

2. 省内跨地区就业

如单位所在地毕业生就业主管部门同意接收，表明该单位能够解决毕业生户口、人事关系，派遣该生时可直接派遣到单位所在地。报到证上的接收部门为就业单位所在地的毕业生就业主管部门，备注栏根据接收函而定单位名称。

如该单位无法解决户口和人事关系，而又未申请暂缓就业的毕业生，按规定派遣回生源地，其报到证上的接收部门为生源地毕业生就业主管部门。例如，生源地为梅州市的毕业生，现联系到广州某电脑公司从事市场销售工作，但公司无法落实户口、人事关系，则该毕业生的报到证开至梅州市人事局。

3. 到省直及中央驻粤单位就业

到省直及中央驻粤单位就业的毕业生，报到证上的接收部门为该省直及中央驻粤单位的上级主管部门。

4. 到省外就业

到外省就业的毕业生，派遣至该地省一级的毕业生就业主管部门。有具体工作单位。有具体工作单位的，在报到证的备注栏中注明。

5. 未落实就业单位

未落实就业单位且没有成功申请暂缓就业的毕业生，将派遣回生源地，接收部门为生源地毕业生就业主管部门。

6. 其他情况

(1)办理了暂缓就业的毕业生。不签发报到证。暂缓期间，档案集中在省就业指导中心免费托管，党团关系保留在原毕业院校，户口保留在原所在地。

(2)升学深造的毕业生。升学深造要以获得录取通知书为依据。①保送、考取研究生和普通专插本的毕业生，不签发报到证；②考取成人专升本或其他非普招系列的毕业生，签发回生源地的报到证；③免试推荐或考取研究生、普通专插本的毕业生，在学校就业方案上报后提出不再攻读的，应回生源地就业，不签发报到证。

(3)毕业前申请出国(出境)的毕业生。不纳入国家就业派遣计划，不签发报到证。毕业前申请出国(出境)的毕业生，要在学校规定的期限内提出申请，经批准后，学校不再负责其就业。在派遣时未获得出境的，学校可将其档案、户粮关系转至家庭所在地自谋职业。

(4)外籍学生、留级生、休学、退学，不签发报到证，不能申请暂缓就业。

(5)毕业后入伍的毕业生。报到证签发回生源地。

(6)结业生在取得毕业证后，由学校招生就业处向省就业指导中心办理报到证。

(四)就业方案上报流程

上报时间：毕业当年 6 月 6 日前

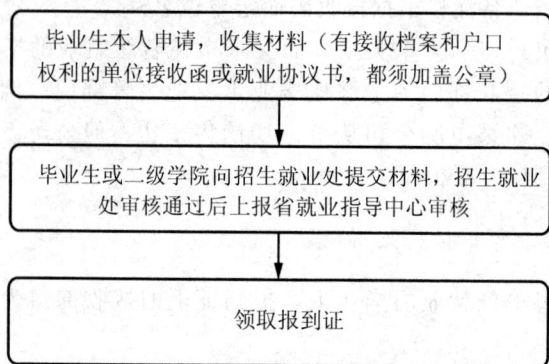

```
┌─────────────────────────────────────────────┐
│  毕业生本人申请，收集材料（有接收档案和户口      │
│  权利的单位接收函或就业协议书，都须加盖公章）    │
└─────────────────────────────────────────────┘
                      ↓
┌─────────────────────────────────────────────┐
│  毕业生或二级学院向招生就业处提交材料，招生就业   │
│  处审核通过后上报省就业指导中心审核              │
└─────────────────────────────────────────────┘
                      ↓
┌─────────────────────────────────────────────┐
│              领取报到证                        │
└─────────────────────────────────────────────┘
```

（五）调整改派

毕业生的调整改派，是指在学校上报就业方案及主管部门核发报到证后，毕业生正式报到前进行单位及地区调整的一种做法。通俗地说，即指将派到原单位的报到证、户口迁移证和档案等人事关系，重新派到新接收单位或其上级人事主管部门。

办理时间：毕业当年 7 月 1 日至次年 6 月 30 日前每个月的最后一周

办理人：学校招生就业处（省中心不接受学生自行办理）

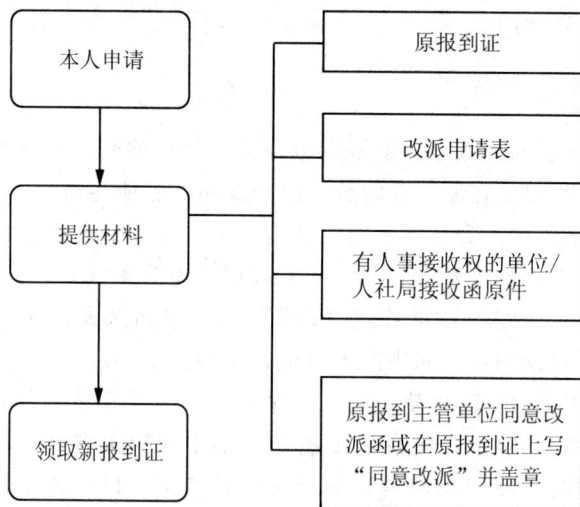

```
┌──────────┐                    ┌──────────────┐
│  本人申请  │                    │   原报到证     │
└──────────┘                    └──────────────┘
      ↓
┌──────────┐                    ┌──────────────┐
│          │                    │  改派申请表    │
│  提供材料  │────────────────── └──────────────┘
│          │
└──────────┘                    ┌──────────────────┐
      ↓                         │  有人事接收权的单位/ │
                                │  人社局接收函原件    │
┌──────────┐                    └──────────────────┘
│          │
│ 领取新报到证 │                   ┌──────────────────┐
│          │                    │  原报到主管单位同意   │
└──────────┘                    │  改派函或在原报到证上写 │
                                │  "同意改派"并盖章     │
                                └──────────────────┘
```

❓ 思考和评价

1. 毕业生资源信息核对的主要项目是＿＿＿＿＿＿＿＿＿＿＿＿＿＿＿＿＿＿＿

＿＿＿＿＿＿＿＿＿＿＿＿＿＿＿＿＿＿＿＿＿＿＿＿＿＿＿＿＿＿＿＿＿＿

＿＿＿＿＿＿＿＿＿＿＿＿＿＿＿＿＿＿＿＿＿＿＿＿＿＿＿＿＿＿＿＿＿＿

2. 毕业生暂缓就业的作用与影响。

＿＿＿＿＿＿＿＿＿＿＿＿＿＿＿＿＿＿＿＿＿＿＿＿＿＿＿＿＿＿＿＿＿＿

＿＿＿＿＿＿＿＿＿＿＿＿＿＿＿＿＿＿＿＿＿＿＿＿＿＿＿＿＿＿＿＿＿＿

＿＿＿＿＿＿＿＿＿＿＿＿＿＿＿＿＿＿＿＿＿＿＿＿＿＿＿＿＿＿＿＿＿＿

3. 简述毕业生暂缓就业、升学出国非派遣就业和改派流程。

_____

_____

_____

第二节　档案、户口、组织关系

【项目导入】

1. 灵活就业的毕业生其档案通过机要局转_____；

2. 入学时户口迁至学校的毕业生，离校前须办理户口转移手续，将户口迁至_____或_____。

一、毕业生档案的转递

档案包括所有有保留价值的各种介质的实物材料，这里是指个人人事档案，以下简称档案。学生档案就是学生在校学习期间德、智、体、美、劳等方面的客观反映，是用人单位考察和录用毕业生的重要参考材料之一，也是毕业生进入单位后转正、定级、增资、提职、调动乃至将来退休的重要依据。因此，档案材料对于每个毕业生来讲都是非常重要的。

根据相关规定，档案原则上不允许本人接触，所以，档案的转接都是各档案管理部门之间直接转递，不能由非档案管理人员携带转交，更不能由本人保存或转交。

(一)高校毕业生的档案材料的主要内容

包括高中材料(学籍、思想品德鉴定、高考等材料)、大学材料(学生登记表、奖惩决定、成绩单、学位证明、思想品德鉴定、毕业生登记表等)、党团材料、诚信记录(还贷记录等)、就业材料(体检表、报到证)及其他一些有必要装入档案内的相关材料。

(二)档案去向

1. 已经签约的毕业生，其档案按就业协议书上规定的档案转递单位转递；

2. 升学继续深造的毕业生，其档案转至即将入学的学校或科研单位；

3. 出国的毕业生，要将档案转至生源地毕业生就业主管部门的档案管理部门。对出国留学的毕业生，其档案也可转至教育部留学服务中心留学人员档案室；

4. 灵活就业或待就业毕业生，其档案可转至生源地毕业生就业主管部门。

(三)档案转递的要求

档案必须通过机要局寄往档案接收单位。单位工作人员来学校调档或阅档时，必须由单位出具证明，查看并记录工作人员的证件。档案不能由毕业生自己提取。

【案例一】

一份档案毁了自己的前程

2006年毕业于某理工大学电气专业的小牛，毕业后一直在一家民营企业工作，2010年因为家庭和个人原因，他竞聘到一所专科学校的教师岗位，在办理入职手续的时候，该校人事处请他提供其档案的存放地址，以便开具调档函提取他的档案进行政审并办理其他手续，这时他才想起查询档案去向，他马上联系学校就业部门，因为学校近年来合并、调整，人员变动非常大，几经周折，终于查到他当时的档案去向，再向下追寻的时候，发现档案已经丢失，由于不能在规定的时间里调取档案，这所学校不得不取消了他的录用资格。

【案例二】

积极查询档案，对自己负责

某学校2006年材料科学专业毕业的小赵，毕业后到广州一家公司工作，由于公司总部在一座大型写字楼里，邮递员投递后，由于写字楼物业管理人员的过失，把他的档案弄丢了，小赵7月底上班后就一直追寻档案的问题，直到8月中旬，他预感到事情不妙，于是马上联系学校查询，由于还在邮件的查询期内，所以很快查询到他的档案下落，并很快追查到是哪里出现的问题，后来，由物业公司出具证明材料，小赵顺利地从学校补办了一份档案材料，虽然很多重要材料（例如高考材料、高中档案）已经不能再补了，但终究没有给他带来什么严重的后果。

【案例点评】人事档案是我国人事管理制度的一项重要特色，它是个人身份、学历、资历等方面的证据，与个人工资待遇、社会劳动保障、组织关系紧密挂钩，具有法律效用，是记载人生轨迹的重要依据。高校学生档案则是国家人事档案的组成部分，是大学生在校期间的生活、学习及各种社会实践的真实历史记录，是大学生就业及其今后各单位选拔、任用、考核的主要依据。目前出境、计算工龄、工作流动、考研、考公务员、转正定级、职称申报、办理各种社会保险以及升学等都需要个人档案，特别是在国有企业、事业单位，人事档案相当重要。

二、户口的迁移

入学时户口迁至学校的毕业生，离校前还须办理户口转移手续，将户口迁至用人单位所在地或生源地。各二级学院根据毕业生的分配方案统计好毕业生的迁移地址，然后由保卫处统一办理户口迁出。办理毕业离校手续时凭报到证和身份证到保卫处1108办公室办理户口迁出手续。户口保留在学校的暂缓就业毕业生，因升学或就业需要使用户口的，持本人的毕业证及暂缓就业协议书到保卫处1108办公室借出并在7天之内归还。两年暂缓就业期满仍未落实工作的，由本人持身份证到保卫处将户口迁回入学前户口所在地，不得以任何理由将户口空挂在学校集体户口上。

入学时户口未迁至学校的毕业生，离校后，可以根据自己的需要和用人单位的要求，持报到证、就业协议书及用人单位所在地的毕业生就业主管部门的签证材料到户口所在地派出所自行办理户口迁移手续。

毕业生到户口迁入地公安机关落户时，要同时携带户口迁移证和报到证，办理集体户口的还要携带工作单位或相关部门的证明。

（注：户口的迁移资料由学校保卫处提供并保留其解释权。）

三、组织关系的转移

毕业生离校前，还要到学校党、团组织部门办理组织关系转出手续。

（一）党员组织关系转移注意事项

1. 党员组织关系介绍信是党员政治身份的证明，是党员变动组织关系的凭证。

2. 毕业生要与接收党员组织关系的单位组织部门联系，核实接收党员组织关系的党组织名称。

3. 所去单位党组织机构不健全的，可将党员组织关系转到所去单位上级主管部门的党组织或单位所在地或户口所在地的党组织。党员组织关系转到区县级以上人才服务机构，首先要办理人事代理；转到本人或父母居住地党组织的，要征得对方同意。

4. 认真核准党员组织关系介绍信上的隶属党组织名称、姓名、性别、年龄、民族、是否正式或预备党员、身份证号码、接收党员组织关系的单位、党费交至何月以及联系电话和所在基层党委通讯地址是否正确，并注意接转党员组织关系的有效时间，确保准确无误。

5. 一定要妥善保管党员组织关系介绍信，不得涂改、不能遗失。

6. 到工作岗位后，应持党员组织关系介绍信尽快同党组织联系，务必在规定的有效期限内接转党员组织关系。需逐级接转的党员组织关系应逐级接转。无正当理由超过 6 个月未过组织生活、未交纳党费的党员将按《党章》受到处理。

（二）团员组织关系转移注意事项

1. 团关系转移，包括团员组织关系转移介绍信、入团志愿书、团员证的转移。

2. 已经有工作单位的毕业生，团关系转移介绍信直接转到工作单位团委；暂没有找到工作单位的，团介绍信转移单位可暂不填写。

3. 团员证必须由团支部填清毕业生团关系转入、转出时间，每学期团员注册时间，加盖团委同意注册章。

4. 入团志愿书通过毕业生档案转递。

第三节 签订就业协议和劳动合同

【项目导入】

北京某大学硕士毕业生李某，在 2006 年毕业前与一所高校签订了由教育部统一印制的就业协议书，高校人事处在协议书上签署了意见并加盖了人事处印章。但李某毕业后到该高校报到时，却被告知要与自负盈亏的后勤集团签订劳动合同。后勤集团的劳动合同规定，李某的服务期限为3年，如果未满3年辞职，需支付1万元违约金。此外，劳动合同对工资的规定也比就业协议书的约定少。那么，就业协议书和劳动合同，哪个管用？

_____

_____

当就业协议书与劳动合同约定的内容发生冲突时，用人单位应与大学毕业生在协商的基础上调解冲突。该案例中，学校在与李某签订了就业协议书后，又要李某与后勤集团签订劳动合同，这就违反了就业协议书，因为学校不能单方面改变用人单位。小李最后与后勤集团签订了劳动合同，就视为双方协商变更了用人单位，所签订的劳动合同生效，就业协议书也就失去法律效力。

在进行了一番马拉松似的"双向选择"之后，终于可以松一口气了。如果单位对你感觉"不错"，向你抛出"绣球"——接收函或录用通知书，而你也对单位感觉"尚可"的时候，就可以考虑"签约"的事情了。"约"者是合同，下笔须慎重，如果你没有做出留下的决定，千万不要轻易签订就业协议。因此，学习与掌握相关法律法规，依法维护自身权益，成为每一位大学毕业生在今后的职场中畅行的必修课。

一、签订就业协议书

(一)签订就业协议的程序

1. 毕业生和用人单位达成协议并在就业协议书上签名盖章，用人单位应在协议书上注明可以接收毕业生档案的单位名称和地址。

2. 用人单位须经主管部门同意的则应报上级主管部门批准。

3. 毕业生将就业协议书交回所在二级学院盖章后，上报学校招生就业处鉴定盖章；

4. 如有其他约定事项可在协议书"备注"内容中加以补充确定。

(二)签订就业协议时应注意的问题

毕业生就业协议明确三方的权利和义务，具有法律约束力，也涉及毕业生的切身利益，因而毕业生在就业签约时应注意以下几个问题，以切实维护自身在就业过程中的合法利益。

1. 查明用人单位是否真正拥有接收毕业生档案及户口的指标

《毕业生就业协议书》是在用人单位已申请（或能申请到）该城市接收毕业生人事关系（档案）、户口的指标的情况下签订。当前社会上很多用人单位与毕业生之间的关系是通过劳动合同确立的劳动关系，并没有真正接收毕业生的人事关系。这种情况下，毕业生与用人单位无须签订《毕业生就业协议书》。

2. 按规定的程序签订协议毕业生与用人单位签约后交学校就业工作部门签证

签订协议的程序应由学校就业指导部门作最后把关。

3. 有关条款的内容必须明确

毕业生与用人单位对有关条款可进行协商，因而毕业生与用人单位在签约时，应尽量采用示范条款。如确要进行变更或增加，内容也上必须明确，不要产生歧义，尤其是涉及福利待遇、工作期限、违约责任等，否则一旦发生争议，由于事先约定不明确，不利于自身合法权益的保护。如无附加条款，应当将协议书中的空白部分划去，注明以下空白。

4. 注意就业协议与劳动合同的衔接

就业协议签订在先，应尽可能将劳动合同的主要内容体现在就业协议的约定条款中。否则双方日后就劳动合同有关内容达不成一致意见，若毕业生表示不愿在该单位工作，用人单位反过来要毕业生承担违反就业协议的责任。因而毕业生在就业过程中应就劳动报酬、试用期、住房、服务期限等劳动合同的主要条款与用人单位事先协商，体现在就业协议中，而不应只作口头约定。

5. 对协议的解除条件做事先约定

毕业生就业协议一经订立，就对当事人具有约束力，一方不得随意解除，否则应承担违约责任。毕业生可与用人单位在就业协议中就解除条件作约定。约定条件一旦成立，毕业生可依约解除协议，而无须承担违约责任，避免产生经济损失或其他争议。

二、订立劳动合同

1. 订立劳动合同的原则

按《劳动合同法》第三条规定：订立劳动合同，应当遵循合法、公平、平等自愿、协商一致、诚实信用的原则。依法订立的劳动合同具有约束力，用人单位与劳动者应当履行劳动合同约定的义务。

2. 订立劳动合同的形式

按《劳动合同法》第十条规定：建立劳动关系，应当订立书面劳动合同。已建立劳动关系，未同时订立书面劳动合同的，应当自用工之日起一个月内订立书面劳动合同。用人单位与劳动者在用工前订立劳动合同的，劳动关系自用工之日起建立。

3. 劳动合同必备的条款

按《劳动合同法》第十七条规定，劳动合同应当具备以下条款：

- 用人单位的名称、住所和法定代表人或者主要负责人；
- 劳动者的姓名、住址和居民身份证或者其他有效身份证件号码；
- 劳动合同期限；

- 工作内容和工作地点；
- 工作时间和休息休假；
- 社会保险；
- 劳动保护、劳动条件和职业危害防护；
- 法律、法规规定应当纳入劳动合同的其他事项。

4. 劳动合同的期限

按《劳动合同法》第十二、第十三条和第十四条规定：劳动合同分为固定限劳动合同、无固定期限劳动合同和以完成一定工作任务为期限的劳动合同。固定期限劳动合同，是指用人单位与劳动者约定合同终止时间的劳动合同。用人单位与劳动者协商一致，可以订立固定期限劳动合同。无固定期限劳动合同，是指用人单位与劳动者约定无确定终止时间的劳动合同。

5. 试用期的时间限制

按《劳动合同法》第十九条规定：劳动合同期限三个月以上不满一年的，试用期不得超过一个月；劳动合同期限一年以上不满三年的，试用期不得超过二个月；三年以上固定期限和无固定期限的劳动合同，试用期不得超过六个月。

同一用人单位与同一劳动者只能约定一次试用期。以完成一定工作任务为期限的劳动合同或者劳动合同期限不满三个月的，不得约定试用期。

试用期包含在劳动合同期限内。劳动合同仅约定试用期的，试用期不成立，该期限为劳动合同期限。

6. 劳动保护和劳动条件

按《劳动法》第四章工作时间和休息休假、第六章劳动安全卫生、第七章女职工和未成年工特殊保护、第八章职业培训、第九章社会保险和福利等规定。

7. 劳动报酬

按《劳动合同法》第二十条规定：试用期的工资不得低于本单位相同岗位最低档工资或者劳动合同约定工资的百分之八十，并不得低于用人单位所在地的最低工资标准。

按《劳动合同法》第十八条规定：劳动合同对劳动报酬和劳动条件等标准约定不明确，引发争议的，用人单位与劳动者可以重新协商；协商不成的，适用集体合同规定；没有集体合同或者集体合同未规定劳动报酬的，实行同工同酬；没有集体合同或者集体合同未规定劳动条件等标准的，适用国家有关规定。

8. 劳动纪律

主要按照企业内部制定且符合《劳动法》的规章制度。按《劳动合同法》第二十三条规定：按劳动合同中约定保守用人单位的商业秘密和与知识产权相关的保密事项。这是劳动者必须遵循的原则。

9. 劳动合同的解除和终止

按《劳动合同法》第三十六、第三十七条规定：用人单位与劳动者协商一致，可以解除劳动合同。劳动者提前三十日以书面形式通知用人单位，可以解除劳动合同。劳动者在试用期内提前三日通知用人单位，可以解除劳动合同。

按《劳动合同法》第三十八条规定：用人单位有下列情形之一的，劳动者可以解除劳动合同：

(1)未按照劳动合同约定提供劳动保护或者劳动条件的；

(2)未及时足额支付劳动报酬的；

(3)未依法为劳动者缴纳社会保险费的；

(4)用人单位的规章制度违反法律、法规的规定，损害劳动者权益的；

(5)因本法第二十六条第一款规定的情形致使劳动合同无效的；

(6)法律、行政法规规定劳动者可以解除劳动合同的其他情形。

用人单位以暴力、威胁或者非法限制人身自由的手段强迫劳动者劳动的，或者用人单位违章指挥、强令冒险作业危及劳动者人身安全的，劳动者可以立即解除劳动合同，不需事先告知用人单位。

按《劳动合同法》第三十九条规定：劳动者有下列情形之一的，用人单位可以解除劳动合同：

(1)在试用期间被证明不符合录用条件的；

(2)严重违反用人单位的规章制度的；

(3)严重失职，营私舞弊，给用人单位造成重大损害的；

(4)劳动者同时与其他用人单位建立劳动关系，对完成本单位的工作任务造成严重影响，或者经用人单位提出，拒不改正的；

(5)因《劳动合同法》第二十六条第一款第一项规定的情形致使劳动合同无效的；

(6)被依法追究刑事责任的。

10. 违反劳动合同的责任

按《劳动合同法》第二十二、第二十三条规定：用人单位为劳动者提供专项培训费用，对其进行专业技术培训的，可以与该劳动者订立协议，约定服务期。劳动者违反服务期约定的，应当按照约定向用人单位支付违约金。违约金的数额不得超过用人单位提供的培训费用。用人单位要求劳动者支付的违约金不得超过服务期尚未履行部分所应分摊的培训费用。

用人单位与劳动者可以在劳动合同中约定保守用人单位的商业秘密和与知识产权相关的保密事项。如劳动者违反约定的，应当按照约定向用人单位支付违约金。

注意事项：

(1)签约单位的合法性。在订立劳动合同时，应仔细察看企业是否经过工商部门登记以及企业注册的有效期限。

(2)劳动合同应依法订立。只有主体合法、内容合法、形式合法、程序合法的劳动合同才能产生法律效力。万一劳动合同被确认为无效，按《劳动合同法》第二十八条规定：劳动合同被确认无效，劳动者已付出劳动的，用人单位应当向劳动者支付劳动报酬。劳动报酬的数额，参照本单位相同或者相近岗位劳动者的劳动报酬确定。

(3)合同双方地位的平等性。在劳动合同订立的过程中，劳动者与企业之间的法律地位是平等的。只有做到地位平等，才能使所订立的劳动合同具有公正性。

(4)合同的订立必须采取书面形式。劳动合同都有一定的期限，而且劳动关系非常复杂，涉及诸多内容。采取书面形式使权利义务明确具体，有利于合同的履行。一旦发生争议，也有据可查，便于争议的解决。

(5)合同的具体性。劳动合同字句要准确、清楚、完整、明白易懂，不能用缩写、替代或含糊的文字表达，否则就可能在执行过程中产生误解或曲解，从而带来不必要的争议，给用人单位和劳动者双方造成损失，也为合同争议的处理带来困难。

另外还有特殊的法定必备条款，这是法律要求某种或者某几种劳动合同必备的条款，有的劳动合同由于自身的特殊性，立法之中特别要求除了规定一般的法定必备条款之外，还必须规定一定的特有条款，例如，根据我国《中外合资经营企业劳动管理现定》和《私营企业劳动管理暂行规定》的规定，中外合资企业劳动合同和私营企业劳动合同中应包括工时和休假条款。

根据劳动部《关于贯彻执行若干问题的意见》第四条规定，用人单位在与劳动者签订劳动合同时，不得以任何形式向劳动者收取定金，保证金或抵押金。违反规定的，应由公安部门和劳动行政部门责令用人单位立即退还劳动者本人。另需指出的是，社会保险在我国属法定保险，因而未被列入合同必备条款。

三、最低工资及劳动时间如何规定

劳动和社会保障部发布的《最低工资规定》指出，在正常情况下，用人单位应支付给劳动者的工资，除去劳动者延长工作时间的所得工资，在夜班、高温、井下、有毒等特殊条件下享受的津贴，以及法律、法规和国家规定的劳动者享受的福利待遇（包括个人缴纳的养老、医疗、失业保险费和住房公积金；伙食补贴、上下班交通费补贴、住房补贴等法律法规和国家规定的劳动者福利待遇等）外，不得低于当地最低工资标准。对于违反规定的，劳动和社会保障部门将责令用人单位按所欠工资的1～5倍支付劳动者赔偿金。最低工资标准一般考虑城镇居民生活费用支出，职工个人缴纳社会保险费、住房公积金、职工平均工资、失业率，经济发展水平等因素。

《劳动法》还规定："劳动者每日工作时间不得超过8小时，平均每周作时间不超过44小时"。如果用人单位因生产经营需要，经与工会和劳动者协商后可以延长工作时间，一般每日不超过1时："因特殊原因需要延长工作时间的，在保障劳动者身体健康的条件下延长工作时间每日不超过3时，但是每月不超过36小时"。也就是说，对企业违反法律、法规强迫劳动者延长工作时间的，劳动者有权拒绝。

另外，如果劳动者同意延长工作时间，用人单位必须依法向其支付不低于工资150%的劳动报酬，休息日支付不低于工资200%的劳动报酬，法定休假日则须支付不低于工资300%的劳动报酬。对拒不支付劳动者延长工作时间工资报酬的用人单位，劳动行政部门可责令其支付劳动者工资报酬、经济补偿，并支付赔偿金。

四、毕业生报到时用人单位拒绝接收

国家规定："经过协商落实和国家毕业生分配主管部门审批的毕业生分配计划必须认真执行，未经高校和用人单位双方复议并报地方主管部门批准，学校不得随意改派毕业生，用人单位不得拒收和退回毕业生。"当遇到用人单位拒绝接收时，毕业生应主动向用人单位说明情况，不要与对方争吵，应及时与学校取得联系，由学校分清责任，按有关规定妥善处理。

若属因学校工作失误造成计划不落实误派毕业生，应由学校负责提出调整意见报批。由于用人单位发生重大变化（如撤并、破产、倒闭等），无接收能力的，应及时与学校协商，合理调整。若是用人单位对毕业生提出难以达到的不符合政策规定的过高要求，则不能作为拒收的理由。属于毕业生本人身体有病而提出退回的，若是学生在校期间就有传染病史，精神病史，用人单位不知道，毕业生报到时才被发现的，应允许提出退回；若是报到后才患病的，应按在职人员病假的有关规定处理。

五、发生劳动争议如何处理

（一）协商解决。劳动争议发生后，当事人就争议事项进行商量，使双方消除矛盾，找出解决争议的方法。不愿协商或者协商不成的，当事人可以并有权申请调解或仲裁。

（二）企业调解。劳动争议发生后，当事人可以向本单位劳动争议调解委员会申请调解，企业调解达成协议的，制作调解书，双方当事人应自觉履行（此协议不具有法律约束力）；如果从当事人申请之日起三十日内未达成协议，则视为调解不成。当事人可以在规定的期限60至90天内，向劳动争议仲裁委员会申请仲裁。另外，当事人不愿调解或调解达成协议后反悔的，也可直接向仲裁委员会申请仲裁。

（三）劳动仲裁。劳动争议一般由所在行政区域内的劳动争议仲裁委员会受理，当发生争议的单位与职工不在同一劳动争议仲裁委员会管辖地区时，由职工当事人工资关系所在地的劳动争议仲裁委员会处理。如果当事人任何一方对裁决不服，则应在收到裁决书15日内向当地人民法院起诉，期满不起诉的，裁决书即发生法律效力，当事人对发生法律效力的调解书和裁决书应当依照规定的期限履行。

（四）法院判决。当事人不服从向人民法院起诉的，法院将按照民事诉讼法的有关程序进行。首先对双方当事人进行民事调解，如果双方当事人就劳动争议达成协议，法院将制定民事调解书，调解书一经送达当事人立即生效，与判决书具有同等法律效力。如果调解不成，法院应当在规定的时间内做出书面判决。原被告任何一方对判决不服的，可在法定期限（自收到判决书起15日）内向上级人民法院提起上诉。

思考和评价

1. 毕业生小孙毕业前4月同用人单位签约，6月公司突然通知小孙，公司工作计划有变，不能接收他到公司工作了，提出解约，他该怎么办？

_____

_____

2. 毕业生王某到用人单位工作1个月后，用人单位以其不能胜任岗位工作为由将其退回学校，他该怎么办？

_____

_____

3. 毕业生同一家外资企业签约时，用人单位提出不予解决户口，毕业生的档案、户口关系该怎么办？

_____

_____

_____

第四节　转换角色、适应环境

【项目导入】

请说出"学生"与"职业工作者"的不同处：

_____

_____

_____

大学毕业生从学校进入社会，这是一生中最重要的角色转变——从"学生"转变成"职业工作者"。学生在学校的主要任务是改造主观世界，学习科学知识、提高自身素质。职业工作者的主要任务则是在改造主观世界的同时改造客观世界，这也是理论付之于实践、知识运用于社会的自我实现过程。如何尽快完成从学生角色到职业角色的转换，适应职业环境，迈好人生发展的关键一步，关系到每个大学毕业生能否脱颖而出，走向成功的关键。

一、实现从"学生"到"职业工作者"的角色转换

一个青年学生从学校步入社会，期间正经历一个社会角色转变的过程。经过这个过程，青年人将从单纯走向成熟。能够顺利地完成这个转变，并尽可能地缩短这个转变的过程，是适应职业环境的一个关键。

（一）就业前后的角色转变

经过十多年的学生生涯，几乎相同的各类学生角色的行为规范和要求，已经使得大

多数青年学生对其十分熟悉，但对社会职业人员的角色要求却比较陌生。两者相比，显然有许多不同，而且后者的要求更高。

1. 活动方式的变化

从学生到职业人员的角色转变，首先就产生了活动方式上的变化。学生是以学习书本知识为主要活动。而职业人员角色则要求运用自己的知识和能力，向外界提供自己的劳动。这种从接受到运用、从输入到输出的转换，是一个重大的活动方式的改变。与接受和输入相比，运用和输出以接受和输入为前提，显然要高于接受和输入。接受和输入主要是要求理解，运用和输出则要求结合实际创造性地发挥。因此，有些毕业生就会感到一时难以适应。即便是一些在学校里学习成绩比较出色的学生，也经常在这样的变化中感到手足无措。由此可见，加快适应新的活动方式，是实现从学生到职业人员角色转变的一个主要方面。

2. 社会责任的增强

从学生到职业人员的角色转变，同时使得其社会责任得到增强，社会评价的要求也就更加严格。学生的主要社会责任是学好科学文化知识，掌握社会生活的技能，以便将来为社会做出应有的贡献。其对社会的责任，通常是体现在学习过程中对自己的负责上。而职业人员的社会责任却体现在对工作对象的责任中。工作质量的高低不再被简单地看做是个人的事，往往要从其对社会责任的角度来加以评判。最明显的例子是医务人员由于疏漏，出了医疗事故，人们就会从职业道德的角度加以指责，甚至追究其法律责任，不可能与学生考试不及格同样对待；商业人员在服务中对顾客冷漠，就会引起人们的不满和反感，甚至遭到公共舆论尖锐批评，人们却不会将其与学生上课时心不在焉、说话幼稚相提并论。可见社会对职业人员的责任心有着更高的要求，因为他们的不负责将直接给社会造成损害。

3. 全面独立的要求

从学生到职业人员的角色转变，对其独立性要求也相应有了提高。这种独立性的要求也是和经济生活的独立同时开始的。学生时代，经济上主要是依靠家庭的抚养，进入职业生涯以后，有了劳动报酬，经济上逐步地成为独立者，这种经济上的独立使得家庭和社会对其提出了全面独立的更高要求。

这种全面独立的要求，一方面为青年发展和自身完善提供了更广阔的空间和自由度，另一方面也对青年提出了依靠自身力量，加强自我管理的人生新课题。例如，在工作上要求其能够独当一面，学习上会自我安排发展提高，生活上会自己照顾自己等。由于多年来，学生在学业上有老师的指教，在生活上有家长的关注，总是处在一种有人扶助的环境之中。因此，一旦被割断依赖，要求其完全独立的时候，不少青年有一种蹒跚起步时摇摇摆摆、重心不稳的感觉。做一件事情不知从何处入手，做一个决定犹犹豫豫无从取舍。在这种情况下，有些原先独立性较强的人，就能较快地适应新角色的要求，经过一段时间的锻炼，基本能够做到独立。而有些习惯于依赖的人，总是试图在新的生活中寻找新的依赖。较快地适应独立的要求，对自身的发展和取得事业上的成功无疑都将会带来捷足先登的有利条件。

(二)角色转换的原则

1. 强化职业角色意识，培养职业兴趣

职业角色的责任，是以特定的身份去履行自己的职责，运用自己所掌握的知识、本领、技能，为社会服务或完成某项工作。社会赋予职业角色的规范和提供的行为模式，因职业的不同而不同，从业者除了应遵守一般社会规范之外，还必须遵守职业角色的道德规范。社会赋予职业角色的权利则是依法行使职权，积极工作，并在履行义务的同时取得相应的报酬。

爱岗敬业是学生角色向职业角色转换的基础。大学毕业生走上工作岗位之后，应当尽快地从学生生活的模式中解脱出来，不仅要认识学生角色与职业角色的差异，更重要的是应该遵守职业角色规范，正确行使职业角色的权利，忠实履行职业角色的义务，使自己的言行与职业角色的内在要求相适应，全身心地投入到工作岗位中去。如果患得患失、心不在焉，经过几个月甚至一年的适应还不能完成角色转换，将会直接影响到工作业绩和未来发展。"甘于吃苦"、"甘于吃亏"是角色转换的重要条件，只有这样，才能和谐人际关系，促进个人职业层次的提高。

2. 提高社会责任意识，强化职业意识

角色规范是社会赋予角色的行为模式，也是社会评价角色的尺度和标准。求学期间，社会对大学生的评价主要看其学习是否勤奋，品行是否端正，成绩是否优良，而这些通常都被看做是个人的事。但是，大学毕业生走上工作岗位以后，其工作或服务的质量、效率、贡献等，不再被简单地看做是个人的事，而是从其承担的社会责任来加以评判。服务态度的好坏和业务能力的高低，不仅关系到个人的前途，更关系到党和国家政策的贯彻和落实、关系到党的执政能力的提高。

因此，大学毕业生走上工作岗位以后，必须时刻意识到自己所从事的工作与社会发展的关系，明确自己对社会所承担的责任，按照职业角色规范的要求，不断提高自身的职业素质，加强自身的职业道德修养，努力履行自己应履行的社会义务、承担应承担的社会责任。

3. 增强独立自主意识，勤于思考和研究

绝大多数的大学生是在家庭资助和家长关怀照顾、学校的教育和管理及社会多方面的精心呵护下完成大学学业的，是在长期处于接受外界给予的状态下成长的。所以，缺乏自主意识和独立生活能力是大学生普遍存在的问题。而大学生成为职业工作人员之后，通过劳动获得了职业收入，经济上也具有自立的能力。另外，社会竞争的压力、支撑家庭的压力、个人生存与发展的压力要求其增强自主意识和提高自立能力。

勤于思考，善于观察并发现问题是角色转换的有力保障。大学生进入职业角色，只有善于观察问题，才能发现问题；只有运用自身掌握的知识去努力解决问题，才能掌握大量的第一手资料；只有分析研究职业对象的内部规律，才能培养自己的独立见解，逐步具备独立开展工作的能力，更好地承担职业角色责任。

4. 提高心理调适能力，跨越心理误区

大学生在角色转换的过程中，往往会面临着新旧角色间的冲突。有些人由于受到社会因素、家庭因素尤其是自身认知能力、人格心理发展、意志品质以及情绪情感等因素的影响，不能正确认识角色转换的实质，或者在角色转换过程中不能持之以恒，导致自己的心理与职业角色的社会地位、作用和要求不相适应。

在从学生角色到职业角色的转换过程中，容易出现以下心理困扰：

(1)依恋心理。十多年的读书生涯，使大学生对学生角色形成一种相对固定的习惯。因此，在职业生涯开始之初，许多人常常会自觉或者不自觉地把自己置身于学生角色中，在生活上依赖父母，学习上依赖老师，工作上依赖领导，行动上依赖书本，以学生角色的社会义务和社会规范来要求自己、对待工作，以学生角色的习惯方式来待人接物，以学生角色的思维方式来观察、分析事物和处理问题。

(2)畏惧心理。面对新环境，一些大学生在刚走进新的工作环境时，不知道工作应该从何处着手，该如何处理复杂的人际关系，在工作中胆怯畏惧，缩手缩脚，怕承担责任，怕艰苦，怕出事故，怕闹笑话，怕造成不良的影响。于是，"作茧自缚"、"画地为牢"，扼杀了自己作为年轻人的闯劲和活力。

(3)自傲心理。大学毕业生接受高等教育，只能算是拥有先进知识的人，还算不上人才，只有运用知识、创造知识、创造价值，这时才能算是人才。但有些毕业生却因仅拥有先进知识就看不起基层工作和基层工作人员，甚至认为一个堂堂的大学毕业生干一些琐碎的不起眼的工作是大材小用，有失身份和尊严，结果是大事做不来，小事又不做。有的甚至目空一切，以为自己最正确，用批判的眼光看待社会、单位和周围的一切，把自己游离于单位或群体之外。

(4)失衡心理。一些人往往过于争强好胜，缺乏承受挫折的能力，易产生嫉妒情绪，见别人干得好，不是见贤思齐，向其学习，而是冷嘲热讽，诋毁别人。还可能产生失望情绪，用悲观、灰暗的眼光看待世界和人生，遇到不顺心的事就唉声叹气，情绪低落，甚至悲观绝望。

上述这些心理问题，如果得不到正确有效的调适和矫正，就会严重阻碍毕业生的角色转换，直接影响毕业生个人的成长和发展。因此，注意调整、控制、改善自身的心理状况，是毕业生实现角色转换的有效办法之一。

(三)自觉加快转变的速度

角色转换的过程，通常包括角色领悟、角色认知、角色实现三个方面内容。学生角色向职业角色转换是一个艰苦的过程，需要坚持不懈的努力。在此过程中应注意以下几点：

1. 解除心理障碍，面对现实

当人们面临一个陌生的环境或者加入一个陌生的群体，往往会很自然地产生一种戒备的心理状态，这是人自我保护的本能反应。进入新的工作岗位时，如果不能很快地改变这种状态，那就不可能达到尽快适应角色的要求。通常这种戒备的心理状态，表示对已经接触的群体还没有加以认同，害怕在所处的环境中会对自己造成伤害。由于对新的职业生活的活动方式、工作要求没有很透彻的了解和掌握，加上刚刚开始完全独立，因此就会有各种各样的担心。较长时期的学生生活和对自己较高的评价，往往会变成一种适应新环境、投入新群体的心理障碍。

毕业生应打消思想上的顾虑，面对现实，敢于实践，善于请教，才能把理论知识和实际工作更好地结合起来，最终充分发挥出知识上的优势。

2. 安心本职，甘于吃苦

安心本职是角色转换的基础。刚走上工作岗位的大学生，应尽快从大学生活的沉湎中解脱出来，尽快全身心地投入新的工作。许多大学生工作后几个月还静不下心来，"身在曹营心在汉"，三心二意，不安心本职工作，这对角色转换的实现是十分不利的。

3. 充分了解工作，掌握主动

作为一个职业岗位的新手，要想尽快地适应工作的要求，除了要有投身实践的信心和勇气之外，还必须充分地了解和熟悉工作环境的情况，了解和熟悉工作对象的特点和规律，从而对新的工作有个比较全面的认识和把握。因此，在初到工作单位的一段时期，特别应该主动地关心和收集有关的信息。比如，本职业的传统和现状，本单位的历史和前景等。在工作之余，不要忙于休闲活动，应当安排出一定的时间，找些单位的老同志和有关部门的同志聊聊，了解情况；也可以在工作中随时做些工作资料的记录和整理；有条件的话，可以在档案资料中或图书馆里做些资料的阅读和摘录。只有尽早地注意积累，才能在适应角色上领先一步。

4. 放下架子，虚心学习

事实表明，一个人在学校里学知识毕竟是有限的，大部分知识和能力必须在工作实践中学习和锻炼。尽管大学毕业生在校期间已经学到了一定的知识，但在陌生的职业面前，也是个"小学生"。

一切都要从头学起。一些在工作岗位上工作多年，具有丰富的专业知识和实践经验的技术人员、领导、师傅、同事都是很好的老师。大学生只有放下架子，虚心学习，才能从他们身上学到许多观察问题、分析问题和解决问题的方法和能力，才能逐渐完善自我，尽快实现角色转换。反之，放不下架子、自以为是的人，是很难学到真本领的，角色的转换也是难以尽快完成的。

5. 善于观察，勤于思考

要进入职业角色，还要开动脑筋，善于观察，勤于思考。只有善于观察，才能发现问题，并运用自己所学的知识努力去解决问题，真正探索到职业对象的内部结构，掌握第一手资料。也只有勤于思考，在工作中才会有自己的见解，逐步具备独立开展工作的能力。

6. 勇挑重担，乐于奉献

勇挑重担，乐于奉献，这是完成角色转换的重要体现。大学毕业生奔赴工作岗位后，应当从一开始就严格要求自己，树立高度的主人翁责任感和积极的奉献精神，不论个人得失，不计蝇头小利，努力承担岗位责任，主动适应工作环境，更好、更快地完成角色转换。

7. 正确对待评价，注意做好调整

从你跨入新的工作单位的大门起，必然要受到新群体对你的评论，这是在新的环境中，以新角色的要求对你做出的新的估价。

要想了解自己的表现是否符合角色的要求，要想对自己的行为做出较准确的判断，都要借助于这些评价。因此，必须学会正确地对待他人的评价。比如，有一个大学毕业生，在一个单位里担当了产品设计工作。当他把一张花了工夫精心描绘、自己感到相当满意的图纸交到领导面前时，心里期待着领导的夸奖。可谁知领导只是点点头，就叫他拿走，似乎还有些不满意。于是，他产生一种半是委屈、半是不满的感觉。实际上，领导认为他在设计上没有改进和突破，而图纸画的又不及中专毕业的描图员。因此，一个人如果光凭其自我感觉来认识自己是不行的。只有通过与别人的评价与比较，取得大多数人的肯定评价，才是重要的。

当我们受到别人评价的时候，还应有一个正确对待他人评价的态度。正确的态度应当是虚心请教，认真自省，积极调整，以实际的表现来改变别人的评价。善于从他人对自己的评价中来更加清楚地认识自己，以此来加快角色的适应过程。

二、积极主动，适应环境

大学生经过十余载的寒窗苦读，最终的目的是贡献于社会。社会是丰富多彩的、也是纷繁复杂的，摆在大学生面前的，只能是积极地了解社会，适应社会，尽快地为社会所接受，从而顺利地完成大学生活向社会职业生活的过渡。

(一)做好步入社会的心理准备

对初涉社会的大学毕业生来说由于实际经历少，自身阅历和对社会的了解都很浅显，投身社会后，常常会感到与社会之间存在不少矛盾，自己对社会的想象与实际有很大的差距。大学毕业生要尽快得到社会的认同和理解，增强适应社会的主动性，做好步入社会的心理准备是非常必要的。

1. 正确地认识和了解社会现实。应该看到，相对于校园生活，社会现实是很复杂的。市场经济体制形成过程的新旧观念的激烈碰撞，多种经济成分和多种分配方式并存，这必然会导致思想倾向、价值观念呈多元化发展的趋势，同时社会上也存在着一些消极的东西。每个人必须正视这些社会现实，在走向社会之前，要多设想困难，要有迎接各种挑战的心理准备。只有这样，才不至于一踏入社会就茫然不知所措。

2. 培养自信心和坚强的信念。面对崭新的社会生活，不要因环境陌生而孤独，不要因条件艰苦而失落，不要因单位人才济济而畏惧，要时时注意保持心理的平衡。要树立起竞争意识，竞争的背后往往是实力的较量，而人与人之间的竞争则是每个人素质、能力、才学、品质等方面的较量。要想在竞争中立于不败之地，就必须在走向社会前后一如既往地努力学习，积累知识，提高自身能力素质，发挥自身的主观能动性，摒弃与世无争、随波逐流等消极观念；在步入社会后敢于竞争，在竞争中求适应、求生存、求发展、求完善。

3. 以普通人的姿态从最基层工作开始。大学生毕业以后，多数人都将从事基层工作。而在基层，大量的工作是平凡和琐碎的，这往往与在学习期间的想法有很大的距离。伟大的事业，必定要从点滴做起，从基础做起。因此，每个大学毕业生既要有到基层工作，在基层吃苦的思想准备，更要有从基层做起，在基层创出一番事业的愿望和抱负。

(二)做好适应社会的转变和调整

大学毕业生从学校走上社会，周围环境、生活方式都发生了变化，这就要求其观念、意识、心理品格、行为方式等都要予以转变和调整，走好适应社会的第一步。

1. 尽快进入新角色。要尽快抛弃学生时代所形成的依赖、任性心理和生活习惯，树立新的角色意识，并以新角色要求自己：要尽快抛弃恋旧情绪，不要沉湎于学生时代那些美好情景的回忆之中，而是要尽快熟悉和了解自己的新工作，在新的角色中寻找乐趣。大学生步入社会后会承担不同的工作角色，或做技术工作，或搞科学研究，或从事行政管理。无论从事何种工作，都要认清工作的性质、要求，努力扮演好新角色。总之，要适应角色的转换，尽快学会按新角色的要求工作和生活。

2. 尽快适应新环境。大学毕业生走向社会，生活环境发生了重大变化，面对的是纷繁复杂的社会生活。要适应新的社会生活，就要正确认识周围的环境，适应新的环境。社会生活内容是多方面的，任何社会环境都有好的方面，也有不好的方面，要用辩证的观点去看待，要善于发现对自己的工作与发展有利的因素，并且善于利用这些因素来促进自己的成长。适应新环境，并不意味着盲目随从，而是要保持清醒的头脑。既要保持自己应有的本色，又要调整自己的心态。

3. 尽快树立新意识。大学毕业生走向工作岗位后，由于要承担一定的社会责任，在工作中要独当一面，同时人们也开始把他们作为一个独立的社会人对待，这就要求其要具有独立意识。多数毕业生要参与生产、管理、决策的实践活动，对所在单位和部门要承担更多的社会责任和义务。应该意识到，个人工作成绩的好坏，不仅和自己的前途有密切关系，而且与单位和部门的兴衰荣辱休戚相关，这就要求大学生要树立主人翁意识。科研项目的完成，工程技术的实施，生产的组织管理等，都必须具有协作精神。因此，要树立协作意识，事事从整体利益出发，顾全大局。

4. 尽快培养适应社会的行为方式。第一，要掌握基本的生活技能。尽管每个人都有自己的生活习惯和方式，但在新的环境中要用新的标准来衡量，要提高衣、食、住、行等方面的独立生活能力、调整好生活节奏，培养良好的生活习惯，有积极向上的生活追求。第二，要掌握职业技能。到工作岗位后，要了解自己所从事职业的特点、性质、工作程序及其相互关系，不断提高自己的业务水平。第三，要培养自己工作所需要的心理品格。社会工作的门类多种多样，所需要的心理品格也不相同。大学生在确定了自己的工作岗位之后，就要熟悉自己的工作岗位，分析自己工作的特点，注意培养工作所需要的心理品格。第四，要学习社会规范。学习社会规范特别是要学习法律规范和道德规范，运用社会规范进行自我评价，调节自己的行为，从而适应社会的要求。

（三）树立良好的第一印象

心理学家的研究和实践证明，第一印象在实际生活中有着重要的意义。因为第一印象具有心理定式作用，对以后的长期印象产生重要的影响。刚走上工作岗位的大学毕业生，在一开始的时候，就要给人们留下一个良好的第一印象。

1. 注意自己的外部形象。衣着要整洁，仪表要端庄，气质要高雅。衣着服饰是一个人文化素养的外在表现，一定要和身份相符，可以适当体现个性，但要同工作单位的习惯相一致，和周围同事反差不能太大。要保持青年人应有的朝气和高雅的气质，精神饱满，性格开朗，既不冒失莽撞，更不木讷呆板。

2. 在工作中严格要求自己。要积极进取，踏实肯干，注意表现出一个优秀工作者应具有的优良品质。对每项工作任务都要认真对待，严肃、慎重地去完成。特别要重视单位安排给自己的第一项工作，假如这项工作不怎么重要，甚至不起眼，也要想办法把它干好，干出成绩来，以此来赢得领导和同事们对自己工作能力的认可，假如这项工作很复杂，非常重要，更要拿出全部的本领去圆满地完成，以证明自己的实力，对必须参加的体力劳动，不能因为脏、累、单调而加以轻视或推诿。要自觉遵守规章制度和工作纪律，不仅注意工作大节，也要注意生活小节，如出席会议不迟到、不早退；工作时间不闲谈、不干私活；不乱翻别人办公桌上的公文、信件；不长时间接听私人电话；尽量不在办公室接待亲友、同学等。又如上班伊始，早来点，晚走点，主动做一些打扫卫生、整理办公室之类的日常劳动，这些都会给领导相同事们留下良好的印象。

4. 随时注意自己的言谈举止。待人要诚恳，与他人相处要以诚相待，有礼貌，讲道德，讲信用。要谦虚谨慎，切不可傲慢无礼，目中无人，自以为是。面对一份全新的工作，不懂或者不熟悉是难免的，决不可不懂装懂，而是要勤奋好学，虚心求教。要善于协调同外界的关系，对新的工作单位存在的问题、矛盾、不良风气，不能盲目地妄加指责，而要进行认真的观察了解，发现积极因素、优秀人物，去接近，去学习；对问题和矛盾要通过正常渠道向有关方面提出，帮助克服和改进。

三、运用积极的心态，健全良好人格

要成为一个具有良好的品质和健全人格的职业成功者，如下七个方面需要高度重视。

（一）真诚

真诚是人际关系的唯一法宝，"诚信"是所有重要的、不可或缺的成功品德或成功要素的基础。李开复博士曾经说过："在价值观以及与人品相关的各种因素之中，诚信是最为重要的一环。无论你的个性如何，无论你怎样选择，如果你缺少了诚信的价值观，你就无法在现代社会中立足，你就无法成为一个真正的成功者"。"德才兼备，以德为先"应该是我们青年人追求成功的前提。

（二）自信

自信的人不会时刻担心和提防失败，因此也更快乐。很多人认为自信就是成功。一个学生老得第一名，他有了自信。一个员工总是被提升，他也有了自信。但这只是一元化的成功和一元化的自信，其实，自信不一定都是好事。没有自觉的自信会成为自傲，反而会失去了别人的筹重和信赖。好的自信是自觉的，即很清楚自己能做什么，不能做什么。自觉的人自信时，他成功的概率非常大；自觉的人不自信时，他仍可努力尝试，但会将风险坦诚地告诉别人。自觉的人不需要靠成功来增强自信，也不会因失败而丧失自信。

自信是一种感觉，你没有办法用背书的方法"学习"自信，而唯一靠"学习"提升自信的方法是以实例"训练"你的大脑。要培养自信，你必须成为自己最好的拉拉队，多结交为你打气的朋友，多回味过去的成功，千万不要小看自己。每晚入睡前不妨想想，今天发生了什么值得你自豪的事情？你得到了好的成绩吗？你帮助了别人吗？有什么超出了你的期望吗？有谁夸奖了你吗？我相信每个人每天都可以找到一件成功的事情，慢慢地你会发现，这些"小成功"会越来越有意义。

一个自信和自觉的人，如果能勇敢地尝试新的事物，并有毅力把它做好，他就会从成功里获得自信，从失败里增加自觉。

（三）勇敢果断

成为成功者，不仅需要勇气，更重要的还需要果断。丘吉尔还是海军大臣时，第一次世界大战爆发了，丘吉尔在首相迟迟不发出进攻指令的情况下，果断地对部下发出进攻的命令，结果把德国军队打得落花流水。在生活中我们同样需要果断。如果不果断，工厂将会停产，病人将会死在手术台上……所以，哪怕在小事上，果断的决策也能显示一个人的领导才能。丘吉尔就是凭借出色的领导才能，坐上了首相宝座，打败了法西斯德国。"Go for it"，是一句鼓励别人试一试的句子，隐含的意思是你不必担心失败，不要谨小慎微，应该利用这个机会勇敢地、果断地行动。

（四）豁达宽容

胸怀——海纳百川的境界，有胸怀才会有成功。胸怀的五种表现：务实——接受自己无法改变的事；宽恕——以责人之心责己，恕己之心恕人；自律——自我控制和自我调整的艺术；尊重——尊重别人发表意见的权利；涵养——有容乃大，无求品自高。还有这样一句话："心大，则百物通；心小，则百物病。"忠厚为本、孝友为道、吃亏是福、海以低势而纳百川等人生道理。在潜移默化之中，促成了我们自尊、自强、自立、自重、不卑不亢的立世原则；宽容、豁达、助人达己、多栽花少栽刺的处世态度。因为对生命的热爱与人性的包容，不卑不亢，积极向上，乐观的处世态度可以让我们在职场和人际交往中经常因祸得福。

（五）充满热忱

热忱有时候比领导者的才能更重要。产生持久的热忱方法之一是定出一个目标，努力工作达到这个目标，而在达到这个目标之后，再定出另一个目标，再去努力达到。这样做可以提供兴奋和挑战。

（六）顽强精神

如果说有一种素质几乎为所有的成功企业领导者所拥有的话，那就是顽强精神，它是一种下决心要取得结果的精神。

（七）培养积极的心态

成功人士的重要标志，在于他的心态。一个人如果心态积极，乐观地面对人生，乐观接受挑战和应付麻烦事，那他就成功了一半。

拿破仑希尔告诉我们，我们的心态在很大程度上决定了我们人生的成败：我们怎么对待生活，生活就怎样对待我们；我们怎样对待别人，别人就怎样对待我们；我们在一项任务刚开始时的心态决定了最后将有多大的成功，这比任何其他因素都重要。

因此，无论你自身条件如何恶劣，只要你运用积极的心态，并将它和成功定律的其他定律相结合，就可能达到成功的彼岸。心态是我们命运的控制塔，消极的心态是失败、疾病与痛苦的源流，而积极的心态是成功、健康、快乐的保证！

选择积极心态的人，无论情况好坏，都会抱着良好的心态去面对，生命的价值可以很高，也可以一无是处，随你怎么样。有些人遇到挫折，就会失去信心，选择沮丧，将自己封闭起来。积极的人视挫折为成功的踏脚石，并将挫折转化成机会，消极的人视挫折为成功的绊脚石，任机会悄悄溜走。积极的心态有助于克服困难，发现自身的力量，有助于人们踏上成功的彼岸。

思考和评价

1. 结合自己实际，谈谈个人走向社会前应如何塑造自我。

_____

_____

2. 如何实现由学生角色向社会角色的转变？

_____

_____

_____

3. 要尽快适应新岗位的要求，应做哪些准备？

_____

_____

_____

参考文献

[1]钟永强，雷蕾. 大学生职业生涯规划与就业指导[J]. 研究科技信息，2010(5).

[2]汤福球. 大学生职业生涯规划与就业指导[M]. 北京：北京邮电大学出版社，2010.

[3]刘婧莉，浅谈大学生职业生涯规划与就业指导[J]. 科教文汇，2008(23).

[4]李富军，大学生职业生涯规划与就业指导[M]. 西安：西北工业大学出版社. 2010.

[5][美]雷恩·吉尔森. 选对池塘钓大鱼[M]. 北京：机械工业出版社，2004.

[6]卫哲，王逍海. 金领—21世纪职业生涯完胜之道[M]. 上海：上海人民出版社，2005.

[7]周文霞. 职业生涯管理[M]. 上海：复旦大学出版社，2004.

[8][美]斯蒂芬·M. 波伦，马克·莱文著. 职场沟通艺术[M]. 北京：中信出版社，2004.

[9]张莹. 如何进行职业生涯规划与管理[M]. 北京：北京大学出版社，2004.

[10]章达友. 职业生涯规划与管理[M]. 厦门：厦门大学出版社，2005.

[11]共青团中央学校部，中国青少年研究中心. 大学生职业生涯设计[M]. 北京：中国言实出版社，2004.

[12]林泽炎，李春苗. 员工职业生涯设计与管理[M]. 广州：广东经济出版社，2003.

[13]周文，龚先，方浩帆. 素质测评与职业生涯规划[M]. 长沙：湖南科学技术出版社，2005.

[14]武正林. 职业道德与就业创业指导[M]. 苏州：苏州大学出版社，2001.

[15]杜映梅. 职业生涯规划[M]. 北京：对外经贸大学出版社，2005.

[16]卜欣欣，陆爱平. 个人职业生涯规划[M]. 北京：中国时代经济出版社，2004.

［17］杜林致．职业生涯管理［M］．上海：上海交通大学出版社，2006．

［18］剑歌．职业生涯中的养生计划［M］．北京：中央编译出版社，2005．

［19］［美］耶胡迪·巴鲁．职业生涯管理教程［M］．北京：经济管理出版社，2005．

［20］沈登学，孔勤．职业生涯设计学［M］．成都：四川大学出版社，2003．

［21］金波．职业经理生涯规划［M］．北京：高等教育出版社，2004．

［22］宣仕钱，徐静．大学生就业与创业指导［M］．北京：经济科学出版社，2009．

［23］鲍冰．大学生职业规划与就业指导［M］．天津：天津大学出版社，2014．

［24］徐小洲．国外中学创业教育［M］．杭州：浙江出版联合集团，浙江教育出版社，2010．

［25］李莉丽，龙希利．我国大学生创业教育运行机制研究［M］．济南：山东大学出版社，2009．

［26］钟晓红．大学生创业教育［M］．北京：北京理工大学出版社，2008．

［27］任勇．中职生创业设计方案精选［M］．福州：福建教育出版社，2008．

［28］谭一平，叶坤妮．职校生创业指导［M］．北京：清华大学出版社，2011．

［29］傅兆麟，谢红霞，兰希秀．普通高校大学生创业与成功教育教程［M］．北京：中国科学技术大学出版社，2009．

［30］石国亮．大学生创新创业教育［M］．北京：研究出版社，2011．